本书是国家社科基金重大项目"健全互联网领导和管理体制研究"（批准号：22ZDA079）的阶段性成果、中国社会科学院"登峰战略"数字经济学科建设阶段成果。

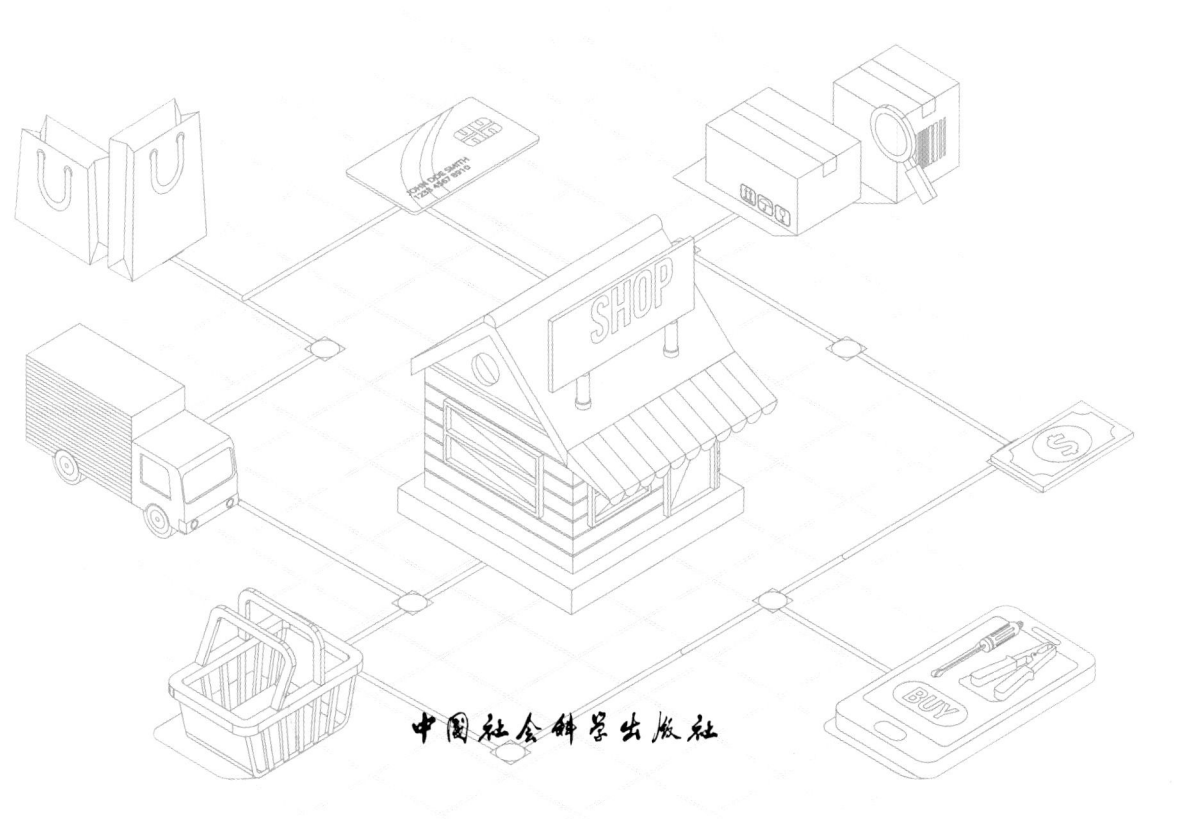

Study on the
Pricing Mechanisms of
E-Commerce Platform

# 电商平台定价机制研究

端利涛 著

中国社会科学出版社

## 图书在版编目（CIP）数据

电商平台定价机制研究 / 端利涛著 . —北京：中国社会科学出版社，2023.10
ISBN 978 - 7 - 5227 - 2747 - 9

Ⅰ.①电… Ⅱ.①端… Ⅲ.①网络营销—定价—研究 Ⅳ.①F713.365.2

中国国家版本馆 CIP 数据核字（2023）第 208126 号

| | | |
|---|---|---|
| 出 版 人 | 赵剑英 | |
| 责任编辑 | 黄　晗 | |
| 责任校对 | 朱妍洁 | |
| 责任印制 | 王　超 | |

| | | |
|---|---|---|
| 出　　版 | 中国社会科学出版社 |
| 社　　址 | 北京鼓楼西大街甲 158 号 |
| 邮　　编 | 100720 |
| 网　　址 | http://www.csspw.cn |
| 发 行 部 | 010 - 84083685 |
| 门 市 部 | 010 - 84029450 |
| 经　　销 | 新华书店及其他书店 |
| 印　　刷 | 北京明恒达印务有限公司 |
| 装　　订 | 廊坊市广阳区广增装订厂 |
| 版　　次 | 2023 年 10 月第 1 版 |
| 印　　次 | 2023 年 10 月第 1 次印刷 |

| | | |
|---|---|---|
| 开　　本 | 710×1000　1/16 |
| 印　　张 | 14.25 |
| 字　　数 | 236 千字 |
| 定　　价 | 78.00 元 |

凡购买中国社会科学出版社图书，如有质量问题请与本社营销中心联系调换
电话：010 - 84083683
版权所有　侵权必究

# 前　言

数字经济已经成为国民经济中非常重要的一部分，根据中国信息通信研究院发布的《中国互联网发展报告2020》，2019年中国数字经济规模达35.8万亿元，占GDP的比重达36.2%。数字经济主要以平台模式体现，因此，数字经济也可以称为平台经济。经过十多年的发展，平台经济已经逐渐渗透我们日常生产和生活中的方方面面，涵盖了商务、社交、餐饮、自动驾驶、智能制造、学习、新闻媒体、出行、娱乐等诸多领域，而且这个范围还在继续扩大。不仅新生的企业会选择平台模式，越来越多的传统企业也在逐渐向平台模式过渡。

平台作为一种超级信息中介，通过减少交易的中间环节，直接使各种需求之间实现高效的匹配，提高了客户的服务体验。借助平台模式，企业可以实时地记录、存储和使用，甚至修改平台上产生的所有数据，处于绝对的信息优势地位，具有议价优势，也因此导致平台出现了一些价格现象，引起了人们的热议，特别是电商平台。例如，电商平台上商品的价格低于线下、大数据"杀熟"、动态定价和电商平台间通过算法实现默许合谋。目前关于上述现象的研究已经浩如烟海，但存在两点不足：（1）低估了电商平台对平台信息的干预能力，电商平台除了能够利用平台的信息优势，还可以按照自身利润最大化的需求对这些数据进行有目的的修改；（2）当前关于电商平台定价现象的研究比较分散，没有将这些现象纳入同一个系统进行分析，也没有从问题的根源进行讨论。本书认为电商平台出现这些定价现象最根本的原因就是平台对所收集的数据信息进行有目的的利用和修改。基于此，本书从信息经济学的角度对电商平台出现的这些定价现象做了相关研究。

　　本书是基于我的博士学位论文《信息经济学视角下电商平台的定价机制研究》修改而来，并加入了与姜奇平研究员合作的一篇文章作为本书的重要理论部分。在此，我向我的博士生导师吕本富教授、硕士生导师姜奇平研究员深表感谢。

端利涛

2023 年 4 月

# 目 录

**第一章 绪论** ………………………………………………………… (1)
 第一节 研究背景 ……………………………………………… (1)
 第二节 研究意义 ……………………………………………… (11)
 第三节 研究目标和研究方法 ………………………………… (12)
 第四节 研究思路和研究内容 ………………………………… (14)
 第五节 研究创新点 …………………………………………… (17)

**第二章 平台概论** …………………………………………………… (19)
 第一节 前言：一种新的商业模式 …………………………… (19)
 第二节 平台的技术演变 ……………………………………… (20)
 第三节 平台与双边市场理论 ………………………………… (23)
 第四节 "企业—市场"二重性 ………………………………… (35)
 第五节 平台运营的成本特点 ………………………………… (40)
 第六节 超级匹配 ……………………………………………… (42)
 第七节 平台垄断 ……………………………………………… (46)
 第八节 平台竞争 ……………………………………………… (52)

**第三章 文献综述和理论基础** ……………………………………… (58)
 第一节 平台理论相关研究 …………………………………… (58)
 第二节 平台经济定价相关研究 ……………………………… (66)
 第三节 信息与定价关系相关研究 …………………………… (74)

第四节　文献总结 …………………………………………………（82）

## 第四章　平台定价的新古典经济学分析 …………………………（84）
　第一节　平台性质定位：产权与行为特征 ………………………（84）
　第二节　平台动力机制：数字外部性及补偿 ……………………（93）
　第三节　平台的均衡定位：均衡定价与租金盈余 ………………（98）
　第四节　本章小结 ………………………………………………（106）

## 第五章　信息与电商平台上商品的定价机理 ……………………（108）
　第一节　引言 ……………………………………………………（108）
　第二节　相关文献 ………………………………………………（110）
　第三节　电商平台市场的信息与商品定价 ……………………（112）
　第四节　本章小结 ………………………………………………（121）

## 第六章　电商平台上的"反戴蒙德悖论"与价格离散现象 ………（123）
　第一节　引言 ……………………………………………………（123）
　第二节　相关文献 ………………………………………………（126）
　第三节　传统市场中的"戴蒙德悖论"现象 ……………………（129）
　第四节　"反戴蒙德悖论"与消费者实际支付的价格结构 ……（131）
　第五节　平台收入与市场的信息噪音 …………………………（135）
　第六节　在线商品的定价 ………………………………………（143）
　第七节　本章小结 ………………………………………………（145）

## 第七章　基于信息优势的电商平台个性化定价 …………………（147）
　第一节　引言 ……………………………………………………（147）
　第二节　理论分析与相关研究 …………………………………（152）
　第三节　个性化定价 ……………………………………………（155）
　第四节　个性化定价与社会福利 ………………………………（166）
　第五节　本章小结 ………………………………………………（172）

## 第八章 电商平台间的默许合谋定价 (174)
- 第一节 引言 (174)
- 第二节 理论分析 (176)
- 第三节 默许合谋的选择模型 (178)
- 第四节 合谋对福利的影响 (185)
- 第五节 案例分析 (186)
- 第六节 本章小结 (189)

## 第九章 研究结论和研究局限 (191)
- 第一节 研究结论 (191)
- 第二节 研究局限 (194)

## 参考文献 (196)

# 第一章

# 绪　论

本章是本书的开篇章节。首先，从近几年来平台经济对国民经济的重要作用和平台经济在发展过程中所暴露出的社会现象来引出本书所要研究的问题；其次，从理论和现实两个层面来阐述本书的价值；再次，阐述本书的主体框架、研究思路、研究方法和研究内容；最后，介绍本书的创新点和不足之处。

## 第一节　研究背景

### 一　中国平台经济的发展现状

（一）蓬勃发展的中国平台经济

21世纪的第二个十年，在摩尔定律的支持下，信息和通信技术（Information and Communications Technology，ICT）取得了飞速的发展，人类进入移动互联网时代。与此同时，基于移动互联网的平台经济逐渐成为当下市场经济中最为火热和常见的经济形态。而在这十年中，借助平台经济模式，中国在数字经济领域逐渐实现了对欧美国家的赶超。自2015年开始统计数字经济规模以来，中国数字经济一直保持超高速增长，且占GDP的比重也越来越高（如图1—1所示）。根据中国信息通信研究院（以下简称"中国信通院"）2021年发布的《全球数字经济白皮书》，2020年，中国数字经济规模为5.4万亿美元，仅次于美国，位居世界第二。数字经济在全球形成了以美、中、欧为主体的格局。

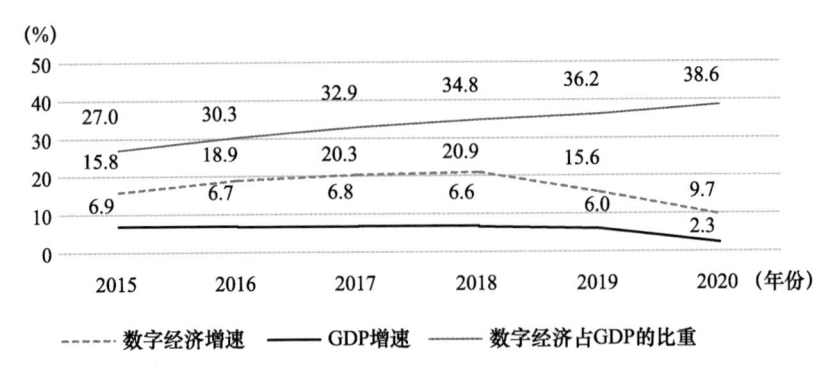

```
(%)
50
      						                        38.6
40        		          32.9    34.8    36.2
    27.0    30.3
30         				    20.9
    15.8    18.9    20.3           15.6
20                                          9.7
10   6.9    6.7    6.8    6.6    6.0
                                            2.3
 0
    2015   2016   2017   2018   2019   2020 （年份）
    ---- 数字经济增速  —— GDP增速  —— 数字经济占GDP的比重
```

**图 1—1　中国数字经济与 GDP 发展概况**

资料来源：中国信通院发布的历年数字经济发展白皮书、中国国家统计局。

互联网平台企业在推动中国数字经济实现飞速发展的过程中扮演着重要角色，越来越多的企业开始向平台模式转型过渡。2021 年年末统计的中国上市公司市值 500 强中，腾讯和阿里巴巴分别占据第 1 位和第 3 位，美团排名第 8 位。在全球领域，腾讯和阿里巴巴也排名全球企业市值前十位。从客观的生活体验来讲，以腾讯、阿里巴巴、百度、美团、字节跳动、京东为代表的互联网平台企业所涉及的业务已经覆盖我们日常生活的方方面面。而且平台模式在最能体现创新创业的独角兽企业中表现更为突出。《中国独角兽企业研究报告 2021》显示，互联网平台企业投资孵化了 54% 的独角兽，借助投资孵化独角兽，互联网平台企业开始逐步构建各自的平台生态圈。2021 年，中国规模以上互联网和相关服务企业完成业务收入 15500 亿元，同比增长 21.2%，其中实现平台服务收入 5767 亿元，同比增长 32.8%（工业和信息化部运行监测协调局，2022）。互联网平台带来的收益可见一斑。同时，随着数字产业化和产业数字化的逐步推进，越来越多的企业开始进行数字化转型，经营模式向平台模式靠拢。

数字经济已经成为当下国民经济中非常重要的一部分，根据中国信通院发布的《中国互联网发展报告 2020》，2019 年中国数字经济规模达 35.8 万亿元，占 GDP 的比重达 36.2%。值得一提的是，在全球都被新冠疫情冲击的 2020 年，数字经济让中国的经济表现出极大的韧性，也成为中国经济新的动能。2020 年上半年，中国实体经济逐渐向线上过渡，实现线上线下结合，不断出现诸如互联网医疗、共享员工、云签约、云办公、"零接触"金融、共享制造、智慧餐厅、智慧菜场等一大批数字经济新业态,除此之外,在线教育、在线会议、直播带货等数字经济业态也发展成熟,在国内实现了全面普及。这些数字经济业态在2020年疫情期间对中国经济的贡献超过七成(郭倩采,2021),使中国成为2020年唯一实现经济正增长的世界主要经济体。

数字经济主要以平台模式体现,因此数字经济也可以称为平台经济。在过去十多年里,世界各地出现了大量使用数据驱动商业模式的互联网平台企业,按市值计算的全球十大公司中,互联网平台企业的数量由原来的1家上升为7家,而且世界上首个市值突破1万亿美元的企业也是互联网平台企业(微软),见表1—1。截至2020年11月,市值突破1万亿美元,或者准万亿美元的平台企业已经有3家:微软1.2万亿美元;苹果1.113万亿美元;亚马逊0.971万亿美元(中国管理科学研究院行业发展研究所,2020)。作为中国平台经济代表的明星企业阿里巴巴和腾讯亦表现不俗,分别排在第6位、第8位。

表1—1　　　　2009—2020年全球市值最高的公司　　　　单位:亿美元

| 2009年 | | | 2014年 | | | 2020年 | | |
|---|---|---|---|---|---|---|---|---|
| 企业 | 市值 | 是否为互联网平台 | 企业 | 市值 | 是否为互联网平台 | 企业 | 市值 | 是否为互联网平台 |
| 中国石油 | 3670 | 否 | 苹果 | 5600 | 是 | 沙特阿美 | 16020 | 否 |
| 埃克森美孚 | 3410 | 否 | 埃克森美孚 | 4620 | 否 | 微软 | 12000 | 是 |
| 中国工商银行 | 2570 | 否 | alphabet | 3580 | 是 | 苹果 | 11130 | 是 |
| 微软 | 2120 | 是 | 微软 | 3440 | 是 | 亚马逊 | 9710 | 是 |
| 中国移动 | 2010 | 否 | 伯克希尔 | 3120 | 否 | alphabet | 7990 | 是 |
| 沃尔玛 | 1890 | 否 | 强生 | 2770 | 否 | 阿里巴巴 | 5220 | 是 |
| 中国建设银行 | 1820 | 否 | 壳牌 | 2690 | 否 | 脸书 | 4750 | 是 |
| 巴西国家石油 | 1650 | 否 | 通用电气 | 2630 | 否 | 腾讯 | 4690 | 是 |

续表

| 2009 年 | | | 2014 年 | | | 2020 年 | | |
|---|---|---|---|---|---|---|---|---|
| 企业 | 市值 | 是否为互联网平台 | 企业 | 市值 | 是否为互联网平台 | 企业 | 市值 | 是否为互联网平台 |
| 强生 | 1570 | 否 | 富国银行 | 2610 | 否 | 伯克希尔 | 4430 | 否 |
| 壳牌 | 1560 | 否 | 罗氏 | 2560 | 否 | 强生 | 3460 | 否 |

资料来源：中国管理科学研究院行业发展研究所：《2020 全球市值 100 强上市公司名单》，http://www.zgyhys.org/bencandy.php?fid=75&id=4287#_bdtz_。

平台经济已经深入到我们生产生活的方方面面。以中国综合实力排名前十的互联网平台企业为例（见表 1—2），这十家平台企业的主营业务涵盖了电子商务、社交、餐饮、自动驾驶、智能制造、学习、新闻媒体、出行、娱乐等诸多领域。平台经济不仅占据了中国经济的重要部分，而且在不断地向其他行业渗透，随着数字产业化和产业数字化，这种趋势还会继续深化。

表 1—2　2020 年中国综合实力排名前十的互联网平台企业

| 排名 | 企业名称 | 主要业务与品牌 |
|---|---|---|
| 1 | 阿里巴巴（中国）有限公司 | 淘宝、天猫、阿里云、钉钉 |
| 2 | 深圳市腾讯计算机系统有限公司 | 微信、腾讯云、腾讯视频、腾讯会议 |
| 3 | 美团公司 | 美团、大众点评、美团外卖 |
| 4 | 百度公司 | 百度、Apollo |
| 5 | 京东集团 | 京东商城 |
| 6 | 网易集团 | 网易游戏、网易邮箱、网易有道、网易新闻 |
| 7 | 上海寻梦信息技术有限公司 | 拼多多 |
| 8 | 北京小桔科技有限公司 | 滴滴快车、青桔单车、礼橙专车、滴滴企业版 |
| 9 | 北京字节跳动科技有限公司 | 抖音、今日头条、西瓜视频 |
| 10 | 腾讯音乐娱乐集团 | QQ 音乐、酷狗音乐、酷我音乐、全民 K 歌 |

资料来源：中国互联网协会：《中国互联网企业综合实力研究报告（2020）》，https://www.isc.org.cn/article/38550.html。

全球最大的网民规模为中国的平台经济发展提供了巨大的市场。根据第48次《中国互联网络发展状况统计报告》，截至2021年6月，中国网民规模达10.11亿人，互联网普及率达71.63%，20—50岁的网民群体占比超过一半，网民每周的人均上网时长达29.6小时。庞大的网民规模促使网络零售成为消费新引擎。2021年上半年，全国网上零售额为61133亿元，同比增长23.2%。其中，实物商品网上零售额为50263亿元，同比增长18.7%（中国国际贸易促进委员会东莞市委员会，2021）。自2013年起，中国电子商务市场蓬勃发展（如图1—2所示），已连续八年成为全球最大的电子商务市场，同时，中国也成为全球最为庞大的数字社会。

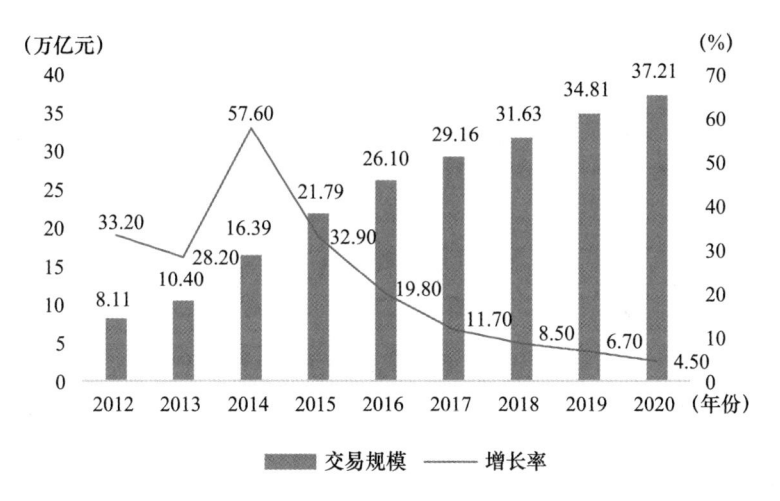

**图1—2　2021—2020年中国电子商务市场交易规模统计及增长情况**

资料来源：商务部：《中国电子商务报告（2022）》，http：//dzsws.mofcom.gov.cn/article/ztxx/ndbg/202306/20230603415404.shtml。

（二）新业态层出不穷

2020年，新冠疫情重创全球经济，全球范围内制造业几乎停滞。在这种情况下，中国的数字经济快速发展，并促使中国成为全球主要经济体中唯一一个经济保持正增长的国家。中国科学院大学吕本富团队的研究统计，在全民"抗疫"的过程中，中国催生和壮大了诸如在线办公、云签约、共享员工等24个新的业态，其中在线办公在当下已经司空见惯，社区团购成为各大平台企业争相投资入局的新领域。2020年7月，国家发展改革委等13部门联合印发了《关于支持新业态新模式健康发展激活消费市场带动扩大就业的意见》，明确肯定了新业态在推动中国经济发展、带动国内就业方面发挥的重要作用，并表示要进一步扩大支持力度。

新业态刺激和支撑了中国的消费，有效拉动了内需。2020年9月16日，国务院办公厅发布的《关于以新业态新模式引领新型消费加快发展的意见》肯定了在新冠疫情冲击下，新型（在线）消费相对于传统接触线下消费的优势，有效保障了居民日常生活需要，推动了国内消费恢复，促进了经济企稳回升。仅2021年"双十一"预售期间，头部网红直播带货价值超200亿元，而2021年上半年中国直播电商交易额超1万亿元，同比增长超两倍（艾瑞咨询，2021）。

除了创造新的消费领域，新业态也优化了中国的就业市场。美团研究院和智联招聘联合发布的《2020年生活服务业新业态和新职业从业者报告》显示，2021年生活服务业五大新业态和新职业的风向标——社区团购、闪购、共享电单车、轻医美、付费自习室的新业态，以及社区团购团长、电单车换电师、数字化运营师、密室设计师、套餐规划师的新职业，无不具有向社会底部延伸的特点，为社会各阶层提供了相应的就业岗位。特别是外卖行业，新冠疫情初期，仅美团外卖就向社会提供了超过20万个就业岗位，通过美团获得收入的外卖骑手近400万人（赵大威、尤越，2020）。

## 二 平台经济中的定价现象

飞速发展的平台经济在给我们带来巨大的福利的同时，也改变了企业的运营模式。不仅新生的企业会选择平台模式，越来越多的传统企业也在逐渐向平台模式过渡，平台模式给企业带来了新的增长空间。平台作为一种信息中介，可以有效地调动各种资源，减少中间交易环节（从而降低了交易成本），使各种资源实现高效地匹配，从而能够提供更丰富、精准的产品和服务，进而吸引新用户来扩大收益。平台模式还可以不断孕育新业态、新模式以扩大市场；特别是借助平台模式，企业可以实时地记录、存储和使用平台上产生的所有交易数据，在本平台市场处于信息的绝对优势地位，从而获得一定的议价优势。因此，电商平台近年来出现的许多价格现象引起大量研究人员的持续关注。

（一）线上商品的价格低于线下

线上商品的价格低于线下是电商平台刚兴起时各电商宣传的噱头之一。例如，马云曾经常将"减少中间商和渠道商，降低价格"挂在嘴边。甚至马云入选"2004年度CCTV中国经济年度人物"时的理由中就曾写道，"阿里巴巴的作用是让买者和卖者直接见面，他的作用是减少中间商，消灭中间商"（新浪财经，2004）。电商平台确实降低了很多商品的价格，尤其是一些价值较低但替代性比较强的商品，我们几乎不用任何搜索成本就可以在淘宝/拼多多上以非常低的价格买到（付荣荣，2019）。选取实体商品（电器）和服务类商品（酒店预订）作为研究对象，发现大部分家用电器类商品线上价格均值低于线下，五星级酒店的线下价格均值大于线上，这在一定程度上是符合现实情况的。如果真如马云所说，没有中间商、渠道商，而且电商平台将搜索成本降为零，那么消费者的搜索成本将降为零，线上线下的价格差距应该非常大。但现实并不是这样的，现实是线上线下商品的价格正在趋同，甚至存在同一种商品线上价格高于线下的现象（Cavallo A.，2017）。关于该问题，至今尚未有研究详细阐明这种现象产生的原因。

（二）大数据"杀熟"现象

大数据"杀熟"现象一直是近几年人们街谈巷议的热点问题之一，网上总会时不时地曝出关于"××平台实行大数据'杀熟'"的新闻。最早关于大数据"杀熟"的新闻出现在OTA平台和网约车平台，2017年12月，用户"@廖师傅廖师傅"在微博上爆料称，在某旅行服务网站预订酒店时遭遇"价格歧视"。据其描述，同样一间房间，该网民用自己账号查询价格是380元，新注册账号则是300元（青岛电视台，2018）。之后，微博"电商头条"转发了一条微博，"滴滴打车，大数据杀熟，呵呵，早上起来看到微博，和同事试了一下，果然同样出发地点、同样目的地，价格不一样，3个手机，2种价格，用得最多（我，消费7000+）和用得最少的（消费1000不到）价格贵，用得适中的便宜（消费3000+）"（青岛电视台，2018）。还有网民爆料，"同一段路程，打车软件对不同的手机的报价不同,怀疑被大数据杀熟"(掌上永嘉,2018)。为此,国家出台了相关法规。2019年1月1日正式施行的《中华人民共和国电子商务法》特地增加了相关规定(第十八条):电子商务经营者根据消费者的兴趣爱好、消费习惯等特征向其提供商品或者服务的搜索结果的,应当同时向该消费者提供不针对其个人特征的选项,尊重和平等保护消费者合法权益。2019年10月4日出台的《在线旅游经营服务管理暂行规定》明确表示:在线旅游经营者不得利用大数据等技术手段,针对不同消费特征的旅游者,对同一产品或服务在相同条件下设置差异化的价格。

但是即便这样,有关大数据"杀熟"的新闻还是不断见于网络。2020年3月8日就有消费者再次爆料天猫超市大数据"杀熟",不同账号在购买同一款商品时出现了价格差异,购买了88VIP账号的老用户价格甚至高于新用户,而天猫超市则用"新人专享价"来解释这种行为,但这并没有被消费者认同,反而展示了更多的证据进行反驳(张珩,2020)。2020年12月,网友表示在同一个地方,用手机美团App购买同一家店的外卖时,美团对于会员收取的运费要高于非会员(搜狐科技,2020)。大数据"杀熟"屡禁不止,为此国务院反垄断委员会于2021年2月7日印发了《国务院反垄断委员会关于平台经济领域的反垄断指南》,对大数据"杀熟"又做了进一步的明确规定:

第十七条 差别待遇

具有市场支配地位的平台经济领域经营者,可能滥用市场支配地位,无正当理由对交易条件相同的交易相对人实施差别待遇,排除、限制市场竞争。分析是否构成差别待遇,可以考虑以下因素:

(一)基于大数据和算法,根据交易相对人的支付能力、消费偏好、使用习惯等,实行差异性交易价格或者其他交易条件;

(二)实行差异性标准、规则、算法;

(三)实行差异性付款条件和交易方式。

条件相同是指交易相对人之间在交易安全、交易成本、信用状况、所处交易环节、交易持续时间等方面不存在实质性影响交易的差别。平台在交易中获取的交易相对人的隐私信息、交易历史、个体偏好、消费习惯等方面存在的差异不影响认定交易相对人条件相同。

平台经济领域经营者实施差别待遇行为可能具有以下正当理由：

（一）根据交易相对人实际需求且符合正当的交易习惯和行业惯例，实行不同交易条件；

（二）针对新用户在合理期限内开展的优惠活动；

（三）基于平台公平、合理、无歧视的规则实施的随机性交易；

（四）能够证明行为具有正当性的其他理由。

该指南对已经发生和可能发生的差别待遇做了明确的规定，但这是否能够制止市场中的大数据"杀熟"仍需要时间来检验。

（三）个性化定价和动态定价

个性化定价和动态定价同大数据"杀熟"一样都是电商平台进行价格歧视的一种形式。但与之不同的是，个性化定价和动态定价虽然一直被学术界讨论，但由于现实中并不常见，尚未引起大的关注。个性化定价通俗来讲就是"千人千价"，这在 2020 年 3 月 8 日天猫举办的"女王节"活动期间就曾发生，当时有用户晒出截图表示：同一款洗面奶出现了五六种不同的价格。而且这也被机构证实，从 App 的不同页面入口进入，价格就有所不同，通过不同渠道下单也会存在差异（文汇报，2020）。动态定价的现象相比于其他两种出现得更早。2013 年价格调研机构 Profitero 的数据显示，亚马逊每天会对产品价格调整 250 万次。因此，曾有人戏称："在亚马逊上，如果你对某产品的价格不满意，那么不妨等 10 分钟，因为价格很可能发生变化。"（零售微观察，2018）

显然，即便是在法律的规制下，电商平台的价格歧视行为仍然时有发生。一般认为，电商平台进行价格歧视造成部分消费者支付了"高价"，即平台通过大数据技术侵占了该部分消费者的剩余，因此必须及时制止平台的价格歧视行为。但这背后仍存在一个被忽视的现象：享受低价的消费者并不会公开声明自己因为价格歧视享受到了低价带来的福利，即便是有人公开承认这个事实，也不会引起人们对这个问题的关注。在同一个线下的物理市场，对同一种商品，市场会有完全相同的均衡价格，因为一旦出现价格差就存在套利的可能。线上交易环境与线下非常不同，平台如何为一件商品定价，该商品市场的均衡价格是多少，这才是解决平台价格歧视问题的核心所在。

（四）算法默许合谋定价

2011年亚马逊平台上一本关于果蝇的书因其店主采用算法定价使得该书的价格与竞争对手的报价策略保持一致，而其竞争对手则设计算法，将该书的定价指定为对方价格的1.27倍，结果两个定价算法形成了正反馈循环，导致一本普通的书在经过定价算法的博弈之后竟然高达2369万美元（金融虎，2021）。2015年4月，美国司法部指控亚马逊某海报等印刷品商家的电子主管David Topkins，利用算法与其他商家联合固定商品价格，实现共谋（Department of Justice，2015）。一般的默许合谋形式包括信使场景（Messenger Scenario）、中心辐射式场景（Hub and Spoke Scenario）、预测型代理人场景（The Predictable Agent Scenario）和电子眼或人工智能（Digital Eye）四种。前三种都是先由人编制相应算法，然后由计算机实现，而第四种则完全不需要人为参与，只需要计算机自动执行。在不断的机器学习过程中，计算机会自发找到利润最大化的途径，甚至电商平台管理者都无从知道市场的供需情况，电商平台就已经实现与竞争对手的协同定价行为（斯图克，2018）。整个定价过程并不需要人参与，更不会存在任何合谋协议，因此不会留下任何"罪证"供相关部门调查。显然，电商平台之间通过算法实行默许合谋具有不可监测、难取证的特征。因此，关于默许合谋的实证研究极少，只有部分研究从博弈论的角度对默许合谋进行模拟演绎，并做出判断。例如有研究认为，从长期来看，我们并不需要对默许合谋过分担忧，因为这是不可持续维持的（Miklós-Thal和Tucker，2019）。该研究假设电商平台对竞争对手的行为信息进行分析时需要花时间进行判断，而且企业对这些信息的判断并不能保证完全正确，存在一个概率上的不确定性。但现实中默许合谋已经发生，因此，如果电商平台能够在极短时间内对竞争对手的市场行为做出正确的判断，那么该研究的结论是否会发生变化则有待商榷。

目前关于上述现象的研究已经浩如烟海，但存在两点不足：（1）低估了电商平台对所掌控信息的干预能力，电商平台除了能够完整地记录并储存发生在平台上的所有信息，还可以按照平台本身利润最大化的需求对这些数据进行处理，包括对这些数据进行有目的地修改；（2）当前关于电商平台定价现象的研究比较分散，并没有将这些现象纳入同一个系统，也没有从问题根源的最深处讨论问题。本书认为电商平台这些定价现象产生的根本原因就是平台对其积累的数据信息的利用和修改。因此，本书将以这两点为出发点，研究基于信息优势的平台的定价机制。

## 第二节　研究意义

### 一　理论意义

市场信息是企业做决策的根本，对市场的均衡价格具有决定性的影响。电商平台是平台市场的信息池，平台除了可以记录、储存、借鉴这些信息，还可以对这些信息进行修改。现有的研究几乎都忽视了这个问题。在这个前提下，本书从平台可以修改市场信息的隐含假设条件下建立模型对当前市场上出现的价格现象做出了解释，而不是囿于平台仅仅参考市场信息的假设，因为平台有动力对市场信息进行修改，而且这种行为很难监测。

本书将电商平台市场出现的价格现象纳入信息经济学的框架分析，认为这些现象背后的根源是平台对电商平台市场上信息的更改，这在以前是没有过的，丰富了关于电商平台定价现象的研究。首先，为便于理解，分别从现实中的定价现象和新古典经济学理论的角度对平台和平台上的一些现象进行描述并做了解释，提出了电商平台介于市场和政府之间的属性特点；其次，对线上价格低于线下价格但同时线上存在严格的价格离散现象做出理论解释，提出了电商平台的价格结构公式，阐述了电商平台干预市场信息的逻辑；再次，建立"价格—数量—种类"三维市场均衡模型，得出电商平台市场的市场均衡是多种价格并存的均衡，给予个性化定价的经济学原理层次的解释；最后，在电商平台可以实时获取市场信息并在短时间内对此做出反应的假设下讨论电商平台之间的默许合谋问题。此外，本书在 Diamond（1971）的基础上提出了"反戴蒙德悖论"，即当市场不存在搜索成本（信息完全对称）时，市场上将会出现伯特兰德式竞争，最终商品的价格将趋向于最低成本定价，这就解释了电商平台上同质的低价值商品的价格低于线下的事实，丰富了搜索成本理论。

## 二 现实意义

当前中国平台经济蓬勃发展，但伴随发展而来的价格乱象确实也是影响经济良性发展的阻碍。对这些现象是否应该完全禁止，如果答案为否，那么应该放任自由，还是有条件的规制，以及怎样规制，应该即时明确。在个性化定价现象的背后还存在另一组矛盾，即平台干预市场信息为消费者提供更为精准的个性化推荐服务和基于利润最大化的目的平台对接受个性化推荐服务的消费者收取更高的个性化价格之间的矛盾。目前，越来越多的电商平台企业开始使用算法进行交易，甚至将来可能完全告别人工，采用 AI 定价，这时候平台之间更有可能基于算法实现默许合谋。随着平台经济的发展，电商平台还会带来新的价格问题，到时候处理这些问题的出发点是什么？目前政府虽然颁布了一些法律法规来规制这些现象，但效果有待商榷。

本书提出了电商平台市场的价格结构公式，回答了平台经济中为什么电商平台在已经减少了中间商、渠道商，即消费者的搜索成本几乎降为零的情况下仍然出现严重的价格离散的问题和对价格离散背后的平台干预市场产生的个性化定价问题，这为监管部门对电商平台市场的价格歧视问题提供了监管和治理逻辑。同时，本书证明了电商平台市场存在电商平台之间通过算法实现默许合谋的可能性，针对该问题监管部门必须给予重视。而且随着电商平台实行算法定价越来越普遍，电商平台市场的价格乱象势必会暴露出新的特点。本书对该问题做了深度研究，阐述了其定价背后不变的逻辑，具有非常重要的现实意义。

## 第三节 研究目标和研究方法

### 一 研究目标

第一，从信息经济学的角度将电商平台上出现的线上商品价格低于线下的现象、个性化定价现象和默许合谋定高价的现象串联起来，阐述清楚这些现象背后的信息经济学逻辑，明晰这些现象的根源出自平台市场交易过程中的哪个环节，并做出解释。

第二，对比线上线下商品的价格，反思"戴蒙德悖论"，给出电商平台市场为什么没有出现严格的"反戴蒙德悖论"现象的解释，即为什么平台提高了用户的搜索效率，却没有出现统一的最低定价现象和在线商品的价格普遍低于线下商品价格的现象。研究出现这种问题是否由于平台干预了市场定价，如果是，那么平台影响在线商品交易的非价格行为和动机是什么。

第三，寻找解释电商平台个性化定价背后的经济学机理，即电商平台的个性化价格与电商平台市场的均衡价格之间是什么关系。同时，解释为什么现有法律无法对个性化歧视带来的负面现象做出有效规制，以及讨论个性化定价对社会福利的影响。

第四，判断电商平台之间、电商平台和平台上店铺之间有没有利用定价算法进行默许合谋的可能，如果能，那么这种行为是否可以持久进行，对社会的福利影响是怎样的。

## 二　研究方法

1. 归纳总结

本书归纳总结当前电商平台市场上的定价现象，梳理了现有关于双边市场、价格歧视、信息不对称市场均衡等理论，总结出电商平台干预市场信息分配的行为。

2. 数理建模

将平台的市场行为抽象成为数学模型，基于利润最大化的原则，利用比较精态分析方法分别对比在垄断市场和在竞争市场条件下平台干预市场信息分配和不干预市场信息分配时平台的收益，然后对平台的市场行为做出判断。将产品差异化纳入市场均衡分析中，建立"种类—数量—价格"三维市场均衡模型分析市场均衡时的价格表现。

3. 演化博弈

构建平台收益的无限重复博弈模型，比较平台选择长期合谋时的收益和平台选择中途"叛变"时的收益。研究合谋定高价对平台的吸引力。

### 4. 案例分析

用快递行业同时涨价的案例来证明电商平台选择默许合谋存在的可能性。

## 第四节 研究思路和研究内容

### 一 研究思路

首先,基于平台经济发展的现状、平台经济对经济的贡献和平台经济中出现的现象结合已有文献的相关研究凝练出本书的核心问题——信息与电商平台定价机制之间的关系,该问题是近几年来学术界和人们日常生活中备受关注的问题。该问题的核心是平台掌握信息优势的条件下,平台会如何制定或影响市场价格从而导致市场上出现了一些典型的价格现象。本书主要关注的价格现象是:(1)电商平台上的"反戴蒙德悖论"现象和价格离散现象;(2)电商平台的个性化定价现象;(3)电商平台之间或电商平台与第三方商家之间默许合谋导致的定高价现象。

其次,分别对上述三种定价现象进行分析,研究电商平台上的信息与电商平台定价机制之间的关系。电商平台与传统市场最大的不同就是电商平台独特的双边市场结构使得平台方在市场信息方面掌握绝对的优势,进而拥有市场势力。具体表现为:(1)买卖双方按要求将在平台上登记;(2)交易必须在平台上进行,甚至必须通过平台的支付接口完成(如图1—3所示)。因此,厘清平台市场上信息流动的逻辑关系和定价之间的关系非常重要。

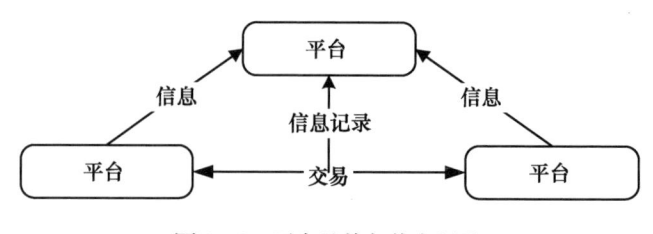

图1—3 平台结构与信息记录

再次,对上述三种定价现象进行详细分析,研究每一个现象背后的信息经济学原理。具体表现为:(1)"戴蒙德悖论"、价格离散和电商平台降低搜索成本，提高了信息对称性，增加了卖方一边之间的竞争关系；（2）平台基于绝对的信息优势为消费者提供个性化推荐和对其个性化定价之间的关系；（3）竞争平台之间基于算法定价带来的信息共享，从而表现出协同行为的默许合谋定价。

最后，根据上文对经济现象和信息之间关系的研究对全书的结论进行整理，并就结论提出相关政策建议。

本书的研究路线如图1—4所示：

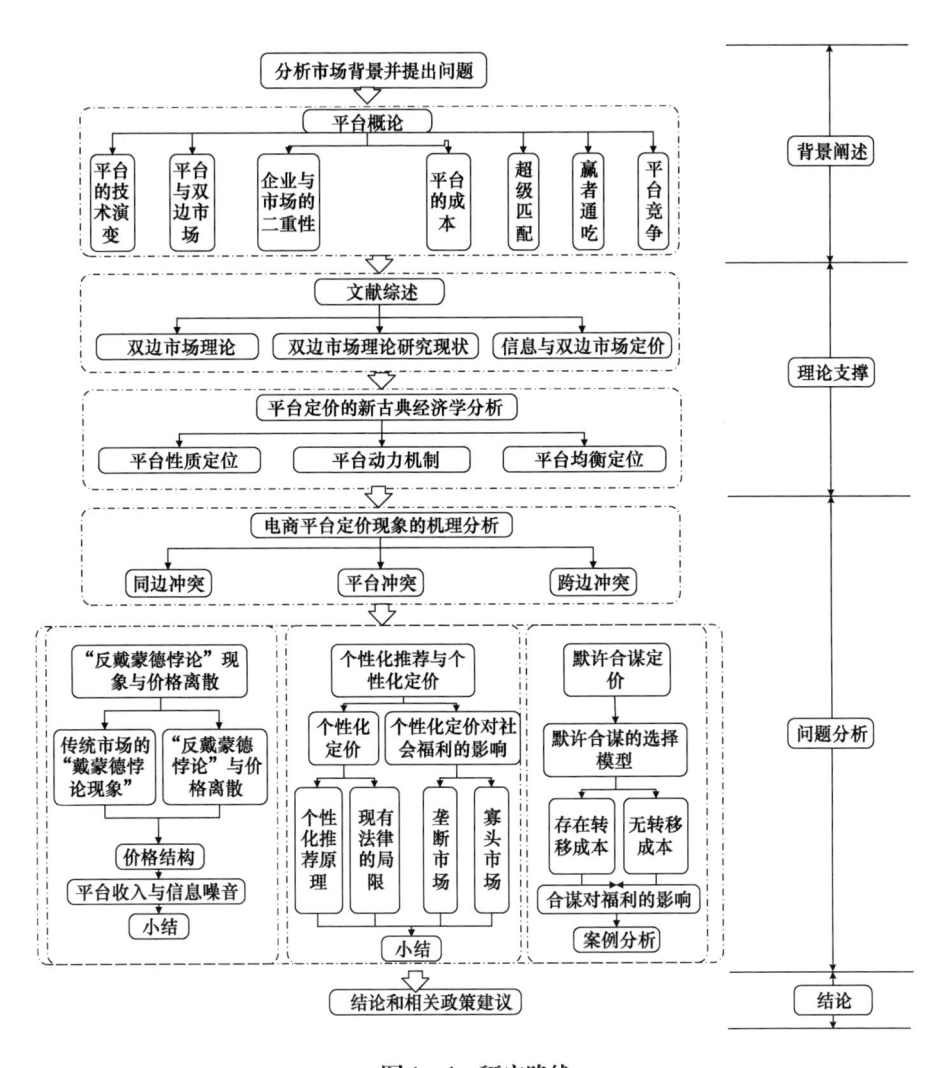

图1—4 研究路线

## 二　研究内容

第一章，绪论。主要介绍研究背景、研究意义、研究目标和研究方法、研究思路和研究内容以及研究创新点。

第二章，平台概论。主要介绍基于互联网的平台发展脉络以及一些属性。

第三章，文献综述和理论基础。主要包括三部分内容：（1）平台理论的相关研究，（2）关于平台经济定价的相关研究，（3）信息与定价关系的相关研究。

第四章，平台定价的新古典经济学分析。主要从产权和市场均衡的角度阐述平台的性质和平台市场价格的形成。

第五章，信息与电商平台上商品的定价机理。第一，分析信息在传统线下市场定价中扮演的角色；第二，分析信息在自营电商平台定价中所扮演的角色；第三，分析非自营电商平台上平台与第三方商家的关系，以及信息在消费者从搜索商品到完成与第三方商家之间交易的整个过程中的角色；第四，讨论信息对于寡头电商平台市场寡头企业之间竞争的影响。

第六章，电商平台上的"反戴蒙德悖论"与价格离散现象。本章从消费者角度出发，将搜索成本和市场信息纳入同一个框架，提出了消费者在交易的整个过程中所实际支付的价格公式。该公式反映了消费者从开始产生购物需求到最终完成支付的整个过程的成本结构，消费者所支付所有成本才是消费者购买某件商品的实际价格，该价格包括消费者在付款时的交易价格、消费者搜索商品信息所花费的成本和消费者排除所搜集商品信息噪音的成本。交易价格是买方获得了既定市场信息后与卖方互相认定的均衡结果；获得商品信息的成本和排除所搜集商品信息噪音的成本取决于平台，平台可以选择将消费者所需要的商品的全部信息传递给消费者，也可以制造信息噪音，让消费者花费更高的成本才能得到需要的信息，这取决于平台利润最大化的选择。

第七章，基于信息优势的电商平台个性化定价。本章从电商平台的个性化定价（价格歧视）现象出发，讨论个性化推荐与个性化定价之间的关系，分析了以下问题：（1）电商平台个性化定价背后的经济学机理是什么，同一种商品在市场上是否只能有一个均衡价格；（2）现有法律为什么无法对个性化歧视带来的负面现象做出有效规制；（3）个性化定价对社会福利的影响。

第八章，电商平台间的默许合谋定价。第一，分析并总结近年来对于互联网企业默许合谋的研究情况；第二，建立默许合谋时博弈双方长期的收益模型；第三，就消费者是否存在转移成本对平台的收益模型进行分析，讨论合谋双方的博弈过程；第四，进行案例分析，用快递行业的实际案例验证上述分析过程。

第九章，研究结论和研究局限。

## 第五节　研究创新点

第一，针对传统市场上的"戴蒙德悖论"现象，提出电商平台上的"反戴蒙德悖论"现象，并将其与当前电商平台上所出现的典型的价格现象，价格离散、个性化定价（大数据"杀熟"）和默许合谋定价，纳入信息经济学的范畴进行统一系统的分析。本书认为，定价过程的本质是平台系统中不同利益方之间利用各自掌握的信息进行的博弈。在垄断平台市场，市场信息作为数据流在以平台为中心的两个"正反馈环"上不断流动，每完成一次循环都会有新的数据加入，进一步提升平台所控数据的质量。"正反馈环"上的地位不同导致了平台系统中买方、卖方和平台三个利益相关方处于严重的信息不对称的状态。从而产生三种利益冲突——同边冲突、平台冲突和跨边冲突，这三种利益冲突产生了与之分别对应的三种定价现象——"反戴蒙德悖论"式定价、个性化定价和默许合谋式定价。

第二，提出的电商平台的价格结构公式"商品定价＝消费者保留价格－消费者获得商品信息的成本－消费者排除所搜集信息噪音的成本"解释了电商平台处于信息绝对优势地位的定价逻辑，从而解释了电商平台上的价格离散现象、大数据"杀熟"现象。在价格结构公式中，电商平台掌控着消费者获得商品信息的成本和消费者排除所搜集信息噪音的成本，并且可以通过大数据分析获取消费者的支付意愿，进而完成个性化定价。

第三，提出电商平台市场上"价格—数量—种类"三维市场均衡框架，论证电商平台市场的均衡并不是新古典市场均衡理论中的一个点，而是一条三维曲线。在这种情况下市场出清时的价格并不是完全一样的，而是存在价格离散。因为即便是同质的商品，在电商平台的操作下也可能成为异质的，比如设置个性化的交易环境，这也就解释了电商平台上个性化定价的经济学原理。

第四，针对电商平台之间是否存在默许合谋的问题修改了 Miklós-Thal 和 Tucker（2019）关于电商平台对信息判断的假设。Miklós-Thal 和 Tucker 关于电商平台对信息的判断是基于贝叶斯分布，认为平台无法及时准确地获得全部市场信息。但现实中随着电商平台所掌控的数据处理技术的不断升级，特别是人工智能算法在定价应用中的普及，电商平台的定价系统会快速准确地应对竞争对手的价格决策，从而"自动"实现价格追随行为，实现默许合谋。本书认为关于默许合谋产生的条件（获取市场信息的能力、对市场的反应速度）逐渐成熟，这为互联网平台之间实现默许合谋提供了更多的机会与更大的可能性，对市场监管部门是一个极大的挑战。因此，市场监管部门在对市场进行监管时需持谨慎态度，特别是对于市场中寡头企业的"集体行为"。

# 第 二 章

# 平台概论

## 第一节　前言：一种新的商业模式

2011年2月9日，诺基亚CEO斯蒂芬·埃洛普（Stephen Elop）发给员工的一封题为"我们身处燃烧的平台"的内部备忘录曝光。备忘录中，埃洛普讲述了一个深夜位于北海的油田爆炸燃烧的故事。在这个故事里，一名钻井平台上的工作人员被爆炸惊醒后发现，他身处于一个极其危险的境地，以至于他只有两个选择，要么被熊熊大火吞噬，要么从距海平面30多米的钻井平台上跳入四周黑暗且冰冷刺骨的海水中。烈火不断地逼近，留给他的只有几秒钟的思考时间。最终，他跳了下去。埃洛普讲到，平常的情况下这个人根本不可能考虑跳入冰冷的海水中。"但当时的情况非同寻常——他所处的平台已经着火了。这个人后来幸运地被救了出来。在获救后，他指出'燃烧的平台'急剧地改变了他的行为模式。"在备忘录中埃洛普明确表示，诺基亚正处于一个"燃烧的平台"之上。

确实，自从2007年第一款iPhone问世之后，手机市场逐渐改变了风向。到2010年年底的时候，苹果手机在超过300美元的手机市场上的份额从2008年的25%上升到61%。其间，谷歌开发的Android操作系统冲进市场，从高端市场逐渐向中低端市场渗透，而且在2011年年初Android手机销量超过诺基亚，成为世界上最畅销的手机。苹果手机和Android手机的成果证明了：第一，用户愿意为"设计精良且体验出色的手机"支付更高的价格；第二，诺基亚的Symbian手机逐渐被触屏手机替代。诺基亚不得不做出选择，选择与微软合作，开发Windows Phone。

埃洛普意识到诺基亚当时正处于一个"燃烧的平台"之上，并与平台上的工作人员一样选择了"跳海"。但埃洛普没有那位工作人员的运气，与微软合作并没有改变诺基亚的颓势，终究在苹果和 Android 的夹击之下谢幕。

在反思中，埃洛普意识到："令人困惑的是，我们甚至还没有选对反击的武器。我们仍在试图以一种'设备对设备'的方式，在每一级别的市场上展开竞争。现在手机产品的争夺已经演变成一个生态系统的战争，其中生态系统不仅包括设备的硬件和软件，还包括开发者、应用软件、电子商务、广告、搜索、社交应用、基于地理位置的服务、全方位通信以及其他很多东西。我们的竞争对手并不是通过设备抢占我们的市场份额，而是一个完整生态系统。这意味着我们将决定是建设、促成还是加入一个生态系统。"（莫塞德和约翰逊，2017）而这个生态系统正是平台模式：一种将两个或者多个互相独立的团体以共赢的方式连通起来的模式（莫塞德和约翰逊，2017）。

平台模式已经成为数字经济中最为常见的经济形式，也是财富聚集最快的商业模式。根据福布斯发布的历年全球企业 500 强榜单，财富排名前十的企业中，平台型企业的数量已经由 2009 年的一家上升到 2020 年的 7 家，目前世界上突破万亿美元市值的企业也全部都是平台型企业。

## 第二节　平台的技术演变

### 一　平台的定义

平台（platform），本意为高于地板或者地面的平坦表面，用于人们表演、演讲、比赛时站立的场所，也可以解释为供人或者机器工作的场所。随着 ICT 的发展，平台逐渐延伸为电脑/智能手机里软件运行的系统环境，随着技术的发展和经济活动的渗透进一步引申为一种新的商业模式。在这种商业模式下，平台连接着两个（及以上）需求不同，但一定程度上存在供需互补的群体。平台作为中介将这些不同的群体连接起来，使之完成交互或者交易。这也是数字经济最主要的经济表现形式。

产品平台：通识设计、准则或者万能的产品，基于此可以生产系列产品或产品线（例如很多不同型号都能通用的汽车底盘）。

产业平台：将产品、服务或者科技作为基础并基于此打造出的补充产品、服务或科技（比如英特尔）。

计算机运行平台：使得应用程序得以运行的潜在的计算机系统（比如 Windows、iOS、Android）。

作为服务的平台：提供一种在线服务——计算机运行平台以及方案的云端运算服务门类（比如亚马逊云服务）。

电子商务平台：提供一个虚拟的交易场所，供买卖双方完成交易（比如淘宝、京东、携程网）。

从本质上说，平台利用交叉网络外部性将异质的用户群体通过平台连接起来，不同的用户群体之间的交互或者交易数据沉淀在平台上，自然就形成了数字经济平台，平台也自然成为数据的连接中心。

在数字经济发展过程中，到目前平台的发展一共经历了三种模式：客户端/服务器（Client/Server，CS）平台、浏览器/服务器（Browser/Server）平台和 App/云计算（Application/Cloud Computing）平台。由于技术、成本和目的的差异，这三种平台模式被应用于不同的生活场景，为人们提供相应的服务。

## 二 客户端/服务器平台

CS 平台是软件系统体系结构，通过它可以充分利用两端硬件环境的优势，将任务合理分配到 Client 端和 Server 端来实现，降低了系统的通信开销（如图 2—1 所示）。目前大多数应用软件系统都是 Client/Server 形式的两层结构，由于现在的软件应用系统正在向分布式的 Web 应用发展，Web 和 Client/Server 应用都可以进行同样的业务处理、应用不同的模块共享逻辑组件，内部的和外部的用户都可以访问新的和现有的应用系统，通过现有应用系统中的逻辑可以扩展出新的应用系统。这也就是目前应用系统的发展方向。

C/S系统架构

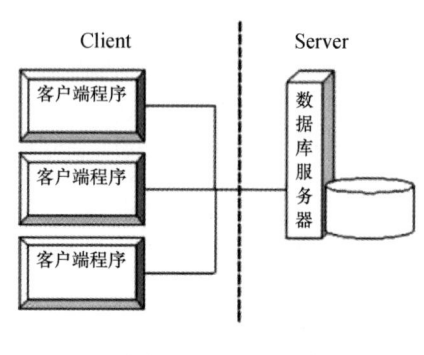

图 2—1　C/S 架构

传统的 C/S 体系结构虽然采用的是开放模式，但这只是系统开发一级的开放性，在特定的应用中，无论是 Client 端，还是 Server 端，都还需要特定的软件支持。由于没能提供用户真正期望的开放环境，C/S 结构的软件需要针对不同的操作系统开发不同版本的软件，加之产品的更新换代十分快，已经很难适应 100 台以上电脑局域网用户同时使用，而且代价高、效率低。

CS 平台的特点包括以下几个方面：（1）需要在收款机安装数据库，会暂用收款机内存；（2）数据保存在本地，一旦系统或设备损坏会造成数据丢失；（3）连锁管理的成本较高，需要个人架设服务器，以及承担维护费用；（4）系统更新有很大局限性，难以拓展新的功能和对接其他平台；（5）只支持传统的 windows 系统，无法兼容 Android、iOs 等新系统；由于技术上的限制，CS 平台的实现需要安装专用欧冠的客户端软件。目前 CS 平台主要应用企业内部管理，例如收银系统、酒店的客房管理系统、人事管理等。

## 三　浏览器/服务器平台

浏览器/服务器（Browser/Server）平台是随着 Internet 技术兴起的，是对 C/S 结构的一种变化或者改进的结构。在这种平台结构下，用户工作界面通过 www 浏览器来实现，极少部分事务逻辑在前端（Browser）实现，但主要事务逻辑在服务器端（Server）实现，形成所谓三层 3 - tier 结构。

这样就大大简化了客户端电脑载荷，减轻了系统维护与升级的成本和工作量，降低了用户的总体成本（TCO）。以目前的技术看，局域网建立 B/S 结构的网络应用，并通过 Internet/Intranet 模式下数据库应用，相对易于把握，成本也是较低的。它是一次性到位的开发，能实现不同的人员，从不同的地点，以不同的接入方式（比如 LAN、WAN、Internet 等）访问和操作共同的数据库；它能有效地保护数据平台和管理访问权限，服务器数据库也很安全。

B/S 主要是基于 java 和 .NET 技术的企业应用，客户使用 IE 等浏览器就可以访问，不需要下载其他程序。

### 四　App/云计算平台

App/云计算（Application/Cloud Computing）平台是随着智能手机的发展而出现的一种新的平台模式，也是目前最为普及的一种模式。在这种平台模式下，用户的工作界面通过安装在 Android/iOS 操作系统上的 App 来实现，用户只需在 App 上操作，任务的事务逻辑则通过移动互联网在云端（Cloud）实现。这种平台模式相比于 CS 和 BS 进一步降低了对设备的要求，只需要一部价格低廉的手机就可以完成。

## 第三节　平台与双边市场理论

### 一　"先有鸡还是先有蛋"

平台的出现改变了传统经济中买卖双方直接交互的交易模式，平台上的用户完成交易需要通过平台这个"中介"实现。因此，平台不免遇到与"中介"一样的困惑："先有鸡，还是先有蛋？"

中介功能的实现需要中介处同时存在两个供需关系或者需求互补关系的市场群体，然后由中介完成两个群体之间的匹配。但对于一个新生的中介来讲，这两个市场群体是不存在的。此时的中介面临一个两难问题，如何才能将两种用户群体（不妨设为群体 B 和群体 S）同时吸引到自己这里来？因为群体 B 加入中介的唯一理由是因为群体 S 也在，否则群体 B 不会加入该中介，这对于群体 S 同样成立。两种不同的群体通过中介产生了正的交叉网络外部性，例如婚恋网站。对于一个婚恋网站来讲，男女青年都在该网站上注册才会使得该网站有价值。对于单身男士来讲，在婚恋网站上注册寻求伴侣最大的动力来自网站上已经注册的单身女士；对于单身女士来讲，想要让其在婚恋网站上注册，首先要保证网站上已经有单身男士注册。

解决"先有鸡还是先有蛋"的问题是平台成立之初必须解决的问题。根据现有电商平台的实际情况，解决"先有鸡还是先有蛋"的方式可以分为两种：货币激励和产品性能。

（一）货币激励

1. 通过大额补贴吸引用户入驻

移动互联网时代，"烧钱"成为数字经济领域十分独特的现象，但又司空见惯。21 世纪的第二个 10 年，在中国数字经济市场上，一共发生了 10 起"烧钱"大战，包括 2011 年的团购网站、2012 年的零售电商平台、2013 年的在线旅游、2014 年的网约车、2015 年的外卖、2017 年的共享单车、2018 年的 P2P、2018 年的新零售、2019 年的电商下沉市场，以及 2020 年年末被政府及时制止的社区团购。

以网约车为例。2014 年开始，滴滴打车开始向司机和乘客发放红包以扩大用户规模，在阿里支持下的快的打车紧随其后。双方向新注册的乘客和司机发放大额红包以获取新用户，同时，为了鼓励用户使用网约车并留住他们，这两个平台分别向乘客提供大量的高额"免减红包"和订单完成奖励。这导致在数月内出现了"一块钱打车"，甚至"一毛钱打车"的现象。在不到半个月的客户争夺战中，两个平台"烧掉"近 20 亿元。2015 年，优步与滴滴展开竞争，两家平台为了补贴用户亏损超过 200 亿元。

2. 与行内既有企业合作

与行业内既有企业合作，可以在短时间内利用该企业实现新用户的拓展，甚至直接将该企业的用户吸引到新的平台上，例如京东商城和拼多多在发展的过程中都通过腾讯获取了新的用户。与行内既有企业合作最典型的案例来自滴滴（滴滴出行）。2012 年滴滴上线时，首先选择与出租车企业合作，为出租车提供免费甚至带补贴的在线预约出租车服务。滴滴利用出租车固定的市场推广自己的在线叫车服务,直接避开了"鸡蛋相生"的问题。在出租车市场逐渐稳定之后,滴滴开始逐步向专车、快车、顺风车等新的业务发展。

(二)产品性能

1. 直接向用户提供内容/服务

不尝试同时吸引消费者和生产者,而是平台先充当生产者来吸引最初的消费者群体,然后用既有的消费群体来吸引生产者(或厂商)。这也意味着一开始的时候企业要选择线型企业起步,在平台吸引了足够的消费者之后再接收生产者(莫塞德和约翰逊,2017),以实现企业的多边属性。

优步初期通过支付司机费用的方式让司机在周围等待接单,直到接到订单电话。在这种模式下,优步培养出自己的需求,并利用该需求吸引第三方司机作为自己的用户。

2. "搭便车",接入既有网络

这种方式不道德,甚至在一定程度上可能导致违法。因为这种行为本质上是通过接入别人的流量来实现自己最初的用户积累。在实现的过程中,为了把别人的用户吸引过来,首先保证自己平台为用户带来的价值要高于"寄生"平台。Airbnb 初创之时就是通过这种手段实现了自己的用户积累。

2010 年,Airbnb 还是一个名不见经传的小型创业公司,无法跟 Craigslist 这种互联网短租产业的大亨相提并论。但为了扩大自己的网络,Airbnb 和 Craigslist 私下进行了整合。这一功能也被称为"发布到 Craigslist 上",即允许所有在 Airbnb 登记房源的房东也在 Craigslist 上发布消息,只需轻轻一点鼠标,便可以跳转到 Craigslist 界面。但是房东并不是在 Craigslist 上回应租赁请求,Craigslist 会将收到的请求转给 Airbnb,完成预定。最终,Airbnb 成功地让 Craigslist 上的用户在自己的网站上预订房间。

## 二 平台的种类

平台,尤其是建立在手机、Pad、阅读器等移动终端上的平台已经成为我们日常生活中不可或缺的存在。关于平台的类型存在多种划分。

(一) 按是否进行交易划分

1. 交易平台

交易平台是指平台上不同的用户群体之间需要通过平台完成直接交易，从而实现不同群体之间的交互的一种平台。随着市场经济的发展，交易平台在日常生活中比较常见，如在线购物网站、交易类的 App、在线银行、证券交易网站、在线支付、信用卡、结算中心等。

2. 非交易平台

非交易平台与交易平台相对，是指该平台上不同群体之间不存在直接的货币交易，不同群体之间的交互直接通过平台完成。例如，在搜索平台上，用户只需要通过搜索引擎就可以免费获取想要的信息，而不需要向信息的发布者支付任何费用。生活中的非交易平台包括各类信息平台（搜索、新闻、论坛、贴吧、在线社区等）、娱乐平台（短视频 App、免费视频网站、免费在线游戏）、政府服务平台、办公软件平台，等等。

(二) 按平台功能进行划分

1. 电商平台

电商平台是数字经济领域最活跃，也是最具代表性的平台。平台连接厂商和消费者，并撮合两个群体完成交易。电商平台减少了商品出厂到与消费者交易之间的中间商，消费者可以和厂商直接完成交易，一定程度上降低了消费者的搜索成本和交易成本。特别是随着个性化推荐算法技术的发展，平台可以在更短的时间内将符合消费者偏好的商品推送给消费者，不仅降低了消费者的搜索成本，而且在一定程度上发掘了潜在的有效消费需求。本书关注的正是电商平台。

2. 信息展示平台

信息展示平台是随着综合性门户网站的兴起而出现的一种平台。综合性门户网站集聚了大量有关新闻、电邮、搜索引擎等内容，为用户提供多元化的网络服务，例如雅虎（Yahoo）、网易、搜狐等。除了门户网站，搜索引擎网站也是信息展示平台发展过程中非常重要的一环，搜索引擎网站满足了消费者精准搜索的需求。除此之外，随着 PC 互联网产业的发展，在线社区、论坛等网站成为信息展示平台中比较有代表性的一类，在这种模式下，用户主动向网站分享一些自己的经验、信息、生活等内容，并与其他用户（可匿名，亦可不匿名）进行交流和互动，例如虎扑、贴吧、知乎等网站。

3. 操作系统

操作系统是平台的平台，是一组主管并控制计算机操作、运用和运行硬件、软件资源及提供公共服务来组织用户交互的相互关联的系统软件程序，同时是计算机系统的内核与基石。目前应用比较广的操作系统有 Windows 操作系统、iOS 操作系统和 Android 操作系统。操作系统在平台构成上一边连接用户，一边连接软件开发者（商），通过出售版权或者向软件开放者（商）收取服务费获得收入以免费为用户提供服务。例如，在 iOS 操作系统中，苹果向 App Store 上的 App 开发者（商）收取其利润的 30% 或者 15% 的费用作为 iOS 操作系统的利润，并向用户提供免费的服务。

4. 社交平台

传统的社交平台往往被认为是单边的，即依靠同边网络外部性来维持平台的规模化运转。但随着移动互联网的发展，社交平台已经告别了传统的单边模式，而是以社交为核心，不断拓展出更多的"边"，以获得收益或者影响力。最典型的代表就是微信，最初的微信只是单一的社交平台，供用户之间进行通信，而现在的微信已经成为一个以社交为核心的平台生态。除了社交，微信公众号、微信短视频也成了平台的核心内容。在这个平台中，微信通过在朋友圈、公众号、短视频中出现的广告获取广告佣金。

（三）按照技术进行划分

1. 传统平台

传统平台是在没有互联网技术加入时的平台，最初被称为双边市场。例如，信用卡发卡商、线下中介服务、电视、广播、线下超市、大卖场等。这类平台往往比较简单，具有典型的"双边"结构。

2. 互联网平台

互联网平台则是基于互联网基础发展起来的一种双（多）边市场，我们现在所使用的各种互联网应用几乎都可以称为互联网平台。随着技术的发展，互联网平台突破了传统双边市场的边界，入驻平台的用户群体往往不止双边，多边的结构甚至形成了平台生态。例如，围绕淘宝，阿里巴巴形成了电商零售、在线支付、快递、在线借贷、网红直播等一系列业态构成的电商生态。除了是一种商业模式，互联网平台也正在发展成为一个创新的孵化器。例如，2020年，在新冠疫情的冲击下，围绕互联网滋生了20余种新的业态模式，为经济的进一步发展提供了新的动能。

## 三 定价模型

### （一）Rochet & Tirole 模型

假设存在一个双边市场，两边由买方（由上标B表示）和卖方（由上标S表示），买卖双方通过平台完成互动或者交易。由于买方总剩余 $b^B$ 不同，买方具有异质性。同样，卖方从交易中获得的总剩余 $b^S$ 也不同。这样的交易由平台完成。而对平台而言，一次交易的边际成本记为 $c \geq 0$。

不妨以支付卡为例。买方希望以某一价格 $p$ 购买一组产品或服务。按照我们的术语，当且仅当买方选择刷卡支付而非其他支付方式时，交易就发生了。收益 $b^B$ 与 $b^S$ 分别对应于买方和卖方选择刷卡而不是其他支付形式时的效用差。在无附加费原则下，商户不能对现金刷卡支付和非刷卡支付收取不同的价格。因此，$b^B$ 与 $b^S$ 的分布独立于平台和商家选定的价格，即外生的。

在无固定使用成本与固定费用的情况下，买方（卖方）的需求仅依赖于垄断平台收取的价格 $p^B$（卖方，$p^S$）。存在网络外部性的原因是，假设每次交易给买方产生的总剩余为 $b^B$，则买方的总剩余 $(b^B - p^B)N^S$ 依赖于销售者的数量 $N^S$，但买方的"准需求函数"[①] 则是独立于卖方数量的。

$$N^B = \Pr(b^B \geq p^B) = D^B(p^B)$$

类似地，令

$$N^S = \Pr(b^S \geq p^S) = D^S(p^S)$$

则代表卖方对平台服务的准需求。考虑一对市场交易者（买方、卖方）不

---

[①] "准需求函数"反映了这样的事实：双边市场中，实际需求由两种类型的客户端用户共同决定。本书中，需求就是买卖双方准需求的积。

失一般性，可以假设每一对这样的市场交易者都对应一次潜在交易。

本书假设买卖双方间匹配给定，只关注这类匹配中形成有效交易的比例。为方便之见，假设 $b^B$ 与 $b^S$ 互相独立，交易占潜在交易的比例（或交易量）等于乘积 $D^B(p^B) \times D^S(p^S)$。

假设市场上只有一家双边平台，那么该平台定价目标是最大化总利润

$$\pi = (p^B + p^S - c) * D^B(p^B) * D^S(p^S)$$

假设 $D^B$ 和 $D^S$ 是对数凹的（log concave），不难得到总利润函数也是对数凹的［对于 $(p^B, P^S)$］。其最优解满足一阶条件：

$$\frac{\partial(\log\pi)}{\partial p^B} = \frac{1}{p^B + p^S - c} + \frac{(D^B)'}{D^B} = 0, \frac{\partial(\log\pi)}{\partial p^S} =$$

$$\frac{1}{p^B + p^S - c} + \frac{(D^S)'}{D^S} = 0$$

特别地，

$$(D^B)'D^S = D^B(D^S)'$$

这一条件刻画了给定总价格 p 时使交易量最大化的 $(p^B, p^S)$：价格的细微变动（绝对量）对交易的影响在方程两边相等。如果引入准需求弹性：

$$\eta^B = -\frac{p^B*(D^B)'}{D^B}, \eta^S = -\frac{p^S*(D^S)'}{D^S}$$

联系勒纳公式，当市场只有一家平台时，平台定价满足以下双边公式：

$$p^B + p^S - c = \frac{p^B}{\eta^B} = \frac{p^S}{\eta^S} \tag{2—1}$$

实际上，此时平台的总价格 $p = p^B + p^S$ 可由经典的勒纳公式给出

$$\frac{p-c}{p} = \frac{1}{\eta}, 或 p = \frac{\eta}{\eta-1}c \tag{2—2}$$

其中，$\eta = \eta^B + \eta^S$，表示总的交易量弹性，假设该值大于 1。式（2—1）的不同之处在于总价格配置于市场双边的方式：

$$p^B = \frac{\eta^B}{\eta}p = \frac{\eta^B}{\eta-1}c \tag{2—3}$$

$$p^S = \frac{\eta^S}{\eta}p = \frac{\eta^S}{\eta-1}c \tag{2—4}$$

**命题 1**

（1）当市场只有一家平台时，总价格 $p = p^B + p^S$ 可由标准的勒纳公式给出（其中弹性为市场双边弹性之和 $\eta = \eta^B + \eta^S$），即

$$\frac{p-c}{p} = \frac{1}{\eta}$$

（2）价格结构有弹性之比给出（而非弹性倒数）

$$\frac{p^B}{\eta^B} = \frac{p^S}{\eta^S} \tag{2—5}$$

## （二）Armstrong 模型

假设平台上存在两个不同的用户群体，记为群体 1 和群体 2，每个群体的成员数量分别为 $n_1$ 和 $n_2$，每个成员的初始效用为：

$$\begin{cases} u_1 = \alpha_1 n_2 - p_1 \\ u_2 = \alpha_2 n_1 - p_2 \end{cases} \tag{2—6}$$

其中，$p_1$、$p_2$ 分别表示平台向两个群体成员所收取的固定费用，$\alpha_1$ 表示用户群体 1 中的单个成员从与用户群体 2 中的单个成员交互中所获得的效用，$\alpha_2$ 则表示用户群体 2 中的单个群体成员从与用户群体 1 中的单个成员交互中所获得的效用。

用户因为能够获得效用才加入平台，因此用户的数量可以表述为效用的函数：

$$\begin{cases} n_1 = \varphi_1(u_1) \\ n_2 = \varphi_2(u_2) \end{cases}$$

并满足条件

$$\begin{cases} \dfrac{\partial \varphi_1(u_1)}{\partial u_1} > 0 \\ \dfrac{\partial \varphi_2(u_2)}{\partial u_2} > 0 \end{cases}$$

平台为用户提供服务需要花费一定成本，假设平台为群体 1 的每个用户提供服务所花费的成本为 $f_1$，平台为群体 2 的每个用户提供服务所花费的成本为 $f_2$，那么平台的利润就可以表示为：

$$\pi = n_1(p_1 - f_1) + n_2(p_2 - f_2)$$

代入式（2—6），我们可得平台的利润
$$\pi(u_1, u_2) = \varphi_1(u_1)[\alpha_1\varphi_2(u_2) - u_1 - f_1] + \varphi_2(u_2)[\alpha_2\varphi_2(u_2) - u_2 - f_2] \quad (2—7)$$

记群体 1 中用户的福利函数为 $v_1 = v_1(u_1)$，且满足 $v_1'(u_1) \equiv \varphi_1(u_1)$，群体 2 亦然，那么总福利就是平台利润与两个用户群体的剩余之和：
$$\omega = \pi(u_1, u_2) + v_1(u_1) + v_2(u_2)$$

通过利润最大化的一阶条件可以得到，当平台选择利润最大化时，
$$\begin{cases} u_1 = (\alpha_1 + \alpha_2)n_2 - f_1 \\ u_2 = (\alpha_1 + \alpha_2)n_1 - f_2 \end{cases}$$

最优的价格满足：
$$\begin{cases} p_1 = f_1 - \alpha_2 n_2 \\ p_2 = f_2 - \alpha_1 n_1 \end{cases} \quad (2—8)$$

对式（2—8），通过一阶条件可以得到平台利润最大化时的条件：
$$\begin{cases} p_1 = f_1 - \alpha_2 n_2 + \dfrac{\varphi_1(u_1)}{\varphi_1'(u_1)} \\ p_2 = f_2 - \alpha_1 n_1 + \dfrac{\varphi_2(u_2)}{\varphi_2'(u_2)} \end{cases} \quad (2—9)$$

因此，假设第一组的利润最大化价格等于提供服务的成本（$f_1$），由外部利益（$\alpha_2 n_2$）向下调整，并由与群体参与弹性相关的因素向上调整。利润最大化的价格可以用更熟悉的 Lerner 指数和弹性形式得到，如下所示。

**命题 2**

记 $\eta_1(p_1 \mid n_2) = \dfrac{p_1\varphi_1'(\alpha_1 n_2 - p_1)}{\varphi_1(\alpha_1 n_2 - p_1)}$，$\eta_2(p_2 \mid n_1) = \dfrac{p_2\varphi_2'(\alpha_2 n_1 - p_2)}{\varphi_2(\alpha_2 n_1 - p_2)}$ 为在给定一组的参与情况的调价下，另一组用户的价格需求弹性。那么利润最大化的一阶条件就可以表示为：
$$\begin{cases} \dfrac{p_1 - (f_1 - \alpha_2 n_2)}{p_1} = \dfrac{1}{\eta_1(p_1 \mid n_2)} \\ \dfrac{p_2 - (f_2 - \alpha_1 n_1)}{p_2} = \dfrac{1}{\eta_2(p_2 \mid n_1)} \end{cases} \quad (2—10)$$

从式（2—10）不难得出，在平台实现利润最大化时，可以对平台上的某一方，例如群体 1，实行价格补贴，也就是说 $p_1 < f_1$。此时，要么是群

体1的用户需求弹性比较高，要么是群体2的用户享受的外部性收益比较大。事实上，补贴可能太大，以至于最终价格为负（如果负价格不可行的话，可能为零）。这种分析，以一种程式化的方式，适用于具有垄断黄页目录的市场。这些电话簿通常是免费提供给电话订户的，而广告客户则从中获得利润。这种分析也可能适用于软件市场，在这些市场中，需要一种类型的软件以某种格式创建文件，而需要另一种类型的软件读取这些文件。

## 四 "羊毛出在猪身上"

"羊毛出在猪身上"是近些年来电子商务领域流传较广的一句话，"薅电商羊毛"也成了每年各大电商购物节前后消费者的口头禅。根据RT模型和Armstrong模型，"羊毛出在猪身上"是因为平台上不同用户群体的弹性不同，平台在运行的时候可以根据用户群体的弹性向不同的用户收取相关费用或者给予补贴。在这种运行模式下，消费者"免费"获得平台的服务已经司空见惯。例如，免费使用搜索引擎、免费使用各类社交软件（App）、免费使用各类媒体（新闻、短视频、在线音乐等）等。

（一）线性商业模式与平台模式

1. 线性商业模式

工业革命之后，社会进入机器工业时代。一件商品从原材料获取、原料运输、工厂加工、产品流通、各级经销商到零售商，最后卖给消费者，整个过程是一个线性的流程。这个流程涵盖了整个商业模式实现的供应链、信息链和价值链，如图2—2所示。

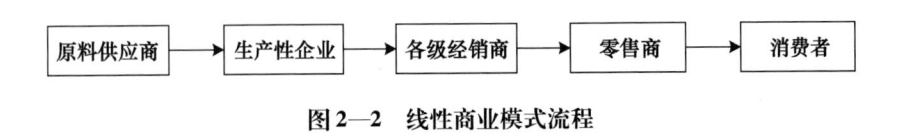

原料供应商 → 生产性企业 → 各级经销商 → 零售商 → 消费者

图2—2 线性商业模式流程

在平台出现之前，商业模式几乎都遵循这样一个流程，整个渠道都是产品原材料、中间产品和最终产品的前后交接，信息也随着产品在不同环节之间传递。而产品的最终价值则根据产品的信息在各个环节上分配，整个过程中的价值最终是由消费者买单，消费收入是整个价值链的唯一收入来源，而且价值在传递过程中是单向的。

这种商业模式在20世纪的效率都非常的高，特别是随着分工和标准化的不断深入，基于这种模式的企业通过供应链将整个环节的无谓损失降到最低，最终实现产品和价值的高效分配。

2. 平台模式

平台模式打破了原有的线性模式，网络平台上的价值交易是多方向的，既可以向左，也可以向右，平台可以对不同用户群体实行收费或者补贴的政策。但总的来说，在利润最大化的条件下，平台要求总收费大于总补贴，也就是说，平台的收益必须是正值。在平台模式下，平台方的收益来源可以概括为四种：广告模式、风投模式、佣金模式、网红模式（如图2—3所示）。

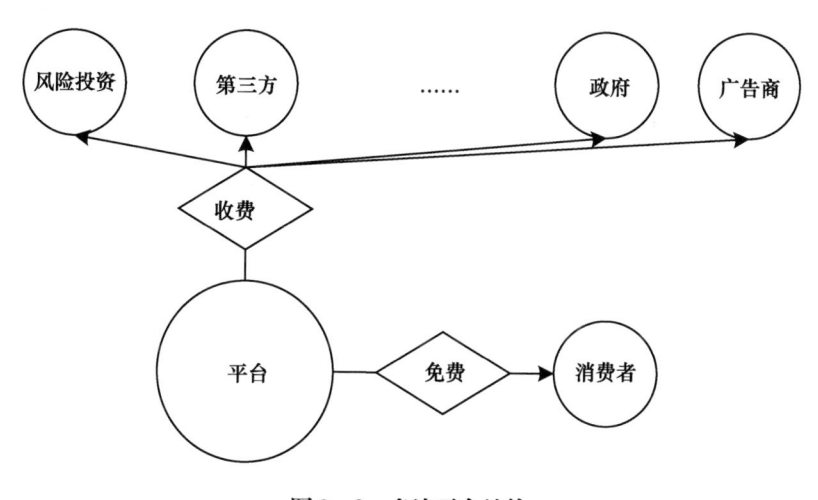

图2—3 多边平台结构

（1）广告模式

广告模式是平台模式出现之后各类平台应用最为常见的模式，以谷歌和百度为代表的在线搜索模式在广告模式中最为典型。在这种模式下，平台一边通过免费提供各种内容信息、新闻资讯、网页链接等信息吸引黏性较大的用户，另一边则利用用户产生的流量吸引广告商的眼球，并向其收取相关费用。这种模式线上线下都比较常见，例如，线上的有搜索引擎网站、综合性门户网站、社会问答网站等知识或信息分享网站，线下的则有电视、广播、杂志、报纸等。

（2）风投模式

风投模式就是平台企业在扩张的时候，为扩大用户规模，利用风险投资获得的资金为平台的运营提供支持，在这种情况下，用户加入平台就可以以极低的价格，甚至免费获得平台提供的服务。这种模式主要发生在平台初创时期，一旦平台完成在资本市场上市，这种来自风投的补贴将会停止。因为平台利用风投获得的融资对用户进行补贴时是以尽可能地获取更多用户为目标，而并非传统企业的利润最大化，因此平台在依靠补贴获得市场份额时往往看起来是不计成本的，也被戏称为"烧钱"。例如，刚过去的十年，在中国至少发生了8起"烧钱"竞争事件，比较典型的有"饿了么VS美团外卖""滴滴打车VS优步"。

（3）佣金模式

佣金模式是电子商务领域比较常见的一种模式。在这种模式下，平台撮合买卖双方完成交易，并在最终的成交额上扣除一定比例作为平台提供服务所应获得的佣金。平台依靠强大的匹配能力为消费者提供满足其偏好的商品，节约了消费者的搜索成本和交易成本。与此同时，平台依靠消费者庞大的用户规模，利用交叉网络外部性的作用要求第三方（往往是厂家）降低商品价格，或者平台利用自己本身的现金流量优势组织"购物节"，向消费者提供各种优惠券。例如，天猫商城、京东商城。

（4）网红模式

网红模式是近几年发展比较火爆的模式。在这种模式下，网红往往依附于某个平台（比如抖音、淘宝），通过向用户直播表演节目获得用户的关注，进而获得相应流量，要么依靠用户打赏获得收入，要么通过代理广告，获得广告商的赞助，或者直接通过连接厂商与消费者进行带货直播，以获得佣金。网红模式下，网红本身就构成了一个"平台"，除了连接着消费者，网红还连接着依附的平台、厂商、广告商。

## 第四节 "企业—市场"二重性

### 一 电商平台上屡禁不止的乱象

电商平台已经成为人们日常生活离不开的一种基础设施。各类电商平台已经渗透到社会的方方面面,一定程度上支撑着社会的日常运行。因此,电商平台的任何一种行为带来的影响所波及的消费者都可能是数以亿计的。近年来,在利益的驱使下,电商平台乱象不断(如表2—1所示)。这些现象不仅存在于平台内部,也会发生在平台之间,影响甚广。从最初因百度竞价排名导致的"魏则西事件"到引起公众关注的算法挤压外卖骑手送餐时间事件,每次事件除了挑战市场的秩序,也对社会造成了不可挽回的损失。据报道,仅2019年上半年,上海共发生涉及快递、外卖行业各类道路交通事故325起,造成5人死亡、324人受伤("上海发布",2019)。

表2—1　　　　　　　　各类电商平台的乱象

| 时间 | 平台 | 事件 | 事件范围 |
| --- | --- | --- | --- |
| 2016年 | 百度 | "魏则西事件" | 平台内部 |
| 2018—2020年 | OTA平台、电商零售平台、网约车平台、外卖平台 | 大数据"杀熟" | 平台内部 |
| 2019年至今 | 网约车平台、外卖平台 | 提高服务抽成比例 | 平台内部 |
| 2019年至今 | 外卖平台 | 算法挤压外卖骑手送餐时间 | 平台内部 |
| 2019—2020年 | 京东、淘宝、美团、饿了么 | 二选一 | 平台之间 |
| 2020年 | 淘宝、京东、美团、拼多多 | 社区团购 | 平台之间 |

为了维护市场公平,每一次事件发生后,监管部门都特别重视,专门修改甚至出台相关法律法规,从法律层面对相关监管做出明确的规定。这些举措确实一定程度上抑制,甚至制止了个别现象,例如"魏则西事件",

但并未从根本上杜绝类似事件的发生，例如大数据"杀熟"。尽管《电子商务法》《反垄断法》都对大数据"杀熟"做了明确的规定，2020年12月仍旧有网友曝出美团存在大数据"杀熟"行为。被曝光之后，美团以"定位缓存"为借口搪塞，最终的事件因无法定性而不了了之。对于之前发生的类似事件，电商平台以"优惠券"和"新用户优惠"向公众做出解释，监管部门最终没有对其做出处罚。针对"二选一"，虽然《网络交易管理办法》《反垄断法》《国务院反垄断委员会关于平台经济领域的反垄断指南》都进行了明确的规定，但没有给出经济学解释。例如，有辩护者为"二选一"辩护的理由为："'二选一'是电商平台与平台内经营者建立的独家合作关系，不同于《电子商务法》界定的'对平台内经营者与其他经营者的交易实行不合理限制或者附加不合理条件'。"（智欣，2020）也就是说，在平台模式下，电商平台的任何行为都有可能找到不与现有法律相冲突的"合理"理由。

平台模式为创新提供了土壤，但同时为这些乱象的出现提供了可能。目前各部门对电商平台的定位为企业，应受《公司登记管理条例》《公司法》《企业所得税法》等约束，本质上与其他企业无差别，这从法律对平台的定义也可以看出。例如，《国务院反垄断委员会关于平台经济领域的反垄断指南》定义互联网平台为通过网络信息技术，使相互依赖的双边或者多边主体在特定载体提供的规则下交互，以此共同创造价值的商业组织形态。《电子商务法》将电子商务平台经营者定义为，在电子商务中为交易双方或者多方提供网络经营场所、交易撮合、信息发布等服务，供交易双方或者多方独立开展交易活动的法人或者非法人组织。

但电商平台已经明显表现出与传统企业不同的特点，单个电商平台已经成为一个独立市场，电商平台的管理者自然也成为这个市场的管理者。从这个层面来讲，电商平台已经成为一个公共基础设施，不仅为在线交易提供了一个交易场所，更重要的是为交易提供了一套完整的制度支持，电商平台的管理层成为平台内的实际监管者，承担了部分政府的职能。所以，关于如何从工商管理的角度明确电商平台的性质，尚待商榷。如果只是按照传统企业的标准，难以对平台的行为做出清晰的界定，进而难以对其进行有效监管。这直接导致电商平台上出现的一些现象无法得到合理解释，从而无法对电商平台进行有效的规制。因此，为进一步规范市场，必须确定电商平台的本质。

## 二 电商平台的本质

Rochet 和 Tirole（2006）认为："如果一个平台可以通过向市场的一方收取更多的费用并将另一方支付的价格减少等量来影响交易量，那么市场就是双边的；换句话说，价格结构很重要，平台必须设计好价格结构，让双方都参与进来。如果最终用户通过谈判放弃了负担的实际分配，那么市场就是单边的；在买卖双方信息不对称的情况下，如果买卖双方的交易涉及通过议价或垄断定价来确定价格，且不存在成员外部性，则是单边的。"显然，电商平台是基于互联网的一种多边平台市场。电商平台为所有存在交易需求的买卖各方提供了一个虚拟的交易场所，并为此提供促使交易达成的制度约束和辅助条件，成为在线交易的载体。从这个角度来讲，平台可以被认为是市场经济内的一种公共基础设施。

同时，平台本身也是工商部门注册的企业，同其他企业一样以获得最大利益为目标。有的平台还会直接参与交易，例如亚马逊、京东、天猫、唯品会，甚至直接制定交易价格，例如网约车行业。因此，平台兼具市场和企业的双重属性，具备管理平台市场和追求利润最大化的双重职能。根据 Roche 和 Tirole（2003，2006）以及 Armstrong（2006）等关于多边市场的研究，交叉网络外部性的存在致使多边市场的价格结构本身是非中性的。也就是说，平台方可以根据自身需求向不同的"边"制定不同的收费标准。这种天然的属性赋予了平台向不同"边"的用户个性化定价或者设定特殊条款的"正当理由"。同时，多边市场自身的外部性属性（直接网络外部性和间接网络外部性）为平台提供了（本平台市场内部）市场势力。因此，电商平台市场出现的各种乱象是电商平台"与生俱来"的。所以，在对电商平台市场出现的乱象进行治理时不能只关注现象本身，"头痛医头，脚痛医脚"解决不了问题，更重要的是挖掘产生这些现象背后的逻辑根源。

### （一）"市场—企业"的双重属性

"市场—企业"的双重属性意味着电商平台为社会提供了两种服务：

（1）为买卖双方提供了一个可实现的虚拟交易场所（如图2—4所示），因此电商平台是一种公共基础设施；（2）提供配套服务、撮合平台上买卖双方完成交易以获取相应收益，因此电商平台是一种服务性企业。作为企业，电商平台拥有在现有法律体系下的盈利权利，即通过向自己的用户提供商品/服务收取相关的费用，以实现利润最大化的运营目标，与此同时履行现有法律体系所规定的义务，例如不得违反《反垄断法》《电子商务法》《反不正当竞争法》等，否则必须承担相应的惩罚。作为"市场"，电商平台也应该享受相应的权利，同时履行必要的义务。但目前并没有针对此项的任何规定。因此，电商平台就可以利用其"市场"的优势实现作为企业的最大利益，即"既是裁判，又是运动员"，而监管部门又无法实现对其主动监管，只能被动地采取事后立法的措施。

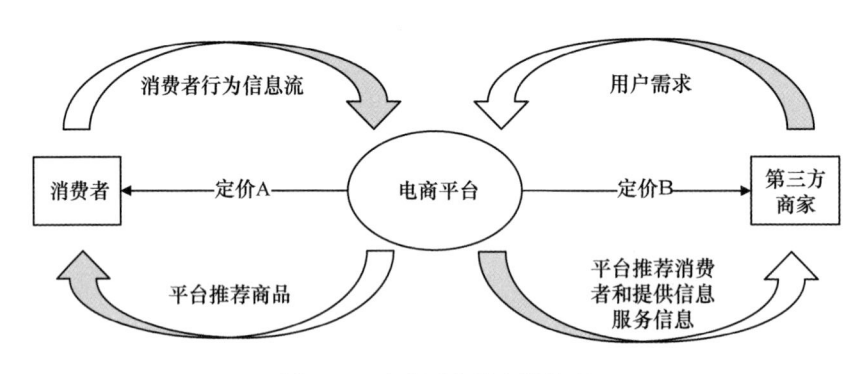

图2—4 电商平台的交易模型

（二）基于算法交易的不可监测性

电商平台庞大的交易规模要求平台上的交易必须依靠算法完成。电商平台的完整交易过程可以分解为消费者搜索商品（服务）信息、平台（+第三方商户）反馈结果、消费者选择并执行交易和消费者评价交易四个阶段，平台反馈结果决定了消费者是否进行交易，是整个过程的核心，由算法完成，而之前需要完成对所能提供的商品和服务进行定价（如图2—5所示）。目前，大多数自营平台所出售商品价格都是由算法制定的，例如京东商城、亚马逊商城。

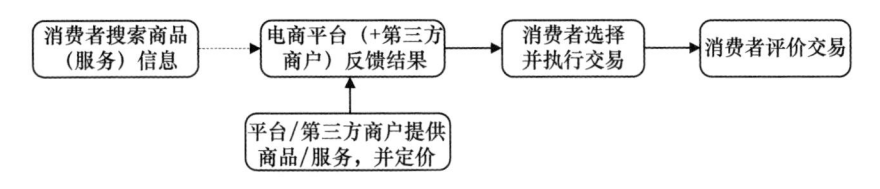

图 2—5　平台的交易流程

在电商平台向消费者反馈搜索结果的过程中，算法根据消费者偏好信息、个人行为特征向消费者提供不同的商品，并向消费者索取不同的价格。因为是个性化的，所以对消费者来讲，这个过程是一个"自我选择问题"，也就是说，消费者的偏好会强化算法反馈给消费者个性化商品/服务的精准度，促进消费者消费，而消费者根据反馈结果进行的消费反过来又会进一步强化算法的反馈效果。在算法的影响下，消费者天然地将自己"自缚于"一个"蚕茧"（个性化的消费场景）中，无法将自己的购买行为与其他购买相同商品/服务的消费者做出对比。而且每一个交易都是在很短时间内完成，一旦交易完成，原来的交易情境将不再存在。因此，算法的运行结果并不能被平台上的其他用户知晓。

（三）电商平台具有干预市场的动力

电商平台利用其"市场"的属性干预市场交易可以获得更大收益。在整个过程中，电商平台对用户实现了"降维竞争"，即电商平台利用网络外部性和大数据技术控制了平台市场内的信息，使用户处于信息弱势，从而主观上造成平台和用户之间的信息不对称，使用户失去了和平台平等博弈的机会。在这种背景下，用户只能对电商平台"听之任之"。另外，用户多归属（multi-home）时，电商平台之间的竞争虽然一定程度上降低了平台相对用户的市场势力，但仍有可能因为用户存在转移成本导致用户损失市场交易，进而损失了市场剩余。所以，电商平台一方面撮合交易促进了匹配效率，另一方面在涉及平台自身利益的时候会干预匹配，并因此获得更多的市场剩余。电商平台的这种行为干预了市场自然运行，尽管对社会总福利的影响是不确定的，但对平台上受损的用户肯定是不公平的。

## 第五节　平台运营的成本特点

### 一　重沉没成本

电商平台的组建往往需要投入巨大的沉没成本，这与传统企业存在差异。在工业大生产时代，一个企业的组建需要事前投入大量的固定成本，例如购买设备、投资技术、寻找厂房、购置土地等，这些需要一次全部准备好。这些固定成本在企业生产过程中可以通过折旧体现在财务报表中，即便在将来某一天因为某种原因企业需要停产变卖，这些固定成本还可以通过折旧回收一部分。但互联网平台很少存在这种情况。电商平台在组建之初的投资主要是技术人员的工资支付和以软件、知识产权为代表的虚拟资产的支出，而且随着平台的成长，平台的支出逐渐扩大到包括为吸引更多的用户所花费的补贴成本。这些成本的投入是非常大的，而且一旦发生，这些成本往往是完全不可收回的。因此电商平台运营具有重沉没成本。

### 二　零边际成本

2014年4月，美国华盛顿特区经济趋势基金会总裁杰里米·里夫金（Jeremy Rifkin）出版了《零边际成本社会：物联网、协作共同体与资本主义的衰落》一书。他认为在互联网的基础上，未来的社会是零边际成本存在。在未来社会，人类使用氢气、风能、太阳能发电等可再生能源，使用插电或零排放燃料电池作为能源传输工具，利用3D打印技术发展制造业，通过在线课程实现知识的传播和获取，基于共享模式实现资源的高效利用。

虽然里夫金的零边际成本社会还没完全实现，但在互联网技术的支持下，电商平台已经实现了接近于零边际成本的在线交互/交易。电商平台上，用户的任何行为本质上都是一串二进制代码，即一组数据。本书第二章提到，数据具有零成本复制的特点。对于一种数字商品/服务，一旦该商品已经生产完成，那么理论上讲，该商品可以重复无数个版本而不花费任何成本。例如，数字音乐、数字电影、电子书、软件、电商平台上的店铺等。而随着 XR、元宇宙、物联网、区块链等技术的发展，未来越来越多的虚拟商品、虚拟交易方式会融入生产生活，零边际成本将会表现得更为突出。

## 三 低交易成本

低交易成本是平台运营成本中另一个比较典型的特点。电商平台的出现颠覆了传统线下市场的交易模式，用户可以通过移动终端随时随地在平台上与商家完成交易，而不用依赖任何中间商。电商平台上的商品/服务种类和数量趋近于无穷大，使得平台市场更接近于完全竞争市场，市场信息也更加对称。例如，线下商城的辐射范围不超过 20 千米，电商平台出现后，电商的辐射范围可覆盖全球。电商平台可以通过算法技术精准地向用户推送符合其个性化偏好的商品，既降低了用户的直接的搜索成本，又可以发掘用户/消费者潜在的有效需求，有助于扩大市场交易。电商平台可以撮合厂商和消费者直接交易，减少了传统供应链中的交易环节，节约了相应的成本。

## 四 轻资产运营

轻资产运营是基于互联网的平台模式相对于传统企业重资产运营模式的突出特点。轻资产运营是指企业的运行主要依赖诸如知识、客户、企业文化、创新能力、品牌、商誉、管理能力等无形资产，通过构建价值网络将企业运行所需要的实物资产连接起来，并主导整个价值网络的运行。例如，滴滴打车没有一辆自己的运营车辆，美团外卖也没有一名隶属于本公司的外卖骑手。这使得电商平台企业成为一个社会资源的调节中枢。在这种模式下，平台只需要扮演好中介角色，完成社会资源之间的匹配和运营管理即可。

轻资产运营降低了企业的运营成本，从而降低了企业的运营风险。相对于重资产企业，轻资产运行的企业不需要在实物资产方面进行大量投资，这样就可以降低企业对资本的需求，同时，重资产的减少也使得企业在遇到冲击时不被重资产拖累。轻资产运营放宽了企业的组织规模限制，提高了企业的组织效率。对于重资产企业，由于企业的运行必须花费成本对重资产进行组织管理，这导致了企业成本的增加；而且随着重资产规模的增加，企业的运行管理成本将呈指数上升，使得企业内部交易的成本逐渐趋近于市场交易成本，达到企业的边界。而轻资产运营的企业显然无须担心这种问题的发生，这也是现实中平台企业的规模和市值都逐渐远超传统企业的重要原因之一。

## 第六节　超级匹配

供需匹配是市场出清的主要表现之一。某种类型的交易，如果有很多潜在买家和卖家，如何撮合两个群体达成交易将至关重要。但在传统市场，企业的组成方式和供应链的组成方式主要是线性的，价值链的价值传递方向也是单向的。同时，受到物理条件的限制，传统市场的规模有限，往往局限于某一个小的区域，市场主体的数量较小，市场出清时所实现的匹配并非全局最优。即将市场范围进一步扩大到相邻区域，最终的市场匹配可能是无效率的，也就是说此时的市场均衡并非帕累托最优。

互联网平台模式出现后，市场规模突破原有的局部市场，原则上，平台可以连接所有的买方和卖方（如图2—6所示），平台本身就是全局市场。平台效率集中体现为撮合效率。平台经济之所以有价值，是因为其连接一切的特性及其虚拟空间打破时间与物理空间的限制，使得企业超越区域小市场，面向全国或全球大市场，从针对存量的"头部"发展到拓展增量的"长尾"，从以人工操作处理为主发展到工具的技术替代。电商平台是连接上下游、供需端或买卖方的第三方或第四方服务，也是从撮合交易、资源配置、开源创新等过程中，通过降低交易费用、分享价值增值收益的经营实体。

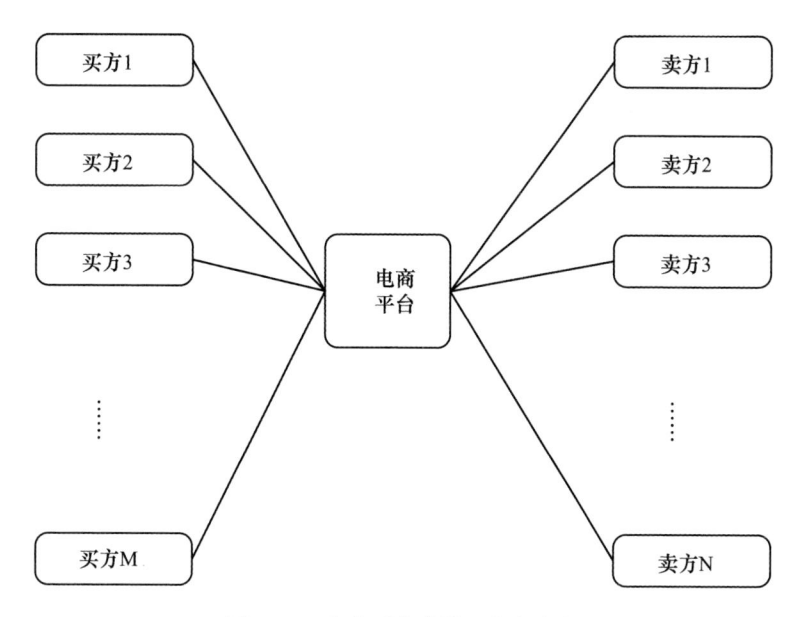

图 2—6　电商平台连接买方和卖方

## 一　"展示式"匹配

"展示式"匹配就是将所有的内容都展示在软件界面上，用户根据自己的需求在界面上自由选择自己所需的内容。对于使用这种平台的用户来说，每个人所接触到的界面是完全一致的。因此，匹配效率相对较低。这种模式主要体现在早期的各大综合性门户网站、导航网站，如雅虎、hao123 导航网。

## 二　"搜索式"匹配

"搜索式"匹配是一种基于 PC 互联网的匹配模式。这种匹配模式就是利用高效的搜索引擎实现用户和信息之间的更精准匹配，如 Google 搜索、百度搜索。用户通过搜索引擎向平台发送信息请求，在接到相关指令之后，平台向用户反馈搜索结果。因此，对于平台来讲，"搜索式"匹配是被动匹配。

44　电商平台定价机制研究

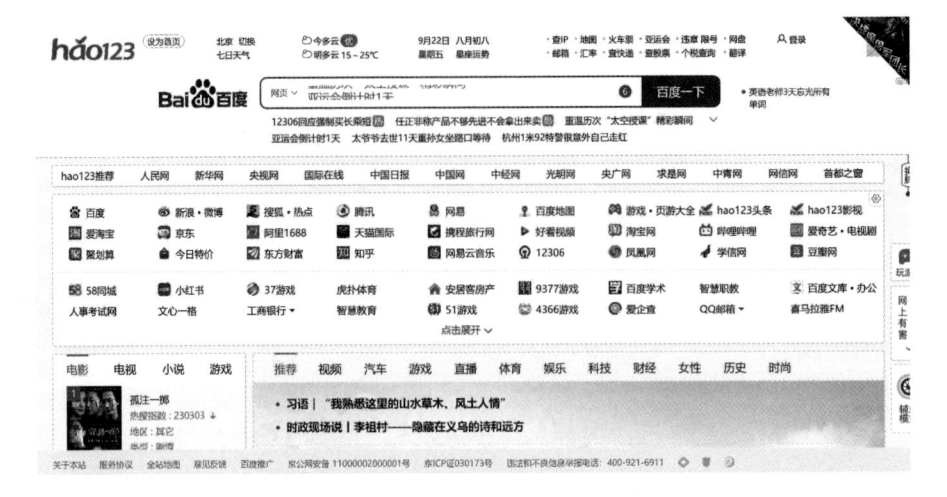

图 2—7　hao123 导航网首页

资料来源：hao123 导航网。

图 2—8　百度搜索首页

资料来源：百度搜索。

## 三　"推荐式"匹配

"推荐式"匹配是基于移动互联网平台的兴起而发展起来的一种匹配方式。这种匹配方式建立在用户的各类数据和推荐算法上实现对用户的精准推荐。用户数据所含的信息量越大、推荐算法质量越高，推荐的结果越符合用户偏好，即准确率更高。而且在移动互联网的支持下，相对于 PC 客户端，平台聚集了规模更大、数量更多的用户，因此"推荐式"匹配带来的准确度、匹配规模都是其他方式所不可比的。相对于"搜索式"匹配，"推荐式"匹配是平台主动匹配。在这种模式下，平台主动地向正在使用平台的用户推荐符合其偏好的信息和内容（如图 2—9 所示）。

图 2—9　京东 App 首页的推荐

资料来源：京东 App。

## 四　"共享式"匹配

"共享式"匹配是依附于社交平台的一种匹配方式。对于一个封闭式社交圈内的成员来说，相互之间的信息相对比较丰富，俗称"熟人社会"。在这种环境下，成员之间共享信息、商品、服务的准确率、成功率较高。

对于一个开放式社交平台，成员往往是基于某种共性而成为该社交平台上的成员。在这种模式下，用户基于这种共性相互之间共享相应的信息、商品、服务，尽管准确率不会高于封闭式社交圈，但其共享成功数量的绝对值较高，如小红书的"种草"模式（如图2—10所示）。

图2—10　小红书短指甲"种草"

资料来源：小红书App。

## 第七节　平台垄断

正网络外部性使平台市场"赢者通吃"现象司空见惯，即某个市场上，头部企业占据了绝大部分市场份额（例如搜索引擎市场，如图2—11所示）。因此，数字经济领域存在一种说法："只有第一、第二，没有第三、第四。"网络外部性使平台天然地具备垄断的能力。

平台是一个连接不同需求群体的中介。当平台连接的用户达到一定数量级之后，在正网络外部性的作用下，平台连接的群体越多，平台上的用户越有可能找到与自己需求相匹配的用户群体，平台的规模也就越来越大。更大的平台往往拥有更大的市场势力。为了获取更大的利益，平台往往利用市场势力实施垄断行为。平台的主要垄断行为表现为排他性交易、自我优待和"守门人"三个方面。

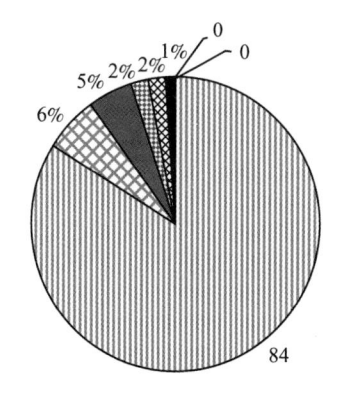

**图2—11　2022年2月中国搜索市场各搜索引擎的市场份额**

资料来源：Statcounter官网（https://gs.statcounter.com/）。

## 一　排他性交易

（一）平台排他性交易的基本事实

平台排他性交易是一种非常普遍的现象，根据2017年国内三大电商平台的数据，按照店铺的名称以及营业执照进行筛选，发现所有品类中都存在独家店铺，比例从21%至70%不等（曲创，2021）。

（二）平台排他性交易的动机

第一，签订对双方都有约束力的协议会降低双方多次谈判的交易成本；第二，能够消除双方在未来的不确定性；第三，能够增加双方的专用性投资，特别是在传统的制造业领域，双方有独家协议约束后，会增加对某一种特定技术或产品的投资，尤其是那些针对性强，只能适用于对方的某一种产品；第四，防止其他竞争对手"搭便车"；第五，圈定市场，排除竞争对手。

（三）平台排他性交易的后果

平台商业模式中的排他性交易发生在平台与平台内用户，例如商家之间。传统纵向关系的特点是单向的线性结构，只有下游厂商能够直接接触到消费者，与消费者产生交易关系，消费者和上游厂商之间没有任何的关系。但在平台商业模式中,和消费者直接发生接触的既有平台也有商家,商家和平台双方都和消费者用户产生交易关系,因此平台和商家之间一定不是传统意义的纵向关系。既然传统纵向关系中排他性交易的后果都是不确定的,那么在平台这种全新的商业关系中排他性交易的后果就更不确定了。

判定一种行为是否会影响市场竞争,首先需要明确分析对象和主体。其中涉及三类主体,第一类主体是消费者,如果这种行为对消费者福利产生了明确损害,则需要禁止。具体可以通过两个指标来判定：一是价格,排他性交易发生后,在质量保持不变的情况下,消费者实际支付的价格如果有所上升,则为受到实质性损害；二是消费者购买时的可选商品种类,如果因为排他性交易而减少,也是实质性损害。在经济学中产品多样性给消费者带来的好处和价格降低的作用是同等重要的。因此平台排他性交易的后果需要从多个层面进行考察：一是平台和平台之间的竞争；二是商家和商家之间的竞争；三是平台和商家之间的竞争。平台排他性交易本质上是平台和平台之间的竞争行为,所以第二类主体是平台,第三类主体是商家,但是否应该考虑对商家的影响还需要进一步探讨。

受平台自身特性的影响,排他性交易对消费者的影响需要从两种归属情况进行分析。

假设消费者使用多个平台,即多归属的情况下,平台排他性交易对商品的可选择范围并没有影响,消费者只不过是从一个平台换到另一个平台,这也正是平台竞争的应有之义。在这种情况下排他性交易对价格不会产生影响。虽然销售平台可能从两个减少为一个,但消费者仍为同一群体,消费者对产品的需求总量,也就是市场规模并没有发生变化,故价格也不会变化。因此在消费者使用多个平台的情况下,平台排他性交易对消费者并不会产生显著影响。

而在消费者只使用一个平台,即单归属的情况下,平台排他性交易会对消费者产生损害,其减少了消费者可选择的种类和范围。但现实中只使用一个平台的消费者数量极少,因为对价格敏感的消费者通常都会货比三家,更不会只使用一家平台。同时,同一平台中的同一品牌也会有很多商家可以选择。故在消费者只使用一个平台的情况下,虽然理论上会对可选择范围产生比较大的影响,但实际产生的影响也非常有限。

综上，当消费者只使用单一平台和单一品牌且单一具体商家时，平台排他性交易才会对消费者的可选范围产生较大影响。

以上对平台排他性交易的分析均基于平台之间势均力敌这一前提，例如两个大平台之间。如果两个平台的用户规模和交易量悬殊，平台排他性交易的结果就大相径庭了，很可能会对小平台产生市场圈定的不利结果，导致小平台被挤出市场。所以在平台经济领域中排他性交易的后果是不确定的，需要考虑多重因素：一是品牌间的可替代性；二是经营同品牌的商家间的可替代性；三是同品类不同品牌之间的可替代性；四是商家的策略性应对措施；五是品牌方的策略性应对措施。

在平台与消费者之间，以及商家和消费者之间，消费者均处于弱势地位，因此更注重保护消费者利益是必要的。而在平台与商家之间，是否也需要注重保护商家利益呢？这一问题有待我们进一步思考。此外，如何在平台和商家之间合理分配利益也是一个亟待解决的问题。利益分配的格局与商家对平台的依附程度密切相关，不同商家与平台之间的利益分配结果差别较大。

### 案例：阿里巴巴因"二选一"，被处以 182.28 亿元罚款

2020 年 12 月，市场监管总局依据《中华人民共和国反垄断法》对阿里巴巴集团控股有限公司（以下简称阿里巴巴集团）在中国境内网络零售平台服务市场滥用市场支配地位行为立案调查。

市场监管总局成立专案组，在扎实开展前期工作基础上，对阿里巴巴集团进行现场检查，调查询问相关人员，查阅复制有关文件资料，获取大量证据材料；对其他竞争性平台和平台内商家广泛开展调查取证；对该案证据材料进行深入核查和大数据分析；组织专家反复深入开展案件分析论证；多次听取阿里巴巴集团陈述意见，保障其合法权利。该案事实清楚、证据确凿、定性准确、处理恰当、手续完备、程序合法。

经查，阿里巴巴集团在中国境内网络零售平台服务市场具有支配地位。自 2015 年以来，阿里巴巴集团滥用其市场支配地位，对平台内商家提出"二选一"要求，禁止平台内商家在其他竞争性平台开店或参加促销活动，并借助市场力量、平台规则和数据、算法等技术手

段，采取多种奖惩措施保障"二选一"要求执行，维持、增强自身市场力量，获取不正当竞争优势。

调查表明，阿里巴巴集团实施"二选一"行为排除、限制了中国境内网络零售平台服务市场的竞争，妨碍了商品服务和资源要素自由流通，影响了平台经济创新发展，侵害了平台内商家的合法权益，损害了消费者利益，构成《中华人民共和国反垄断法》第十七条第一款第（四）项禁止"没有正当理由，限定交易相对人只能与其进行交易"的滥用市场支配地位行为。

根据《中华人民共和国反垄断法》第四十七条、第四十九条规定，综合考虑阿里巴巴集团违法行为的性质、程度和持续时间等因素，2021年4月10日，市场监管总局依法做出行政处罚决定，责令阿里巴巴集团停止违法行为，并处以其2019年中国境内销售额4557.12亿元4%的罚款，计182.28亿元。同时，按照《中华人民共和国行政处罚法》坚持处罚与教育相结合的原则，向阿里巴巴集团发出《行政指导书》，要求其围绕严格落实平台企业主体责任、加强内控合规管理、维护公平竞争、保护平台内商家和消费者合法权益等方面进行全面整改，并连续三年向市场监管总局提交自查合规报告。

资料来源：《国家市场监督管理总局行政处罚决定书》（国市监处〔2021〕28号），2021年4月10日。

## 二 自我优待

自我优待是大型互联网平台面对本平台上自营与第三方之间的竞争时，利用自己在平台上的市场势力实施限制竞争的一种手段。自我优待是平台"企业—市场"二重性的典型表现，在这种情况下，平台一方面作为"运动员"与第三方进行竞争，另一方面作为"裁判员"对竞争实施有利于自己的判罚，损害了市场公平。美国众议院在《数字市场竞争的调查》中，将自我优待与掠夺性定价、排他性交易一同列为典型的平台滥用市场支配地位的行为。

2021年4月，土耳其反垄断机构Rekabet Kurumu对谷歌处以超2.96亿里拉（约合2.39亿元）的罚款，指责其在搜索结果中突出强调了自己的本地搜索和住宿比价服务。

## 三 "守门人"

"守门人"一词最早由"社会心理学之父"库尔特·勒温使用。他指出,在群体信息的传播过程中,存在着一些关键的守门人,他们负责对传播的内容进行把控,决定哪些内容可以传播、哪些不能进行传播。勒温强调,尽管这些守门人有时并不起眼,却在塑造群体特征的过程中起到了至关重要的作用。

勒温的理论一经提出,就在各界引起了巨大的反响。政治学、社会学、传播学、金融学和信息科学等各个领域都先后借鉴了这个概念。当然,在不同的学科中,守门人对应着不同的角色,"守门"行为的含义也各有不同。例如,在传播学中,所谓的"守门人"主要指记者和编辑,守门行为主要指他们裁剪掉"无用"信息,并将"有用"信息传递给读者的过程;而在金融学中,守门人指的则主要是审计师、承销商、律师等在证券发行商和投资者之间运作的中介角色,他们的守门行为主要是决定发行商和投资者之间可以开展哪些交易活动,以及怎样开展这些活动。

在信息科学领域,华盛顿大学信息学院教授卡琳娜·芭兹莱-纳昂最早将"守门人"的概念引入网络领域,并建构了一套完整的"网络守门人"理论。不同于以往的理论,在这套理论中,守门人不再局限于编辑、律师这样的精英人群,而可以是各种身份的人、组织、制度,甚至技术。从功能上看,他们不仅能决定某种信息是否可以通过,还可以决定"守门"行为的对象是否可以进入某个网络。与此同时,"守门"行为的对象不只是处于被动的地位,而是可以和守门人之间产生互动。芭兹莱-纳昂认为,守门人同其对象之间的关系并不是一成不变的,后者的很多特征,例如政治权力、信息生产能力、与前者的关系,以及拥有的外部选择等都会对以上关系产生影响。

在平台监管的文献中,最早引入守门人概念的是奥拉·林斯基。在2017年的一篇论文中,他建议用"守门人"来代替"平台力量"作为监管的主要对象。在林斯基看来,将"平台力量"作为监管对象并不妥当。

一方面,他认为平台的概念过于模糊,无论是从"双边性",或者其他角度去定义平台,都不能得出必须对平台进行专门监管的理由。另一方面,他认为"平台力量"的提法容易混淆反垄断意义上的市场力量,而在现实中,一些平台即使没有足够的市场力量,也可以对他人的行为产生很大的影响。相比之下,"守门人"或许更能够体现出数字经济条件下大型平台所扮演的角色,也更能刻画出它所带来的各种问题。因此,林斯基建议,在平台监管中引入"守门人"这一概念,并用它代替"平台力量"作为监管的目标。

## 第八节 平台竞争

### 一 接近无限的平台边界

罗纳德·科斯在《企业的性质》一文中表示,"自然,企业的扩大必须达到这一点,即在企业内部组织一笔额外交易的成本等于在公开市场上完成这笔交易(transaction)所需的成本,或者等于由另一个企业家来组织这笔交易的成本"。具体来讲,传统企业因为边际成本递增的因素使得企业的规模不能无限增大,企业在不断扩大时必须保证在其内部组织一笔额外交易的成本不高于在公开市场上完成这笔交易所需的成本,这样才能保证企业的收益达到最大。在这个条件下,该边际成本也成为企业的最大边界。

基于互联网的平台成本具有重沉没成本、零边际成本、低交易成本和轻资产运营的特点,这使得平台运营的边际成本近乎为零。同时,随着平台规模的不断扩大,平台所产生的价值因为美特卡夫定律呈指数级增长,平台的平均成本因为既定的总成本和不断扩大的用户规模而不断地下降。因此,从原则上来说,平台企业越大越好,因而平台企业不存在边界问题。例如,电商平台商品的种类是传统大卖场无法相比的。即便是开设了在线商场的条件下,2021年全球市场中,沃尔玛的第三方卖家数量为11.47万家,而亚马逊上的第三方卖家数量为630万家。

## 二 跨界竞争

接近无限的平台边界意味着所有的互联网平台都可以从事相似的业务，从而任何互联网平台之间都存在潜在的竞争关系，例如美团开展打车业务与滴滴形成竞争关系。除此之外，因为互联网平台已经成为用户消遣的重要渠道，接近无限的边界使互联网平台可以为用户提供任何可能的消遣方式，从事不同业务的互联网平台为了争夺用户的消遣时间——用户的注意力也可以形成竞争关系，例如在线游戏平台和在线直播平台。

### （一）有限的注意力

1971年，赫伯特·西蒙首次提出"注意力经济"这一概念，他表示，"在信息丰富的世界里，信息的丰富意味其他东西的匮乏：信息消费掉的东西的稀缺。信息消费什么是显而易见的：它消费了信息接受者的注意力。因此，大量的信息造成了人们的注意力的贫乏，因此需要在过量的消耗注意力的信息来源中高效地分配注意力"（Simon，1971）。

注意力是一种资源，且每个人的注意力是有限的。米切尔·高德哈巴在1997年提出，注意力是人们关注某种信息、事件或者行为的持久度，互联网时代的信息过剩促使注意力成为稀缺资源，变成了新经济的硬通货。他认为注意力经济是网络时代的自然经济，"被关注是有价值的""注意力是一种珍贵的财产"（Michael，1997）。例如，一天只有24个小时，除去必要的休息和工作时间，每个人能够花费在互联网上的时间非常有限。《中国互联网发展统计报告2021》显示，截至2021年6月，我国网民的人均每周上网时长为26.9个小时，较2020年12月提升0.7个小时（如图2—12所示）。

### （二）跨界竞争的本质

在知识爆炸的后信息社会，注意力资源已经成为十分稀缺的经济资源，不但成为财富分配的重要砝码，而且经营注意力资源的产业（如媒介、广告、体育、模特等产业）获得迅猛发展，成为高利润的新兴产业群，注意力经济正在形成。

(小时)

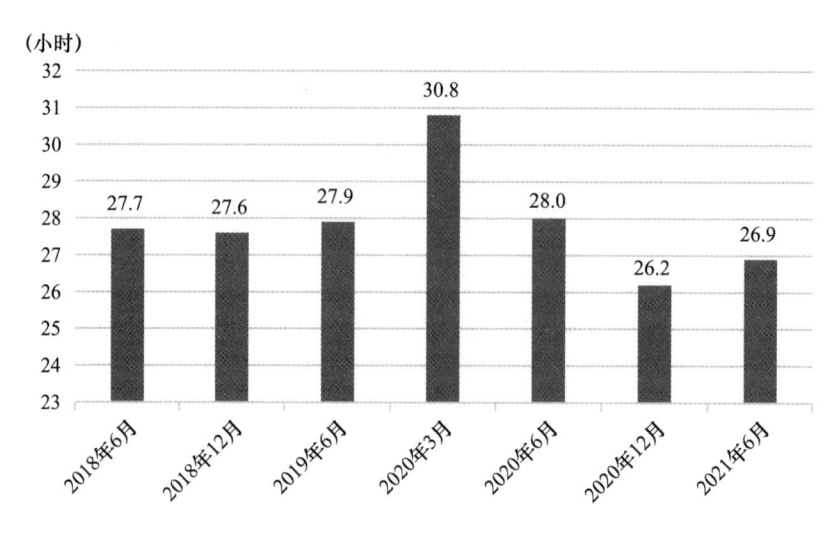

| 时间 | 小时 |
|---|---|
| 2018年6月 | 27.7 |
| 2018年12月 | 27.6 |
| 2019年6月 | 27.9 |
| 2020年3月 | 30.8 |
| 2020年6月 | 28.0 |
| 2020年12月 | 26.2 |
| 2021年6月 | 26.9 |

**图2—12 中国网民人均每周上网时长**

资料来源：中国互联网信息中心：《中国互联网发展统计报告2021》，http://www.cac.gov.cn/2021-02/03/c_1613923423079314.htm。

许多在线业务通过提供产品和服务来吸引消费者，而这些产品和服务通常是免费的，包括短视频、搜索引擎、社交网络、电子商务、新闻、手机游戏以及短讯等，且会定期出新的产品和服务，其中一些新产品或服务能够快速吸引大量访问。现有产品和服务为了吸引新旧访客，也频繁地增加新功能。随后，许多在线业务就会将部分获取到的注意力出售给供应商、开发商以及其他商家。在线业务通过供应注意力来获取其大部分盈利，甚至是其所有盈利。这些"注意力竞争者"相互竞争，以获取消费者有限的时间并将其提供给商家、开发商以及其他有此需求的对象。

"注意力竞争者"面临着用户时间的约束，无法通过提价而获利，它们必须频繁地引入新功能来提升服务质量，防止用户转移到其他竞争者。它们面临持续的威胁，一是新的"注意力竞争者"会分散用户的注意力；二是现有或新的"注意力竞争者"实现突破性创新后将分散用户大量的注意力。它们所在市场的门槛很低，竞争也会产生有利条件，即能够产生直接或间接的网络效应，从而为同类别的领先竞争者提供优势，并防止其他竞争者加入这一类别。

"注意力竞争者"之间的差异缓和了竞争约束。它们可以提供吸引特定群体用户的产品和服务，或者吸引特定类别的注意力。

互联网时代，由于注意力是稀缺的，任何两个平台之间都是潜在，甚至直接的竞争者。平台企业之间的竞争本质上是对用户注意力的竞争。平台通过各种手段吸引用户，利用交叉网络效应吸引其他用户群向平台支付各种广告费用，或者通过直接促成用户与第三方的交易获得佣金，也可以直接与用户交易，得到用户支付。

平台获得用户注意力的手段，一是提高服务质量和丰富内容、提供更吸引人的新业态；二是直接给予用户各种补贴，通过"烧钱"吸引更多的用户。因此，虽然平台竞争本质上为注意力的竞争，但最终成为资本的竞争。例如，社区团购就是典型的平台跨界竞争。

**案例：社区团购**

2020年下半年，几乎每个小区门口都聚集了三五个身穿平台企业服装的"推销者"。每当有人从他们身边走过，都会被他们追着推荐注册新的平台："0.99元一斤的鸡翅中、0.98元半斤的茴香菜、1元一包的粉丝、注册就送酸奶。"

2020年因为受到新冠疫情的冲击，线上买菜成为一种新的业态。据估计，社区团购的规模高达700亿元。阿里、美团、拼多多、京东、快手、今日头条等超大平台企业都瞄准了这一巨大的"蛋糕"，纷纷斥巨资"杀入"这一行业。

只要稍微用心思考就会发现，社区团购本不是这些平台的主营业务，甚至有些平台的主营业务跟社区团购完全没有关系，而且这些平台也不属于同一个相关市场。不同的平台利用自己的模式"跨界"与其他平台进行竞争。

除了社区团购，"跨界"竞争的现象还出现在网约车、在线支付、新能源汽车、社交平台、短视频等业态之中。

## 三 默许合谋

企业合谋问题一直是监管机构关心的重点问题，也是难点问题。通常，市场上的竞争企业为了进一步扩大自己的利润空间会选择彼此"合作"——形成卡特尔组织，然后通过操纵价格、限制竞争等行为提高整体收益。这种行为不仅损害了市场的公平竞争，也极有可能降低市场效率，甚至严重损害社会福利。与此同时，市场上企业的合谋行为也非常难以监管。从1890年世界上第一部《反垄断法》——美国的《谢尔曼反托拉斯法》（Sherman Antitrust Act）问世以来，世界各国无不将合谋形成的垄断行为作为治理的重点。但也看到，治理效果并不理想。

合谋行为形式多样，整体上可分为两类：明示合谋（Express Collusion）和默许合谋（Tacit Collusion）。明示合谋指的是竞争企业的管理者之间采用文字、口头协议、信函等具体的交流方式，协商以实现限制市场竞争的合谋目标；而默许合谋则无须具体的交流或协商，竞争企业之间心照不宣即可实现合谋。传统市场上的合谋主要以明示合谋为主，寡头市场间签署卡特尔协议，并通过该协议规定双方在市场上的行为，以谋取垄断收益。针对传统卡特尔的反垄断问题，只要能找到卡特尔协议，就能相对轻松地对卡特尔组织进行反垄断管制。此外，从经济学原理来看，维持传统市场的合谋并不容易，因为每个合谋参与者都面临"囚徒困境"的问题。尽管整体上合谋为整体带来更多收益，但对于个体而言，由于合作者不能及时获取市场信息，因此选择背弃合谋协议可能带来更大的收益。所以，对于建立在没有任何明示协议情况下的默许合谋，虽然可能会给监管机构的取证带来极大的困难，但默许合谋的成立可能性并不大，因为竞争企业之间很难实现心照不宣。然而，电商平台的出现提高了这一可能。

在线交易的增加使得互联网平台成为市场数据最大的聚集地，通过大数据和机器学习算法，企业可以第一时间获取市场的相关数据进行快速分析，进而可以实时准确获得市场需求情况，并做出最优的市场决策。这意味着企业在定价时不用专门对市场进行分析，只依靠机器学习算法就可以针对市场实际需求情况自动实施精准定价。机器学习算法不仅可以帮助分析市场交易数据，还可以分析竞争对手在市场的表现情况，从而制定最优的定价算法。为实现利益最大化的目标，这些定价算法甚至可以促使两家竞争企业实现默许合谋——制定完全相同的生产和定价方案，并不需要涉及任何法律意义上的"合谋"，尤其不需要涉及当事人之间的沟通。通过算法实行默许合谋的场景包括信使场景、中心辐射式场景、预测代理人场景和电子眼场景（见表2—2）。默许合谋引发的这种无意识的协同行为并不违反目前反垄断的法律条文，而且在调查取证时存在一定的困难，比如难以确认主观意图、难以认定责任主体，这很可能对消费者福利和社会福利产生负面影响。

表 2—2　　　　　　　　　通过算法实现合谋的场景

| 场景 | 定义 | 监管 |
| --- | --- | --- |
| 信使场景 | 计算机通过执行人类设定的计划而进行共谋，本质是人为的共谋，算法只是人类意志在技术层面的延伸 | 共谋协议存在的证据充分就可以对涉嫌违法企业做出判决 |
| 中心辐射式场景 | 算法充当"枢纽中心"，市场中的多数参与者使用同一个定价算法，定价算法给出的价格成为卖家公认的市场价格。一般以通过缔结多个纵向协议的方式达成。<br>有两种表现形式：第三方定价算法服务商；数据驱动的中心辐射式共谋 | 有充分证据能证明相关企业限制竞争行为的意图（垄断协议）就可以依据法律条文进行惩处 |
| 预测型代理人场景 | 无须秘密签署共谋协议，定价算法持续监测市场价格的变化，不断根据竞争对手的价格变化和市场数据更新调整自己的定价。定价算法在全行业的普及导致市场价格的提高。前提是市场透明度高、准入门槛高、缺乏弹性的同质商品 | 没有垄断协议，关键在于调查是否存在反竞争动机 |
| 电子眼场景 | 在机器学习过程中，计算机自发找到优化利润的途径。前提是具备自学习能力的算法拥有"上帝视角"，范围不再局限于同质商品 | 垄断协议和反竞争意图的缺失导致取证困难 |

资料来源：［英］阿里尔·扎拉奇、［美］莫里斯·E. 斯图克：《算法的陷阱》，余潇译，中信出版社 2018 年版。

# 第三章

# 文献综述和理论基础

本章主要列举和总结与研究主题相关的文献,包括平台理论的诞生和发展、国内外关于平台经济中定价理论的研究现状和市场信息与市场定价之间的关系。本章有两个作用,一是作为有关平台理论的研究综述,二是作为全书研究的理论基础。

## 第一节 平台理论相关研究

### 一 平台理论的诞生

随着移动互联网的发展,平台理论成为各领域研究人员关注的理论热点,相关研究也已浩如烟海。关于双边平台理论的研究最早源自对网络外部性(或者称网络效应)的讨论,由美国贝尔电话公司总裁西奥多·韦尔在贝尔的年度报告中首次提出,后因以罗伯特·美特卡夫的名字命名的美特卡夫定律(Metcalfe's Law)而广为人知。网络效应的经济学原理在1985—1995年由 Michael L. Katz, Carl Shapiro, Joseph Farrell 和 Garth Saloner 等研究人员总结提出。其中 Katz 和 Shapiro(1985)是开创之作,Katz 和 Shapiro(1985)建立了寡头静态竞争模型,从直接网络外部性、间接网络外部性和正外部性(互补品市场的网络外部性)来分析消费外部性对竞争和市场均衡的影响。之后的研究大都建立在其基础之上,分析技术互补性带来的网络外部性(Katz 和 Shapiro,1986)、技术的标准问题(Farrell 和 Saloner,1985,1986)、网络外部性对市场新技术的兼容问题(Shy,

1996)、市场的均衡问题（Katz 和 Shapiro, 1994）等。

在"双边平台市场"（Two-Sided Platform Market）这一概念开始流行之前，Caillaud 和 Jullien（2001, 2003）以"Chicken & Egg"（"先有鸡还是先有蛋"）为题讨论了间接网络外部性对中介市场竞争力的影响。虽然 Caillaud 和 Jullien（2001, 2003）并没有正式地提出双边平台市场的概念，但其所研究的内容就是后来所盛行的双边平台市场。Caillaud 和 Jullien（2001, 2003）讨论了提供匹配服务的中介市场与网络外部性之间的关系。中介的一个关键方面是它的"Chicken & Egg"的性质：类型 1 的用户只有在期望与之匹配的类型 2 的用户主要依赖于同一交易所的服务时，才会对给定交易所的服务感兴趣；如果类型 2 的用户期望有足够多的类型 1 的用户使用这个交换的服务，那么他们确实会依赖这个交换。为了解决"Chicken & Egg"这个问题，Caillaud 和 Jullien（2001）提出了分而治之的策略（Divide and Conquer Strategies），即中介对平台一边进行补贴，然后从平台的另一边获取利润。同时，Caillaud 和 Jullien（2001）也提到了多栖（Multi-Home）和单栖（Single-Home）两个概念，为后来双边平台理论的发展奠定了基础。

平台理论具有划时代的意义的研究是 Rochet 和 Tirole（2003[①], 2006）。Rochet 和 Tirole（2003）第一次正式提出了双边市场（Two-Sided Markets）的概念，建立了双边市场价格结构模型（双边市场结构如图 3—1 所示），从平台治理（营利性和非营利性）、最终用户的多栖成本、平台

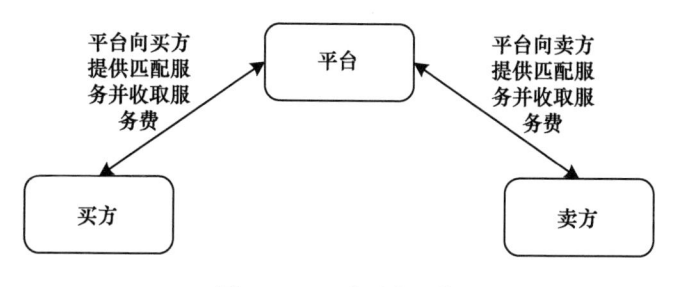

图 3—1 双边平台结构

---

[①] Rochet 和 Tirole（2003）最早在 2000 年就已经作为工作论文公示在网上，因此下文中提到 Rochet 和 Tirole（2000）也是同一篇文章。

差异化、平台批量定价能力、同侧外部性和平台的兼容性六个角度讨论了平台方对参与平台的"双边"（Two Sides）的价格分配问题，总结出关于平台的初步定义："具有网络外部性的市场是一个双向市场，它的平台可以有效地对参与交易的不同类别的最终用户进行交叉补贴。即平台上的交易量和平台的利润不仅取决于向交易双方收取的总价，还取决于其分解。"

基于 Rochet 和 Tirole（2003），Rochet 和 Tirole（2006）正式对双边市场做出定义，并对单边市场和双边市场做出区分："如果一个平台可以通过向市场的一方收取更多的费用并将另一方支付的价格减少等量来影响交易量，那么市场就是双边的；换句话说，价格结构很重要，平台必须设计好价格结构，让双方都参与进来。如果最终用户通过谈判放弃了负担的实际分配（即适用科斯定理），那么市场就是单边的；在买卖双方信息不对称的情况下，如果买卖双方的交易涉及通过议价或垄断定价来确定价格，且不存在成员外部性，则是单边的。"Rochet 和 Tirole（2006）进一步强化了双边市场结构的重要性，并提出了双边市场上科斯定理失败的必要性，因为在双边市场，即便产权最初是明确的，最终用户也无法通过谈判达成有效的结果。

由于成文较早，Armstrong（2006）并非基于 Rochet 和 Tirole（2003，2006）而作，但该文也是双边平台理论的经典之作，为之后研究双边平台定价和双边平台之间的竞争奠定了模型和理论基础。Armstrong（2006）从跨边网络外部性（Cross-Group Externalities）、平台对用户的收费方式（一次性收取还是按交易收取）和用户的多栖性（用户是只加入一个平台还是同时加入多个平台）三个方面对双边平台[①]做了经济学分析。虽然与 Rochet 和 Tirole（2003，2006）存在交叉，但侧重点不同，Rochet 和 Tirole（2003，2006）主要从价格结构上来解释双边市场的内涵与性质，而 Armstrong（2006）则侧重于跨边网络外部性平台收益的影响和用户的多栖性对平台市场竞争力的影响。Armstrong（2006）提出了平台的竞争性瓶颈（Competitive Bottlenecks）——平台一边的用户同时参加多个平台对平台竞

---

① Armstrong（2006）并没有采用双边市场（Two-Sided Markets）的概念，而是采用平台（Platform）表示。

争力的影响——这一问题：在平台上，如果平台的一边属于单栖，而另一边属于多栖，那么多栖的一边想要完成交易必须依赖该平台，这给予了平台为多栖一边提供单栖访问权的垄断势力。平台用户的多栖性以及文中建立的模型为后面学者对双边平台市场的研究奠定了基础。

基于 Rochet 和 Tirole（2000）、Armstrong（2002）[①] 的部分观点，Evans（2003a，2003b）提出了多边平台市场（Two-Sided Platform Markets）的概念。Evans（2003a）提到实现多边平台市场需要满足三个条件：（1）市场上至少存在两种不同的消费者群体；（2）这些群体以某种方式联系或协作会产生外部性；（3）必须存在一个中介将这些群体中的某一个作为另一个群体产生的外部性内生化。与 Rochet 和 Tirole（2003，2006）、Armstrong（2006）不同，Evans（2003a，2003b）从一开始就关注平台带来的反垄断问题。Evans（2003a）较早地关注到现实中很多平台只向平台的一边收取很低的费用，甚至是不收取任何费用，而向平台其他边的用户收取较高费用，且平台对一边的最优定价并不是基于勒纳条件（Lerner Condition）。Evans（2003a）意识到协调相互依赖的市场的努力——从而在多边市场中产生潜在的效率收益——必须与将垄断从一种产品延伸到另一种产品的努力区分开来。因此，对多边平台市场的监管必须基于多边平台市场的经济学原理。基于 Rochet 和 Tirole（2003）、Julien（2001）、Armstrong（2002）和 Evans（2003a）等所提到的双边（多边）平台市场理论，Evans（2003b）对平台产业的进入、定价和运行策略进行了实证研究，从客观事实上证实了双边平台理论。

之后，基于 Rochet 和 Tirole（2003，2006）、Julien（2001）、Armstrong（2006）、Evans（2003a，2003b）以及 Armstrong 和 Wright（2007）等的研究，大量关于双边平台理论的文章不断发表。Parker 和 Van Alstyne（2005）基于双边市场的跨边网络外部性将网络效应（Katz 和 Shapiro，1985，1986）、价格歧视和产品差异化纳入同一个系统进行分析，区分了双边市场的两边用户异质需求的定价和传统市场中互补品的定价，其研究结果表明跨边网络外部性实现的产品耦合可以在增加企业利润的同时也增

---

[①] 该文最早于 2002 年作为工作论文在网上公开，因此 Armstrong（2002）与 Armstrong（2006）在本书中同指一篇文章。

加消费者福利。Parker 和 Van Alstyne（2005）的结论已经被当前移动互联网模式下的电商平台所证实。Kaiser 和 Wright（2006）以德国的杂志市场为例做了双边市场（杂志作为平台的双边分别是杂志读者和广告商）实证研究，发现读者需求增加会导致广告费用的增加，而广告需求增加则会导致封面价格的下降，反映出广告客户对读者的重视程度高于读者对广告的重视程度。该研究验证了双边平台市场以一边的收费来补贴另一边的不对称价格结构。Hagiu（2006）研究了在市场信息完全的条件下，假设卖方先加入平台（避免了先有鸡还是先有蛋的问题）时双边市场向买方承诺定价的问题，平台对未来的预期影响了平台对消费者是否承诺价格，并讨论了竞争环境下，卖方选择多栖还是单栖对均衡价格的影响。Chakravorti 和 Roson（2004）建立了一个模型来分析支付卡网络，该研究将其之前的关于双边市场的研究范围从单一市场拓展到竞争市场，研究发现不同支付卡平台之间的竞争有助于提高消费者和商家的福利。但该研究跟经典的双边市场理论文献一样，最大的局限性就是研究内容限制在平台向用户出售同质产品且统一定价的领域，无法对移动互联网时代的 C2C 平台做出解释。Economides 和 Katsamakas（2006）基于双边市场理论（Rochet 和 Tirole，2002，2003，2005[①]；Armstrong，2006）建立了一个描述平台企业最优双边定价策略的框架讨论专用型平台（Proprietary Platform）和开源型平台（Open Source Platform）的定价策略与市场结果。当平台是专有型时，平台、应用程序的均衡价格和应用程序的平台接入费可能低于边际成本，基于开源平台的行业专有应用部门可能比专有平台行业的总利润更有利可图；当用户对应用种类有强烈偏好时，专有行业的总利润大于基于开源平台的行业的总利润。当平台是开源的时候，应用程序的种类会更多。该结论证实了微软在个人电脑操作系统市场的主导地位。

　　Armstrong 和 Wright（2007）基于假设平台市场两边都存在明显的产品差异（Armstrong，2006）和假设平台两边都不存在产品差异（Caillaud 和 Jullien，2001，2003）建立了分析框架，讨论了平台一侧（需求或供给）为同质，而另一侧为异质（供给或需求）的情况。Armstrong 和 Wright

---

[①] Rochet 和 Tirole（2005），即"Two-sided Markets：A Progress Report"，该文章于 2006 年发表。

（2007）表明当市场的每一方都有很强的产品差异化时，该模型预测所有的代理商都是单栖的。而且从本质上讲，平台造成了买家的损失，而卖家希望接触到买家，但由于买家对某一个或另一个平台有强烈的偏好，他们无法选择加入哪个平台来实现这一目标。而平台提供的独家签约合同可能会扭转这一结果。排他性合同使平台更容易破坏竞争瓶颈均衡，因为它提供了一种简单的方式来说服多栖销售者放弃竞争对手的平台。Armstrong 和 Wright（2007）很好地解释了目前互联网经济中出现的"二选一"现象，为当前市场监管提供了思路。

以上研究构成了双边平台理论的基础，之后关于双边平台理论的研究几乎是基于上述研究进行的。而研究主题也因为技术的发展可以分为对传统平台的研究和对互联网双边平台的研究。

## 二 传统双边平台市场

传统双边平台是为了实现两种不同需求之间的匹配而自然出现的一种平台，这种平台上不存在"两边"之间的直接交易，因此也可以称为非交易双边平台，例如传统的中介服务、报纸行业、约会平台、信用卡行业、操作系统等（见表3—1）。关于传统双边平台的研究主要集中于电商平台普及之前，基于这些行业的研究形成了双边市场理论的基础框架。

之后关于传统双边市场理论的研究相对较少，只是零星的存在，例如 Argentesi 和 Filistrucchi（2007）以意大利的报纸行业为例，研究了双边市场的市场势力，发现即便是在自由定价、没有任何沟通行为的前提下，报社在定价时也存在趋同行为。该研究为之后讨论电商平台的默许合谋现象提供了技术和理论参考。Hagiu（2009）提出了影响双边平台定价结构的三个因素：消费者对品种的偏好、卖方的市场力量和卖方的多栖性，其中消费者对品种的偏好和卖方的市场力量对平台向消费者所制定的价格具有正向作用，垄断平台的最佳定价结构使卖方获得更大的利润；卖方一边多栖时，垄断平台的最佳定价结构将会使平台向卖方获取更大利润。Lee（2013）以电子游戏中的双边平台为例，讨论了双边平台垂直整合和签署排他性协议的问题。研究结果表明，在电子游戏行业中，硬件制造商和软件开发者之间的整合和独家合同（排他性协议）有助于平台进入。在这种

表 3—1　　　　　　　　　　现有商业模式展示

| 产品 | 亏损端/平衡端/受补贴端 | 盈利端/补贴端 |
|---|---|---|
| 软件行业 ||| 
| 视频游戏 | 消费者（主机） | 游戏软件开发商 |
| 流媒体 | 消费者 | 服务器 |
| 浏览器 | 用户 | 网页服务器 |
| 操作系统 | 应用软件开发商 | 用户 |
| 文字处理 | 阅读者/浏览者 | 文档作者 |
| 门户网站与媒体行业 ||| 
| 门户网站 | "眼球" | 广告商 |
| 报纸 | 读者 | 广告商 |
| （免费）电视网络 | 观众 | 广告商 |
| 支付系统 ||| 
| 信用卡及各类借记卡 | 持卡人 | 商户 |
| 信用卡及各类借记卡 | 商户 | 持卡人 |
| 其他行业 ||| 
| 社交聚会 | 社会名流 | 其他参与者 |
| 购物中心 | 消费者（免费停车、廉价汽油） | 商店 |
| 优惠券（需广告商） | 消费者 | 商户 |
| （传统）网络 | 网站 | 上网用户 |
| 不动产 | 买方 | 卖方 |

资料来源：Rochet J. C., Tirole J., "Platform Competition in Two-Sided Markets", *Journal of the European Economic Association*, Vol. 1, No. 4, 2003。

情况下消费者可以从平台上获取更广泛的选择而受益。刘蕾、鄢章华和孙凯（2020）研究了双边市场中"软件产品＋硬件服务"的产品定价策略。

## 三　电商平台市场

相对于传统双边平台市场，电商平台是指建立在互联网络基础上的双边平台，这类平台不仅能完成不同需求之间的有效匹配，还会促成不同的

"两边"之间的直接交易，因此这类平台也可以称为交易双边平台。这类平台如今已是多如牛毛，例如电商零售平台（C2C）、网约车平台、OTA平台、在线短租平台等（见表3—2）。

表3—2　　　　　　　　　电商双边平台市场展示

| 电商平台 | 亏损端/平衡端/受补贴端 | 盈利端/补贴端 |
| --- | --- | --- |
| 电商零售平台 | 消费者 | 商户 |
| OTA 平台 | 消费者 | 酒店/旅行社 |
| 网约车 | 乘客 | 司机 |
| 视频/音乐 App | 用户 | 影/音制作方 |
| 外卖平台 | 消费者 | 餐饮企业 |
| 阅读平台 | 用户 | 作家/出版社 |
| 短租平台 | 用户 | 房主 |

关于电商平台的研究也如雨后春笋般出现。Gaudeul 和 Jullien（2005）较早地将双边平台与电子商务一起进行研究。Gaudeul 和 Jullien（2005）以亚马逊、Google 和 eBay 为例，从双边平台的角度分析了电子商务，并准确地预测到了双边平台模式将是电子商务发展的趋势。关于电商平台市场理论的研究主要集中于伴随电商平台而来的问题，Rysman（2009）提出双边市场经济学概念，从双边市场的概念、市场策略（定价、开放性等）和公共政策（反垄断、规制 & 监管）三个层面对双边市场经济学的框架做了梳理。后续理论方面的研究也都是围绕这三个层面的问题展开，做了类似工作的还有 Eisenmann 等（2011）。Eisenmann 等（2011）根据现实例子总结出电商平台市场所面临比较重要的三个挑战："一边"免费"一边"收费的差别化定价模式；巨大网络效应导致赢者通吃（Winner-Take-All）；原有市场不断地被新的临近的双边市场边界包抄（Enveloped），造成互联网双边市场边界的模糊化。因此，关于电商平台市场的研究可以概括为三个方面：（1）电商平台的价格问题；（2）电商平台的垄断（市场势力）和规制问题；（3）电商平台的边界问题。Hagiu 和 Hałaburda（2014）研究了垄断条件和竞争条件下不同信息水平对双边平台利润的影响，当平台的卖方知道市场上所有的价格，而买方不知道平台向卖方收取的价格时，因为

价格信息对用户期望的影响，垄断平台更加偏好掌握市场信息更多的买方，而竞争性平台更关注掌握信息少的买方。Filistrucchi、Geradin 和 Van Damme 等（2014）将双边市场分为双边交易市场和双边非交易市场，在讨论市场边界时，应将双边非交易市场视为两个互相关联的市场，双边交易市场则视为一个单一市场。埃文斯（2016）认为在判断双边市场的市场势力时不能只看平台的某一边，必须将整个平台（包括平台所有的边）当作一个整体考虑，他提到市场力量分析需要考虑进入的便利性和注意力的非价格竞争，而对于市场份额要慎重使用。

## 第二节 平台经济定价相关研究

目前关于双边市场的业态、模式都非常多，但是平台的收费模式仍旧围绕收会员费和收使用费展开，收费结构和对应的典型企业如图 3—2 和表 3—3 所示。

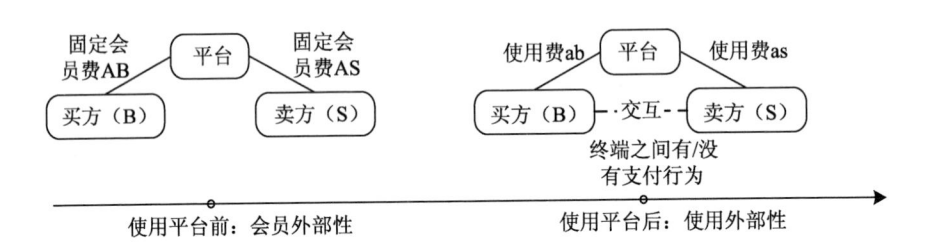

**图 3—2 双边平台收费结构**

资料来源：Rochet J. C., Tirole J., "Two-Sided Markets: A progress Report", *The RAND Journal of Economics*, Vol. 37, No. 3, 2006。

关于双边平台市场定价理论的国外研究都是基于上述收费结构，无论是理论层面，还是现象层面，都要比国内研究更深入一些，但国内研究表现比较好的一面在于国内学者借助国内如日中天的数字经济发展情况所做出的研究范围更广，而且能够更恰当地结合平台经济最新的现象，例如电商平台的"二选一"（王胜伟，2017）。国内的一些学者也会将关于双边平台市场的研究向国外的期刊投稿，例如 Rong 等（2018）。另外，国内外研究人员合作对双边平台市场进行了研究。因此，为了便于分析，本部分区分国内外文献时以期刊所在地为分界线。

表3—3　　　　　　　　　不同收费模式下的典型平台

| 收费模式 | 典型平台 |
| --- | --- |
| 会员费 | 爱奇艺、腾讯视频等视频平台和百合佳缘、珍爱网等婚恋交友平台 |
| 使用费 | 滴滴打车、优步等网约车平台和淘宝商城、拼多多等部分电商零售平台（依靠广告投放赚取一些商家的展位费） |
| 会员费+使用费 | 京东商城、天猫商城和亚马逊等"自营+第三方"电商零售平台 |

## 一　国外研究现状

国外关于平台经济定价理论的研究主要基于 Rochet 和 Tirole（2003，2006）、Armstrong（2006）等最初双边市场理论中的价格结构、三级价格歧视（Pigou，1932）和基于行为的价格歧视（Fudenberg 和 Villas-Boas，2006）。

相对于 Rochet 和 Tirole（2006）、Armstrong（2006），Weyl（2010）提出了一套新的双边市场定价理论。Weyl（2010）通过根据分配的选择而不是价格来制定平台的问题，从而简化和概括了网络行业的分析；证明了双边市场的关键规范性和比较静态性取决于用户异质性的来源，而先前的分析对此有所限制。Weyl（2010）为讨论双边市场的垄断地位识别、平台规制和平台企业的兼并提供了参考。Evans 和 Schmalensee（2010）注意到互联网时代的双边平台低参与/退出成本，在此背景下讨论了双边平台的启动问题，证明当参与决策（即选择参与或退出）易于逆转时，依靠直接或间接网络效应来吸引客户的平台业务在启动时面临着需求方的限制，而其他业务则没有。Hagiu 和 Jullien（2011）认为当搜索引擎平台拥有市场支配地位时，其将有激励扭曲搜索结果，以此来偏袒广告商而获取利润。Veiga 等（2017）在垄断平台的背景下将用户的异质性加入多边平台的设计中，而不只是考虑用户数量对平台的影响。这也是非常符合现实的，因为在移动互联网的环境中，多边平台更多是异质用户的参与（比如在线零售平台）。经典的于 Rochet 和 Tirole（2003）模型以及 Armstrong（2006）模型虽然对跨边网络外部性和价格结构的解释非常完美，但前提假设是"双边"都是同质的，无法体现用户的异质性。因此，Veiga 等（2017）打破这个假设就可以允许平台设计非价格动机来吸引用户。

除了上述关于平台经济定价原理的研究，当前平台经济中定价研究主要还是关于平台利用大数据优势施行基于行为的价格歧视。因为随着技术的发展，利用算法进行动态定价成为非常普遍的现象（Chen、Mislove 和 Wilson，2016）。因此，关于基于大数据、推荐算法和定价算法进行价格歧视的研究近几年来非常多，例如 Shin 等（2012）、Liu 和 Serfes（2013）、Choe 等（2017）、Nijs（2017）、Garella 等（2021）。

基于算法定价现象的盛行和消费者的直观体验，很多人认为基于互联网技术，平台已经将搜索成本降低为零，但很多研究表明该直观现象并不准确。例如，Dinerstein 等（2018）基于消费者搜索和价格竞争模型，利用 eBay 的数据对在线交易的搜索摩擦和零售利润做了估计。研究发现，即便通过互联网浏览商品表面上看起来搜索成本已经很低，但是搜索摩擦仍旧非常普遍，而且在经历有限次的搜索之后，商品需求仍然对价格非常敏感。

## 二 国内的研究现状

国内研究双边平台理论较晚，而且理论方面的研究较少，最初大体上都是基于经典的双边市场理论做相关总结和评述。近年来由于中国平台经济发展迅速，新业态、新模式不断涌现，带来了很多值得研究的问题，吸引了大量学者对平台经济的关注，有关平台经济的论文也迅速增多（如图3—3 所示）。

### （一）关于"双边市场"的综述性研究

朱振中和吕廷杰（2005）从企业战略、平台竞争及福利分析、反垄断、复杂双边市场、最终用户议价能力五个方面介绍了相关问题和实证

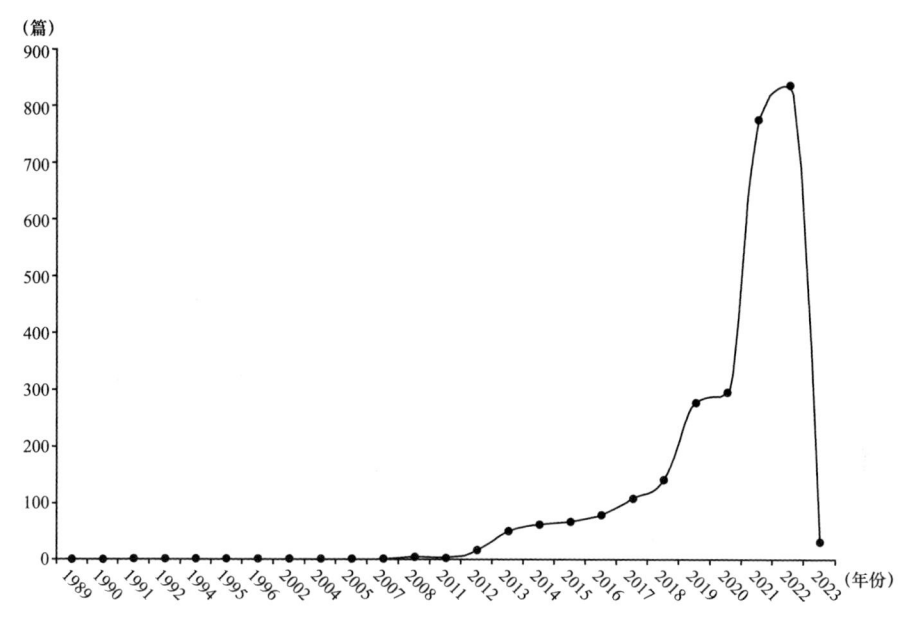

图3—3 历年中国知网收录的"平台经济"相关论文数量

研究。该研究是国内较早的理论研究。纪汉霖（2006b）将双边平台理论进行了系统梳理，并据此完成了博士学位论文，提出了双边市场"低于成本定价"不属于掠夺性定价的结论。纪汉霖和管锡展（2006）从多栖性、用户的多样性偏好、平台的排他性行为、平台对用户的价格承诺、价格弹性和产品差异化六个方面对国外经典的双边市场定价理论做了梳理。纪汉霖（2006a）对比了双边平台中注册费、交易费和两步收费三种常用的收费方式，发现随着用户对平台交易次数预期的增加，会导致平台收取注册费和交易费的降低，该结论可以作为 eBay 兵败退出中国的一个解释。纪汉霖（2006a，2006b）对双边平台的一边与平台纵向一体化进行了分析，这对当前分析自营电商平台具有重要的参考意义。程贵孙等（2006）认为双边平台和单边平台的区别主要体现在四个方面：（1）双边价格可以不反映边际成本；（2）非对称价格结构不反映垄断势力和掠夺性定价的存在；（3）交叉补贴不属于不正当竞争行为；（4）捆绑销售行为并不损害双边用户的总福利。程贵孙等（2006）提出对平台企业进行有效的政府规制时不能套用单边市场的理论，需要综合考虑双边用户的价格总水平、结构和平台吸引用户时的具体策略。李允尧等

(2013）从平台经济的载体、平台经济的突出特征、平台产业的业务模式与价格结构和平台产业的竞争模型与竞争策略四个方面整理了双边市场理论，归纳出平台经济双边性、多属性（多栖性）、外部性、服务性和垄断竞争结合等特点，基于以上分析，李允尧等（2013）认为未来关于双边市场的理论研究可能会集中于采用实证方法分析其竞争、定价和产权。吴汉洪和孟剑（2014）对国内外有关双边平台的经典理论和具体的双边平台理论应用场景进行了梳理，总结了双边市场不同于单边市场的特点：非边际成本定价、平台的双边价格结构不对称和存在交叉补贴行为。

除了文献回顾，中国学者针对国内平台经济出现的典型现象做了大量的研究。例如电商平台的"二选一"现象（王胜伟，2017；许丽，2022）、大数据"杀熟"（李琳，2022；甄艺凯，2022）。这些研究可以大致归纳为平台经济的反垄断及其规制研究（尹振涛等，2022）、多边电商平台定价的相关研究以及平台经济中的社会责任三个部分。

（二）平台经济的反垄断及其规制

平台经济的反垄断及其规制问题是近年来国内平台经济研究的热点。由于平台经济的特殊结构，其反垄断分析也不能简单地套用普通产品市场经济学（杜创，2021）。因此，国内出现了大量从不同角度分析平台经济反垄断的研究，涵盖了平台市场的界定（唐要家和唐春晖，2020；易芳和包嘉豪，2021；李剑，2010）、平台企业的市场势力（曲振涛等，2010；曲闯和刘重阳，2016）、平台企业的并购（陈弘斐等，2021；马慧，2021）等诸多方面，针对平台经济出现的算法控制、价格操控、合谋协议、客户挟持及过度并购等问题讨论了平台经济的反垄断监管问题（尹振涛等，2022）。

1. 平台市场的界定

"3Q大战"使平台市场的边界问题成为平台经济不可回避的重要内容，特别是反垄断领域相关市场的界定学界一直争论不休，研究者大都认为平台经济反垄断应该采取与传统行业不同的处理方法（李三希等，2022）。李剑（2010）以唐山人人公司起诉北京百度讯科有限公司一案为背景，从法学的角度讨论了在反垄断领域双边市场的边界问题，认为传统市场界定方法并不适用于双边市场,但也承认双边市场理论并没有将传统的反垄断法推翻。姜奇平(2013)针对互联网双边市场提出了"相关市场二重性"理论,认为互联网相关市场存在平台上的自然垄断属性和应用上的完全竞争属性,而且互为条件,其中平台属于基础业务,应用属于增值业务,两者共同构成一个市场。因此,在反垄断中必须先判断是应用竞争还是平台竞争,重点是保护应用竞争。杨东(2020)从垄断立法的角度,认为构建相关市场分析框架除了要考虑传统的反垄断法,还必须充分考虑多边市场网络外部性、动态创新性和平台特征,以及平台、数据、算法在竞争中的作用。唐要家和唐春晖(2021)则就交叉网络外部性对竞争性约束的影响讨论了交叉网络外部性与平台反垄断相关市场界定的关系。易芳和包嘉豪(2022)以阿里巴巴"二选一"案为例,从具体的某一类商品讨论了多边电商平台相关市场的划分问题。

2. 平台企业的市场势力

梅特卡夫法则和交叉网络外部性致使多边平台因为结构的原因天然地拥有了市场势力,一方面,梅特卡夫法则使得加入平台的用户所获得的价值方面表现出明显的马太效应,进而使得平台企业的市场势力表现出头部优势——行业中"只有第一、第二,没有第三、第四";另一方面,交叉网络外部性使平台可以利用"一边"的用户要挟"另一边"的用户(唐要家和唐春晖,2021;刘洪波,2019)。姜琪和王璐(2019)在 Salop 模型中加入交叉网络外部性、需求差异化和用户黏性等因素研究了双边平台市场的最优结构问题,认为平台经济市场结构跟平台类型相关,功能型平台趋向于垄断,而内容型平台趋向于竞争。顾聪等(2022)认为平台经济反垄断并非要过分偏重市场结构,如果能够有效控制平台溢价行为,可以实现社会的福利。曲创和刘重阳(2019)得出了类似的结论,其研究表明,竞争的环境并不会必然导致搜索平台提供更高质量的搜索结果,平台出于利润最大化的策略行为会加剧市场中的信息不对称,而且会导致"劣币现象"。基于该结论,曲创和刘重阳(2019)认为对于信息平台监管的重点在于平台的策略而非市场结构。除了理论上的分析,陈庭强等(2022)针对阿里巴巴垄断事件进行了案例分析,分析了平台经济垄断的成因和数据在垄断形成过程中的角色,并基于此讨论了反垄断的双边市场治理路径。除此之外,平台利用各种技术在市场竞争中获得自我优待,从而加强了自身的市场势力（孟雁北和赵泽宇，2022）。例如，曲创和刘洪波（2017）通过搜索实验验证了互联网平台搜索的非中立性，这种非中立性会导致原来多栖的用户逐渐由竞争对手转移到本平台（或本平台的自有厂商），长期内这种效应会导致竞争对手的利润逐渐降低。同时，这种非中立性策略干扰了厂商（卖方）一边市场的有效竞争，会降低消费者的效用水平，且这种行为提高了市场的竞争壁垒，导致市场由竞争转向垄断。

3. 平台企业的并购

平台企业的并购是平台市场的一个典型现象。其中最让人担心的是头部企业对初创企业的"掐尖式"并购和"猎杀式"并购。对于平台自身，并购符合企业的发展战略，并能够带来显著的收益（夏绍群，2017；徐世伟和门成昊，2018）。这导致各平台都在基于自身的主营业务发展平台生态，通过风险投资和并购，形成了如今中国市场上的阿里系、腾讯系、百度系、头条系、美团系……投资并购是平台实现融合创新和广泛生态布局的重要方式之一，大量互联网领域经营者通过投资并购实现业务拓展和战略发展（国家市场监督管理总局反垄断局，2021）。但"猎杀式"并购和"掐尖式"并购并不利于市场竞争和创新。为此，世界各国都在出台法律法规打压这种行为。"猎杀式"并购是指企业为维护自己的市场地位，将竞争对手收购后直接停止竞争产品的研发投入，以消除自己的竞争对手（Cunningham 等，2021）。2020 年 12 月 9 日，Facebook 因"猎杀式"并购 Instagram 和 WhatsApp 被美国联邦贸易委员会起诉。"掐尖式"并购尽管不会将竞争对手完全扼杀，但这种行为极有可能导致经营者集中的同时减低市场创新活力。除了这两种典型的并购，曲创和刘洪波（2018）从双边市场的角度研究了互联网平台市场的企业对角兼并（Diagonal Merger）现象，其主要表现为某一平台（兼并方）与其竞争性平台的上游供应商（被兼并方）进行的合并。曲创和刘洪波（2018）认为对角兼并会导致上游关键投入品的价格上升，加上交叉网络外部性和平台异质性的双重影响，提高了竞争对手的竞争成本。而且在长期，对角一体化会加速市场的圈定效应。该研究从侧面证明了互联网平台的边界不仅仅局限于平台所涉及的行业。

（三）电商平台定价的相关研究

大数据"杀熟"是近年来电商平台领域最受关注的热点之一，其本质上是一种基于行为的价格歧视，电商平台的信息优势使其获得了定价能力（端利涛和吕本富，2022）。王谢宁（2015）在双边平台定价模型（Rochet 和 Tirole，2003）的基础上加入平台企业的交易次数研究了平台企业的歧视性问题。苏治等（2018）基于互联网行业的一些新分领域，从行业特征与行业行为的角度分析互联网平台领域的市场结构，提出由于中小型互联网类平台企业进出市场的高度流动性和大型互联网类平台企业垄断地位的相对稳定性共同形成了互联网行业的"分层式垄断竞争"市场结构。张凯（2018）构建了两阶段动态博弈模型来讨论电商平台选择基于行为的价格歧视（Behavior-Based Price Discrimination，BBPD）还是统一定价（Uniform Price，UP）的价格策略，其研究发现消费者和平台未来在当期的贴现率（原文中用前瞻性表示）影响了平台对定价策略的选择，进而影响了平台的收益。目前，关于电商平台进行 BBPD 研究的基本模型与张凯（2018）一样，都是两阶段博弈模型，平台在第一期进行统一定价，在第二期选择进行 BBPD 或者 UP。王志宏和傅长涛（2019）研究了不同归属（单栖或多栖）货运共享平台的定价策略。陈靖等（2022）研究了基于消费者行为的共享经济平台定价。

另外，一部分学者研究了电商平台定价对用户福利的影响。曲振涛等（2010）研究了电商平台的定价、收益和社会福利问题，认为电商平台企业之间互联互通带来的福利大于横向差异寡头竞争的情况，再次强调了庞大的用户基础和网络外部效应是平台企业市场势力和市场进入壁垒的根源。董维刚和林鑫（2018）基于 Hotelling 模型研究了电商平台实行独家交易（"二选一"）对市场的影响，发现独家交易有利于平台但不利于市场竞争，同时会降低消费者福利，但由于社会福利仍是按照消费者剩余和平台收益之和计算，所以无法确定独家交易对社会总福利的影响。周天一等（2019）、乔岳和杨锡（2021）得到了类似的结论，当平台的边际成本和交叉网络外部性参数较大时，排他性协议可以提升社会总福利。张川等（2019）研究了多边配送平台的增值服务投资和定价策略。唐要家和杨越（2020）认为对于双边平台市场的独占协议（"二选一"）行为应该采取更加严格的反垄断禁止措施，因为这种行为对平台具有强刺激性、对社会福利具有较高的损害性。

### (四) 平台经济中的社会责任

技术的发展使得基于平台经济的新业态、新模式如雨后春笋般出现（吕本富，2020）。平台经济已经渗透生产生活的各个层面，关于平台型企业的社会责任问题自然而然成为焦点。目前，关注最多的是灵活用工带来的社保问题（戚聿东等，2021）。虽然外卖平台、快递平台和网约车平台为社会提供了大量的就业岗位，事实上也增加了部分就业人员的收入（端利涛和蔡跃洲，2022），但这种就业模式将平台和就业人员之间的雇佣关系隐去，一旦出现问题，平台可以随时将这种关系切割，灵活就业变成无社保就业（潘旦，2022）。与此同时，电商平台基于算法对资源进行调配，这极易导致就业者沦为算法的"奴隶"，电商在收入不增加的情况下提高工作量（陈龙，2020）。张一璇（2021）通过田野调查，以女性网络主播为对象研究了在线劳动，发现尽管看似"自由"的在线劳动，事实上在牺牲自由的同时面临异常严重的剥削与异化。齐昊等（2019）通过调查和走访南京市网约车司机，发现全职网约车司机与网约车平台存在事实上的雇佣关系，尽管被平台否认。这种关系与陈龙（2020）所反映的外卖骑手相似，反映出灵活用工的尴尬处境。针对这类问题，王全兴和刘琦（2019）从法律的角度讨论了基于平台模式的新经济中灵活用工带来的劳动保护问题。娄宇（2020）研究了平台经济从业者社保法律制度的构建。阳镇（2018）直接讨论了电商平台的社会责任。辛杰等（2022）基于企业社会责任四阶段模型，构建了包含共生单元（U）、共生环境（E）、共生模式（M）、共生价值（V）四个组成要素的平台企业社会责任共生系统，对各个组成要素进行内涵释义、机理分析，并给出相关管理建议。除了平台，电商平台上的卖家社会责任缺失也会影响平台上的用户忠诚（朱文忠等，2022）。

## 第三节 信息与定价关系相关研究

今天，每个人都把经济当成信息的经济（斯蒂格利茨，2009）。在市场中，消费者为了解决购买前对商品价值估值的不确定性，需要支付成本搜索市场上的商品信息（Wang 和 Sahin，2017）；企业实现利润最大化需要搜索市场从而制定最优的定价策略，甚至进行动态定价（Kannan 和 Kopalle，2001）。Stigler（1961）、Akerlof（1970）和 Edmund Phelp（1970）表明，不完全信息的存在至少在短期内给了企业市场力量，而且往往也是长期的。最早关于信息影响定价，从而影响市场均衡的研究是 Akerlof（1970），这是研究市场信息对交易价格和交易结果影响的开创之作。Akerlof（1970）表明当市场信息不对称时市场均衡并不能实现，或存在多种均衡，也有可能存在交易量为零的均衡。这也就是说市场不但不能够将外生的噪音（对经济的干扰）通过套利交易消除，而且有时市场本身还会制造噪音（Salop 和 Stiglitz，1982），即当信息不对称时市场价格不能有效地反映市场的需求情况时，市场行为会释放和传递信息，信息也会影响市场行为。因此，如果有利益可得，那么市场主体就有动力释放虚假信息，例如淘宝商城"晒单返现"和"刷单"行为（尹文卓，2021）。在 Akerlof（1970）之后，很多著名的经济学家都对信息与定价之间的关系做了相关研究，例如，Joseph、Hal Varian、Hanna Halaburda 等。这些研究可以总结为三个方向：（1）信息成本与价格离散；（2）信息优势与价格歧视；（3）信息与市场均衡。

## 一　信息成本与价格离散

信息是有成本的，所以价格不能充分反映可获得的信息。因为如果可以做到，那些花费成本去获取信息的交易者就不能得到任何补偿（斯蒂格利茨，2009）。信息收集的成本将取决于信息生产和传播的技术、商品的类型、复杂性和数量，以及消费者的先验和偏好（Salop，1976）。因此，新古典经济学中关于市场信息是完全的假设存在问题，而且完全信息的假设对于市场的一些现象就无法解释。Stiglitz（1979）认为传统的完美信息竞争不能很好地解释价格的离散现象，而现实中的价格离散让个人承担了市场信息获取的成本，才使市场不存在完全套利；相反，若市场的价格是统一的，那么企业就可以实现其垄断权力。Stiglitz（1997）分析了经济中的产业均衡，如果市场信息是不完美的，而且获得完美信息需要付出一定成本，那么会导致一个垄断竞争均衡——即便所有的企业都提供同质商品，最终也会导致价格差异（Price Dispersion）。Burdet 和 Judd（1983）证明了如果消费者搜索价格信息成本比较高，那么即便买卖双方都是理性的，均衡时价格离散现象也会存在。Moraga-González 等（2016）将 Burdet 和 Judd（1983）的模型拓展到了任意有限量的企业的情况，结论表明价格和消费者剩余对企业数量的影响取决于搜索成本分散的性质：当搜索成本相对集中时，企业进入导致平均价格降低，消费者剩余增大；然而，对于相对分散的搜索成本，平均价格会随着企业数量的增加而增加，消费者剩余会随着企业数量的增加而减少。Johnson 和 Myatt（2006）从需求分散的角度分析了产品设计，表明企业更喜欢极端分散。

对于消费者来说，获得市场信息主要有两种方式，一种是体验，即必须经过消费者实际购买体验；另一种是搜索，对于非耐用品，消费者选择体验，对于耐用商品，消费者则一般去搜索市场信息，主要因为两种选择的成本不同（Nelson，1970）。但这种情况在电子商务时代已经发生改变，庞大规模的在线交易积累的大量在线评论，以及通行的"7 天无理由退货"制度和电商平台的推荐行为已经保证了消费者对有效市场信息的低成本，甚至零成本获取（Benlian，Titah 和 Hess，2012；侯会军，2016）。互联网提供的数字化信息除了降低通过互联网完成交易的成本，还可以影响消费者的选择（Bakos 和 Brynjolfsson，2000）。

信息技术的发展让很多人觉得电商平台将传统线下购物所花费的搜索成本降低为零，因此在电商平台上购物应该不存在价格离散。但一些实证研究已经将这种直觉推翻。艾文卫（2018）用淘宝商城上手机话费充值卡的数据证明了即便是完全同质的商品在电商平台上也存在明显的价格离散现象。除此之外，其他的一些研究也发现，电商平台上的商家本是向市场释放的信息（例如商家的信誉、广告，电商平台给商家的排名）也会造成电商平台上的价格离散现象（吴德胜和李维安，2008；王强等，2010；何为和李明志，2014）。也就是说，市场行为会释放和传递信息，信息也会影响市场行为。因此，如果有利益可得，那么市场主体就有动力释放虚假信息。例如，淘宝商城"晒单返现"和"刷单"行为增加了消费者的搜索成本，造成价格离散。另外，即便平台不干预市场信息，平台自然积累的信息也会存在噪音（如恶意差评、刷单好评）。因此在平台不干预市场信息分配时，市场实现的均衡也不是帕累托最优，而是帕累托改进的。因为电商平台可以通过识别人为噪音，提高市场信息的透明度。

## 二 信息优势与价格歧视

在传统市场信息有限的条件下，企业有进行价格歧视的动机，但无法做到彻底的价格歧视，因为企业进行价格歧视的能力受到他们识别消费者剩余能力的限制（Salop，1977；Adams 和 Yellen，1976）。但这种约束随着信息技术的发展已经逐渐消失。凭借着"市场"的属性，电商平台毫无疑问成为掌握市场信息优势的一方，而电商平台上的商家和消费者都是处于信息劣势的一方，市场存在严重的信息不对称。因此，电商平台市场价格歧视成为不可避免的现象，甚至基于信息的数字化使得互联网电子商务能够实行动态定价（Kannan 和 Kopalle，2001；Chen 等，2016）。Bergemann 和 Bonatti（2018）证明了信息中介（平台）可以在总剩余减少的情况下通过信息交易获得正的收益。这主要有以下三个方面的原因。一是大数据技术能力大大增强了数字零售商进行更精确、更有针对性和更具动态形式的价格歧视的能力。二是通过在线 A/B 测试，大数据允许个性化的在线战略实验，以获取关于数字用户的偏好、行为和潜在付费意愿。三是在线环境允许公司挖掘所得数据，以个性化每个用户的信息选择环境（Townley 等，2017）。Hagiu 和 Hałaburda（2014）基于电子游戏平台的案例研究了用户的信息水平与双边平台收益的关系，结果表明强市场势力的平台更热衷于掌握信息更多的用户，而弱市场势力的平台更关注掌握更少信息的用户，原因在于完全信息将加强平台间的竞争，反之不完全信息则会削弱平台间的竞争，保护弱市场势力的平台。Hagiu 和 Hałaburda（2014）着重于价格信息，这表明，与垄断情况不同，在双头垄断市场中，平台可能更愿意让代理商不了解相关产品的价格。尽管这些研究提出了截然不同的问题，但它们都指出了不对称信息对于平台定价决策的重要性。

电商平台实行价格歧视会使支付意愿较小的消费者实现交易，与此同时也会让那些支付意愿比较高的消费者比其他消费者支付更高的价格。因此，价格歧视对于社会福利的影响并不是绝对的，Marshall（2020）表明价格歧视会造成社会福利损失，Chen（2016）表明价格歧视可以提高社会福利。Chen（2016）建立了一个质量差异模型来考察价格歧视在投入市场中的福利效应。Chen（2016）发现在线性价格契约投入的制度下，即使总产出保持不变，允许价格歧视也可以提高社会福利。Cowan（2016）认为歧视是否会增加总产量取决于在价格因歧视而下跌的市场中，需求是否比价格上涨的市场中更突出。所以，价格歧视一定会对社会福利产生影响，但最终的结果则不一定能够判定（OFT，2013），只有在价格歧视的分配利益对社会目标有坏影响的情况下，才应禁止价格歧视（Garrett 等，2021）。而 Chen 等（2021）将企业的成本作为重要因素纳入价格歧视的分析框架，其研究表明基于成本的差别定价的影响取决于产品是同质的还是差异化的，以及企业是否具有对称成本或非对称成本。对于对称成本和同质产品，差别定价显然能使消费者福利最大化，而统一定价则不能，尽管在两种情况下利润都为零。对于差异化产品，差别定价使消费者和企业在许多标准需求函数满足的条件下受益。推动更高利润的系统性力量是通过调整价格在市场之间重新分配产出而节省成本；只要平均价格不上涨太多，消费者就能从这种价格差异中获益。更激烈的竞争倾向于将差别定价带来的收益从企业转移到消费者身上。虽然不同于垄断和潜在的消费者剩余，利润会随着价格差异而下降，但当企业拥有对称成本时，这种结果要求的需求条件似乎相当严格。然而，当企业具有非对称成本时，差别定价会减少利润，或者在替代成本配置下，即使对于标准需求函数（如线性需求），差别定价也会减少消费者剩余。因此，在寡头垄断中，基于成本的差别定价可以产生微妙的福利效应。

但有一点是可以肯定的，实行价格歧视对企业一定是有利的（Varian，1987），而且随着电商平台掌控消费者的信息趋向于完全，也就是说消费者完全没有隐私时，电商平台可以对消费者实行完全价格歧视，此时生产者剩余将会等于社会总福利，而消费者剩余则为零（Losertscher 和 Marx，2020）。例如，Cope（2007）调查了动态定价策略，通过积极学习客户对价格的需求响应来最大化互联网零售渠道中的收入，结果发现对于信息商品和耐用品，企业根据实时的市场数据对商品进行动态定价可能是有利的，且现实中几家领先的公司已经成功地使用 Internet 部署的动态定价策略增加收入。Shiller（2020）根据 2006 年客户网络浏览行为的数据做出估计，如果 Netflix 只根据客户的统计数据来定价，它的利润可能会增加 0.25%，但如果它根据网络浏览解释变量来定价，利润可能会增加

12.99%。Ferreira 等（2015）与在线零售商 Rue La La 合作，采用机器学习算法来优化多产品的定价问题，最终发现利用算法技术对商品的适当涨价并不会导致销量下降。

在电商平台上，传统的价格歧视现象已经不再是市场主角，基于用户信息的个性化推荐技术已经被广泛用于互联网各个领域（洪亮等，2016）。该技术基于对每个消费者预期支付的一个算法估计，可以使两个消费者同时以不同的价格消费完全相同的商品，即所谓的算法消费者价格歧视（Townley 等，2017）。Chen 等（2020）的模型证明了当企业面对大规模的异质消费者群体时，基于消费者用户信息管理的个性化定价可以使企业从目标消费者处获取全部消费者剩余，而当消费者群体很小，且消费者可以对自己的身份信息进行管理，那么这种举措可能使得企业不为任何一个消费者提供服务，从而造成无谓损失。也就是说，平台企业进行个性化定价对社会福利的影响不仅来自平台的技术，还来自用户对个人信息的管理。

除此之外，还有部分学者对信息与价格歧视做了相关研究。Saak（2007）表明，在具有信息不对称和二级价格歧视的垄断标准模型中，垄断者倾向于在一种随机依赖形式下披露公共信息，这种随机依赖形式弱于私人价值、私人信号和公共信号的从属关系。Dube 和 Misra（2017）利用来自大型数字公司的高维数据，研究了价格歧视的经验意义。Dube 等（2017）考虑的是一条信息对于定位政策的价值，即通过手机传递的 GPS 数据，消费者在竞争环境中通过价格歧视获得了可观的利润。余敏（2019）基于 Akerlof（1970）的柠檬理论研究了电商平台的大数据"杀熟"问题，发现卖家信用和商品评价项目的信息披露可以有效消除大数据"杀熟"的风险。Jiang 和 Yang（2019）研究了企业商品质量和定价与消费者所掌握的这些信息之间的关系，其研究表明当一个公司的高效率被公众所知时，该公司可能会降低其产品质量，而且消费者对企业成本效率的了解可以减少消费者剩余。Schmitz（2021）证明了在买卖过程中，如果买方知道卖方会利用自己（买方）的私人信息制定不利于自己的交易合同，那么买方就会对自己的私人信息进行隐瞒从而影响交易。

## 三 信息与市场均衡

信息与市场均衡关系的研究最早来源于张伯伦的《垄断竞争理论》和

琼·罗宾逊的《不完全竞争经济学》，这两部著作最早提出现实市场并非是马歇尔所讲的完全（纯粹）竞争和完全（纯粹）垄断两个极端，而是垄断竞争的（琼·罗宾逊认为是不完全竞争）。张伯伦认为产生垄断竞争的原因来自产品的异质性，而产品的异质性除了来自产品本身的差异，还在于市场关于该产品的信息，例如广告。琼·罗宾逊认为同质产品生产成本的不同，导致了定价不同。总之，现实市场不是完全竞争的，而应该是垄断竞争或者不完全竞争的。Salop（1976）认为信息不完全的相关市场结构不是完全竞争的，而是垄断竞争的。

斯蒂格利茨（2009）认为如果信息是有成本的，那么当市场不存在噪音扰动（摩擦）时，纳什均衡不存在。而且即便是在某个人（企业）对信息拥有垄断力量也不会存在均衡。因为那些不掌握信息的人会发现，不同垄断者交易会使他们的境况变得更好，而信息垄断者简单地决定了均衡市场价格（Stiglitz，1981）。总之，信息影响了市场结构，进而影响了均衡，而信息的这种影响在信息经济时代表现得尤甚（Bergemann等，2021）。Dasgupta和Das（2000）使用了一个相对简单的模型来研究信息经济，该模型使用的是自私的、近视的价格机器人，旨在最大限度地发挥其即时利润。竞争的价格机器人即使不了解竞争对手的价格和利润，甚至不了解彼此的存在，也会进行相互削弱的价格战。因此，该研究设想，在没有合作的情况下，经济几乎没有摩擦，市场价格将一再压低到卖方的生产成本，从而引起周期性的价格战。

随着平台经济的发展，关于信息与平台市场的研究也如雨后春笋般涌现。Liu等（2018）用优步的例子研究了市场信息透明度的问题，表明电商平台可以通过卖家和买家的评级、实时监控和低成本的投诉渠道提高市场透明度，减轻道德风险。但同时该研究发现，优步司机对用户的服务存在差异——非本地的乘客会有绕行时间更长的经历，而且在需求的高峰期，单价更高，优步司机也会绕行；也就是说优步司机会利用信息对某些乘客提高精准提价。Jullien和Pavan（2019）研究用户偏好信息分散的平台市场，认为平台信息分散程度通过需求函数的价格弹性改变了市场的价格结构，导致双边市场上一边的价格更高，而另一边的价格更低。Tanford等（2012）研究了在线旅游中与价格相关的信息的公示问题，发现如果透明定价能够减少不确定或简化决策过程，那么在线旅游商选择透明定价

（公示旅游产品的所有内容和折扣等）是更有利的。这是因为透明的成本信息可以作为一种筛选机制供消费者对高质量企业和低质量企业进行鉴别，这样可以提高高质量企业的有效交易，所以成本透明度提高会提高高质量企业的收益（Jiang 等，2020；Ottaviani 和 Part，2001）。

Halaburda 和 Yehezkel（2013）研究了平台竞争问题，发现当平台竞争双方信息不对称程度的差异低于一定阈值时，平台竞争可能导致比垄断更低的贸易水平和更低的福利。多栖性解决了信息不对称导致的市场失灵问题。但是，如果平台可以实行排他性交易，那么它们就会这样做，从而导致市场的无效率。企业收集有关消费者影响力的信息，并使用此信息区分价格。Anderson 和 Renault（2006，2009）以及 Johnson 和 Myatt（2006）表明，在一个单边市场中，有关产品之间水平差异的信息可能会通过增加产品差异化来降低竞争的强度。Fainmesser 和 Galeotti（2019）认为企业对信息的投资是战略性的补充，会导致一场信息获取竞赛，侵蚀了福利和企业利润，但增加了消费者剩余。

企业信息自然对市场均衡产生很大影响，消费者主动向市场释放信息同样也会影响市场均衡。Frenzen 和 Nakamoto（1993）探讨了个人消费者做出的决定对市场中信息流传输或保留口碑信息的潜在影响。Bergemann 等（2015）分析了消费者在市场上的垄断力量，这种分析是建立在市场信息对称的基础上，此时，消费者需求量的变化对市场价格会产生影响。Jullien 和 Pavan（2014）研究了用户偏好信息分散的双边市场中的垄断和双垄断定价问题。Shin 等（2020）研究了消费者的在线评论对垄断电商定价的影响，证实了根据消费者评论进行实时的动态定价比采用固定价格对垄断电商平台更有利。Li 和 Zhu（2020）研究了信息透明度对互补者和消费者的多栖行为的影响，研究表明信息透明度的提高虽然会减少多栖性，但会导致全行业交易种类的增加。Chen 等（2020）的研究表明，消费者对市场上自身信息的管理也会对市场福利产生影响。

多边平台收集用户的大数据引起了诸如排他性行为、并购和隐私问题等多方面的反垄断担心（Katz，2019）。在《欧盟数字保护条例》和美国隐私法规的背景下，Campbell 等（2015）模拟了旨在保护消费者数据隐私的监管尝试是如何影响数据密集型行业的竞争结构的。Campbell 等（2015）表明，隐私规定可能会阻止专业公司有利可图的进入，但增加大而全的公司（Generalist Firm）的优势。这样就剥夺了消费者享受高质量利基产品的机会，导致了损失。Tucker（2019）认为数字化降低了网络效应和转换成本，因此不需为"技术平台拥有大量的数字化数据造成的反垄断"担心。

## 第四节　文献总结

由 Jean Tirole、Jean-charles Rochet、David Evans、Mark Armstrong、Andrei Hagiu、Julian Wright 等人共同开创的双边市场理论已经成为今天研究平台经济、数字经济最重要的，甚至不可替代的基础理论。双边市场理论解决了因为跨边网络外部性带来的当前电商平台上的"冷启动"问题，即"先有鸡还是先有蛋"的问题，也对电商平台的交叉网络外部性带来的市场势力（比如平台拥有让用户"二选一"的市场势力）给出了一些解释，这对电商平台的创建和管理具有重要意义。但双边市场理论是基于平台"同边"的用户是同质的假设，这无法解释目前电商平台的个性化定价现象。因此，为解决这些问题，很多研究基于双边市场理论讨论信息在双边市场中的作用。

国内研究双边平台理论相对较晚，理论方面的研究也相对较少，大体上基于经典的双边市场理论做相关总结和评述，近几年则主要围绕平台经济中出现的诸如"二选一""市场界定""并购"等反垄断问题，个性化定价和平台企业的社会责任（就业、社保、公共服务等）等方面展开。在国内平台经济较为发达的背景下，国内学者对平台经济理论的发展开拓了许多新的研究方向，提出了一些与不断变化的实践相适应的研究问题。

基于对多边电商定价相关的文献梳理，未来关于平台经济的研究大体上会针对上述研究未涉及或者涉及较少的领域展开。（1）平台的边界。科斯定理解决了传统企业与市场之间的关系，从而解决了企业和市场之间的边界——企业内部交易成本与市场交易成本相等之处。而随着电商平台企业的边际成本趋向于零，平台企业原则上可以无限制地扩大，比如世界排名前十的平台企业，其业务几乎涵盖了各个领域。因此，企业的边界问题将会是理论关注的焦点。（2）平台治理。平台治理已经是当前各国相关部门和学者非常关注的问题，特别是平台经济的垄断问题。目前国内已经有两家超级平台企业（阿里巴巴、美团）因触犯反垄断法被处以巨额罚款，欧盟和美国的反垄断部门几乎年年对 Google 和 Facebook 提起垄断诉讼。平台的垄断问题非常严峻，但相关理论和相关监管技术相对于新的垄断现象非常滞后，今后该问题将会持续成为学界研究的焦点。（3）平台之间的竞争。企业借助平台模式不仅可以任意增加与自己相关的业务，实现横向兼并、纵向兼并和对角兼并，也可以利用网络效应和资本优势通过兼并与自己主营业务完全不相关的业务，扩大自身规模（影响力）以巩固平台的市场地位。在这种情况下平台之间就会存在跨界竞争和跨行业兼并，这将会是一个重大挑战。

信息一直是经济分析中不可忽略的重要因素之一。双边市场理论默认的假设损失了很多市场信息，使市场信息在双边市场理论中被认为是完全的，但现实并非如此。而且信息的完美与否带来的市场表现是完全不一样的，甚至即使信息不完美的程度非常小，也会极大地改变标准竞争市场均衡模型的所有结论。因此，近几年关于电商平台的研究少有避开信息（数据）。如前文所述，现有与双边平台/电商平台相关的研究主要围绕电商平台降低搜索成本，平台利用信息优势竞争、价格歧视（个性化定价）和政府是否监管、如何监管等问题。但这些研究相对比较分散，特别是信息与定价之间关系的研究并没有形成系统，这是目前双边（平台）市场研究的短板。

# 第 四 章

# 平台定价的新古典经济学分析[①]

双边平台市场的出现打破了传统市场简单的"供—需"（或者"买—卖"）双方结构。传统经济学理论认为，交易的形成在于两个同质化的供需群体（包括同质化的需求和产品）通过无摩擦的市场实现零成本的供需匹配，从而完成交易。现实中，这个理想过程并不存在，是需要克服摩擦成本的。平台以一种"中介"身份进入市场，成为撮合买卖双方实现交易的重要渠道。一方面，平台的出现降低了摩擦成本，影响了市场出清过程中价格的形成；另一方面，平台的出现改变了市场主体的构成，成为"供—平台—需"三方结构。一般关于平台的分析主要基于 Tirole、Evans 和 Armstrong 等人的研究成果，如第三章所述。基于事实，这种分析另辟蹊径，完全抽离于新古典经济学理论的范畴，对现实具有非常强的解释力度。为多方面地阐述平台市场的定价原理，本章将从传统的经济学理论——新古典经济学分析入手，从产权理论和均衡理论方面对平台的运行机理进行初步分析。

## 第一节 平台性质定位：产权与行为特征

本章所说平台，是指平台生态这样一个企业集合。平台生态是由平台方、应用方（包括在线内容的产消者）合作构成利益共同体。这一利益共同体主要基于要素的使用权（而非所有权）合作形成。平台方指平台企

---

① 本章内容系作者与导师姜奇平合作文章。端利涛、姜奇平：《平台的公私双重属性及协同市场与政府的中间作用》，《财经问题研究》2022 年第 10 期。

业，是平台生态中的资方（资本要素提供者），为生态提供生产资料（固定资产）；而应用方指增值应用提供商，可以是企业，但更多是劳动者，是平台生态中的劳方（劳动要素提供者），主要为生态提供活劳动（注意力和具体劳动）。平台生态的中间定位主要通过平台方（平台企业）向社会企业方向转型而完成，而应用方仍然保持私人部门（包括私企、微商、个体户、自然人）定位不变。平台方这种不公不私、亦公亦私的定位，对于"一抓就死，一放就乱"，可以起到中间协调作用。

## 一 作为公私合作制的平台生态

（一）生态合作制：定位平台企业为"第三种企业"

合作制是生产者联合劳动的制度，是一种区别于雇佣制的社会经济制度。平台生态中的平台方与应用方，不是雇佣关系，而是合作关系。它们形成的共同体，具有合作经济组织的性质，其中的平台企业可视为合作企业。列宁在《论合作制》中指出，"合作企业既是私人企业，又是集体企业"，是"第三种企业"。平台企业也具有私人企业与国有企业之间的第三种企业的性质。

从社会经济制度角度看，可以将平台生态归类到合作制这个大类中。合作制的突出特征是不同产权主体之间进行公私合作，平台生态符合合作制的这一主要条件。应从共享经济与生态组织角度重新认识合作制，发现平台本身的生态合作本质。把平台生态纳入合作制的范畴加以认识会发现，合作制是一种介于公私之间、市场与政府之间的中间机制。一旦将平台纳入合作制来规范与发展，有助于找到私人利益与国家对这种利益的监管相结合的尺度，找到使私人利益服从共同利益的内在尺度。

所有制中的公私有两种含义，一是指所有（拥有），即公有、私有，如平台的集体所有；二是指使用，即公用（共用、共享）、私用（专用），如平台的集体经营。平台合作制所指的公私，主要指后者。本书将主要基于使用权形成产权共同体的合作制称为生态合作制（又称平台合作制），以区别于集体所有制的合作制。关于合作制产权性质的传统研究，历史上主要有私有产权说、多元所有一元经营说、集体产权说和自由人联合体权制度说等。唯一的共同点是，都把合作制当作不同产权主体之间的合作

（张新伟，2002）。

但生态合作制与现代产权制度所强调的重心不同：现代产权制度的重心在所有权（拥有权），聚焦点在资产价值（如股份）；而合作制的重心在使用权，聚焦点在资产使用价值（如资产经营）。平台生态的合作，主要是企业间围绕数据要素使用权和劳动要素使用权展开的合作。

第一，生态合作制中的所有权（拥有权）。生态合作形成的共同体不是所有权共同体，平台方与应用方既可以公有，也可以私有，还可以混合所有。平台企业在所有权上，可以采用任何所有制的所有权形式。例如，平台企业并不必然是私人资本，也可以是国有企业。合作制的另一方产权主体，是各自在产权上独立的应用方。平台生态可以是私有共享、公有共享等多种形式，可以说是与所有权（拥有权）无关的，或者说，是否在所有权（拥有权）上合作并不是形成合作制的必要条件。因此，不应将限制私人资本无序扩张理解为限制平台扩张。

第二，生态合作制中的使用权。在平台生态合作制中，合作的主体称为"伙伴"（合作伙伴），合作关系即伙伴关系。经济上的伙伴，所有权（拥有权）上并非一体（不是同一个老板），但使用权上可以成为一体（利益共同体，或称"虚拟企业"）。主体间的使用权合作主要包括两个方面，一是平台方与应用方的合作，合作内容是生产资料共享[①]，即围绕有偿共享生产资料展开的合作；二是应用方之间的合作，即联合劳动（如App之间的合作）。

以生态单位为标准，以拥有生态资产（主要是固定资产），将平台方确定为资方，将应用方确定为劳方。劳方有特定含义，是生态中的"劳动者"。首先，应用方在现实中对应的是增值服务提供商。在现实中，它们可能是小微企业、在家办公者或自然人，也不排除极少数大中企业[②]。之所以将

---

[①] 作为政策概念的"生产资料共享"，首见国家发展改革委等部委出台的《关于推进"上云用数赋智"行动 培育新经济发展实施方案》（发改高技〔2020〕552号）及《关于支持新业态新模式健康发展 激活消费市场带动扩大就业的意见》（发改高技〔2020〕1157号）。

[②] 最典型的是仅以平台为渠道的外部品牌，分析时将他们排除出应用方主体，一是因为他们在整个生态中数量占比极小（不到千分之一）；二是他们自有资产（主要是生产资本），与平台几乎只是交换关系（支付佣金），而非资产关系（分配剩余），且在平台中有自己单独的渠道（如规模化的网商集中于天猫）；三是"三七分成"模式仅适合全部生产资料由平台提供而应用方"无产"的情况。

其当作劳方,是因为生态的主要生产资料(固定成本、固定资产)投入不是由它们承担,破产也无须它们承担。当然,作为生态关系之外独立存在的私人企业,它们也可能是资方,但不是生态的资方。在生态关系中,可视同于带有一定生产资料的劳动者(类似自耕农)。其次,多数应用方直接参与劳动。因为在平台生态中在家办公者或自然人等灵活就业形态的主体,以劳动者为主。根据实际调查,一个 App 中的从业者一般有 4—5 人直接从事劳动,或劳动者直接参与管理,少有脱产者。

第三,生态合作制中所有权(拥有权)与使用权的结合。有四种主要的平台。第一类平台,如果平台的产权为私人所有,可以形成的是私人所有、私人经营平台的合作制。第二类平台,如果平台由联合起来的劳动者共同筹资、共同拥有生产资料、共同使用(包括租让)生产资料、共享成果,平台也可以是集体所有制平台。建立在个人所有制基础上的集体所有(所谓"自由人联合体")与此类同。第三类平台,国有企业、国营企业也可以作为平台。第四类平台,如果实行个人所有和集体所有、全民所有相结合的产权关系,也可以形成混合所有、混合经营平台的合作制。当然,在平台生态之下的平台企业,也可能采用合伙制,或拥有集体所有权,但这属于企业内部的合作制。

第四,生态合作制的生产关系。在"平台—应用"一体生态中,平台提供的固定资产为中间产品,应用方向最终用户提供的产品与服务为最终产品。平台按市场化原则、商业化方式,向应用方有偿共享生产资料(生态固定资产),按应用方使用效果(即盈亏状况)适当收费(即从最终产品中扣除生产资料租赁费),应用方没有收入不必交纳生产资料租赁费,平台方也无义务承担应用方亏损时的可变资产投入损失。目前中美的市场行情是三七分成,平台方收入最终产品收益的 30%(有时被称为"苹果税"),应用方收入最终产品收益的 70%。平台方并不参与应用方提供的应用服务(也有例外,如亚马逊,但面临监管),取得的 30% 主要来自生产资料的所有权及所有权对应的使用权有偿共享转让。而应用方(或劳动者个人)获得 70%,则主要来自对平台生产资料使用权的共享(使用)及劳动付出。

这一分成合约可以认为是平台方要素(资本)使用权(转让)与应用方要素(劳动)使用权(经营)相交换的结果,本质上是平台方要素所有权①与应用方要素所有权②相交换，基于双方使用权比例分成所形成的合约。从这个角度看，所有权合作是间接的，与实体合作社先进行混合股份才能共同经营不同，是一方要素的使用权（生产资料）与另一方要素的使用权（劳动）依托各自所有权进行交换。因双方分享剩余，交换是平等关系，而非雇佣关系。这反映了合作的产权本质。当然三七分成的前提是应用方的全部固定资产与生产资料由平台提供，如果应用方是独立品牌，仅以平台为销售渠道，以生产资本为自有资本，三七分成中的"三"不应涉及生产资本的剩余。

共享生产资料的生产关系与传统资本主义生产关系有明显区别。第一，生产资料共享体现了一定的公共性（虽然是按市场化原则、商业化方式有偿实现），本质是生产资料所有者让渡了一部分使用权和收益权，从这个意义上说，生态合作制是围绕生产资料共享展开的合作。第二，不拥有生产资料所有权的一方，凭借劳动（增值服务）可以获得较高比例的剩余。这说明生态合作制是超越雇佣制的合作。因此，这种合作制带有使用权上的公私混合性质（有别于混合所有）。生态合作制的这两个特点，构成它可以将市场经济与社会主义有机结合起来的条件。可以把这种将市场经济与社会主义结合起来的新方式，视为市场社会主义合作制。

比较米勒的"合作制市场社会主义"模式，在产权上具有相似处：其资本可以由成员单独或集体拥有或从外部机构租赁，合作社借贷所得资本的使用权和所有权"质壁分离"（陈园园，2018）。需要指出，现实中的私人资本平台方，在合作中可能存在压迫应用方的倾向，但本书认为，这是不符合平台自身定位与利益的短期行为，是需要加以引导的。这也是本书后面主张租金盈余再分配的原因。

（二）平台生态合作制的经营形式分析：统分结合双层经营

从资产使用权（经营权）角度分析，与中国农村统分结合双层经营的合作制相比较，平台生态也具有统分双层经营特征。

---

① 因为收生产资料租赁费——从生产资料使用权中获得收益权——的权利来自对生产资料的所有权。

② 应用方可以获得高比例剩余索取权，也是来自对自身劳动（而不仅是劳动力，否则就只能分得工资）拥有的完全的所有权。

在农村统分结合双层经营合作制中，村级集体经济组织的经营是统，家庭分散经营是分。列宁在《论合作制》中所说的集体，在这里指经营（统一经营）。从所有制上看，土地的拥有权归集体所有，而使用权归农民。平台生态也有统分双层经营特点，平台是统，应用是分。

平台经营的业务一般称为基础业务。基础业务在使用权上是一元化的，即平台一元经营，代表了双层经营中统的方面，是由平台方提供（如提供虚拟店铺等应用基础设施）。基础业务包括平台方对最终用户的服务（吸引流量）与对应用方的服务（转化流量）。应用方在使用权上是多元经营的，他们并不参与平台基础业务经营，主要从事多元化的流量变现。由应用方经营差异化的增值业务，代表了双层经营中分的方面。统分之间，通过 API（应用程序接口）连接。

从业务性质看，双层经营合作具有相互服务的性质，即平台方提供生态的基础业务服务，包括：向最终用户提供的免费基础服务，为应用方提供流量；同时向应用方提供准公共（90%以上免费）的生产资料租赁服务。这些服务构成整个生态的中间产品，而应用方提供整个生态的增值业务服务，即最终产品，生态内部进行的是中间产品与最终产品的交换。

对于合作制的社会主义性质并不因为合作企业具有私人资本的一面而改变。这主要是因为，联合劳动是合作制的主要特征。因此，对平台的政策，应重点放在保护平台方与应用方的要素平等交换上。要鼓励的是，在平台统分结合的双层经营体制中，劳动者可以作为应用方，成为合作主体，而非被资本雇佣。在现实中，平台方与应用方三七分成，甚至应用方可以比平台方获得更高比例的剩余，这比"公司加农户"型的分配，更有利于共同富裕。

（三）与公私合作制比较：特许经营

公私合作制（Public-Private Partnership，PPP）是指公共部门与私人部门之间，基于提供产品和服务的共同利益，达成特许权协议，形成"利益共享、风险共担、全程合作"伙伴合作关系。狭义的 PPP，仅指政府购买私人部门的服务，或政府吸纳私人部门资金进行基础设施建设，以及针对特定的新建公共项目所建立的长期性合作伙伴关系。

对于 PPP，更常用的说法是指一种民营部门参与基础设施投融资并通过提供服务收取用户费用的形式。事实上，它可以看作是一种综合性的公共事业市场化方案或是特许经营计划（赖丹馨，2011）。根据 Peirson 和 Mcbride（1996）对于 PPP 概念的总结，它的一个重要特征是私营部门实体在既定期限内利用基础设施来提供公共服务，通常对运营和定价具有一定的限制。

平台生态合作制与 PPP 合作制的共同处在于，都是公私合作制，都具有私人产品与公共产品的两重性，以及私人部门提供公共产品的特征；不同在于，平台生态的公共性体现在以平台企业为主体，由平台企业提供的共享服务具有外部性和准公共产品性质，而 PPP 的公共性体现在以政府为主体，由政府确定公共项目，提供公共产品。

PPP 可分为政府购买与特许经营两种模式。特许经营在此指政府根据公共事业、社会福利的需要，授权企业生产某种特定的产品，或使用公共财产，或在某领域享有经营某种业务的独占权。它包括政府为了特定目的允准企业使用或经营公共资产（通常为固定资产），企业承担使用资产进行经营而发生的成本和风险。

平台生态可以从私人部门提供公共产品机制上理解，比如特许经营，即对某种带有公共属性的业务，经特别许可交由私人部门经营。假设将免费向社会提供生产资料这项公共服务当作一项政府公共项目，"特许"平台企业独占经营。也就是说，把平台企业凭借平台独占权免费[①]向应用方提供生产资料共享服务视为一种满足"公共事业、社会福利的需要"而提供的公共产品服务，将通用性资产视同允准企业经营的公共资产，将用户费的收取作为提供公共产品服务的补偿，进而虚拟出一个介于基础设施与增值业务之间的、对应应用基础设施——向应用方提供固定资产的平台——的政府准入或许可权。再将提供这项公共服务的独占权给予平台企业，视为特许经营。以此显示公私合作制中，"公"的含义。

中国对电信基础（设施）业务设有准入与许可限制，但互联网作为增值业务不在此列，平台介于二者之间，可划为应用基础设施。根据 2010 年

---

① 有偿共享生产资料按使用效果收费，当使用效果不好（应用方没有获得收入）时免费，免费的比例可能高达 97%。

5月13日发布的《国务院关于鼓励和引导民间投资健康发展的若干意见》（又被称为"新36条"），"对于可以实行市场化运作的基础设施、市政工程和其他公共服务领域，应鼓励和支持民间资本进入"。应用基础设施就属于"可以实行市场化运作的基础设施"，符合进入条件。

特许经营合约与政府购买合约的主要区别在于，民营机构的收入并不是来自政府的转移支付，而是直接来自用户费的收取。特许权合约的安排是将经营权全权交给民营部门来完成的，特许经营项目的高收益对于公共部门具有正外部性，因而能够为公共部门带来更高的剩余。当然，在平台生态中并没有一个真正的政府公共项目在运作。但是，特许经营概念作为一个公共部门经济学概念，其实质内容在这里是可以借用上的。现在人们一般把平台企业当作私人部门，而这里要把它当作第三部门，就要找出其中与公共部门性质相近的那一面。为此，可以虚拟出一个这样的对应公共利益的特许权力。

## 二 作为社会企业的平台方

如果说合作制主要从产权角度理解组织，社会企业则更多从行为模式角度概括组织特征。Defourny（2001）认为：社会企业是合作社与非营利组织的交叉点，合作社包含劳动者合作社及使用者合作社，非营利组织包含生产型和倡议型非营利组织，而社会企业偏向劳动者合作社与生产型非营利组织的混合体。

平台从生产资料共享角度看，形式上近于非营利组织，共享生产资料虽然90%以上是免费的，但毕竟有一个很小的比例（3%左右）是收费的。而且平台方本身就是以营利为目的的，本质上仍然是企业，只不过与私人企业相比，把利益的一部分让渡给了社会。

（一）混合组织：介于"公司—市场"之间的组织

用公私之间的中间组织来描述平台生态行为特征的概念，首推混合组织（hybrid organization）。混合组织是一种混合型的中间组织。Menard（2004）将混合组织定义为法律上独立的机构之间开展合作，对技术、资本、产品和服务进行分享或交易，但没有统一的产权，相互之间的调整基本不依赖价格机制的组织。混合组织是介于"公司—市场"之间的组织，既具有市场的特征，又具有公司的特征。Richardson（1972）对传统的"公司—市场"二分法忽视一整类产业活动的做法提出了疑问，他所指的这类产业活动就是企业间相互联系与合作的联盟网络关系，可以说指的就是混合组织。

第一，平台生态符合"没有统一的产权"这一特征。平台方提供了满足市场交易的所有条件。这一点与市场相像，所以平台生态又称双边市场。"不依赖价格机制"是指混合组织需要承担资产经营职能，而不光是进行资产交换，这是企业的特征。纯粹的市场交易不需要面对经营中的权、责、利，而平台以资产的经营使用为合作纽带，也符合混合组织的特征。

第二，混合组织的合作伙伴保留着独立的剩余索取权，即使混合组织没有实现其期望目标，各合作伙伴仍然能够行使自身完全的决策权。在平台生态中，应用方"保留着独立的剩余索取权"，他们各自分散经营，分散决策。

当然，平台生态要比混合组织的范围更广泛，混合组织突出的是组织作为私人部门的特征，而平台生态还涉及它在私人部门与公共部门中的居间性，私人目标与公共目标的混合甚至具有混合所有制的特点。

（二）社会企业：介于公私之间的"第三部门"

在混合组织中，社会企业的概念非常适合平台企业。社会企业被视为融合经济与社会两项指标的混合组织（刘小霞，2012）。在实践中有平台企业提出可持续社会价值，作为企业核心价值，就可以视为对社会企业概念的一种响应。

OECD（2003）将社会企业定义为介于公私部门间的组织，主要形态为利用交易活动以达成目标及财政自主的非营利组织，社会企业除了采取商业企业经营手法，也具备非营利组织强烈的社会使命感。社会企业的主要形态包含员工所有制企业、储蓄互助会、合作社、社会合作社、社会公司、中型劳工市场组织、社区企业，以及慈善的贸易部门。英国贸易与工业部推荐了社会企业的三个检验标准：是否以企业为导向、是否以社会为目标、是否为社会所有制。美国社会企业联盟提出了社会企业区别于商业企业、非营利组织和政府组织的三个明显特征：一是直接对难以解决的社会需求做出回应，服务社会公益；二是商业活动是主要收入来源；三是社会公益是首要目标。

社会企业被视为介于公私利益之间的"第三部门"，其指标具有双重性。例如，郑胜分（2005）根据经济与社会面向的双重分析指标和非营利组织与企业两种组织形态的双向指标体系，将社会企业归纳成两大发展途径：非营利组织师法企业（Business Like）途径和企业的非营利途径，将社会企业界定在"第三部门"范畴。

这些标准在不同程度上都突出了"企业—社会"目标的复合性，平台企业符合这种特性。正是由于这个原因，不宜将平台企业与私人资本直接画上等号。

## 第二节 平台动力机制：数字外部性及补偿

平台的动力机制是指使平台方利益机制发挥资源配置作用与利益分配作用的平台生态机制。平台企业受到公共性与私人性两种作用力的推拉达到均衡，是其中间定位的动力学原理。资产的通用性使之推向公共目标，共享的有偿性（云机制）将之拉向私人目标。两种作用力的平衡最终使平台保持中间立场最为有利。反过来，平台从中间立场去协调私人目标与公共目标，也最具有内在动力。

数字外部性主要涉及私人部门的公共性利益问题。公共性（包括公共产品）不等于外部性。平台方的收入既涉及外部性（资源配置），又涉及公共性（利益分配），但在取得由此而产生的收入时，企业的性质既不同于以公共性为主的国有企业，也不同于商业性的一般私人企业。平台从数字外部性中取得收入的方式，是"按市场化原则、商业化方式""有偿共享"，在总的分类上，仍应当作私人部门对待。

平台在协同市场与政府发挥治理的作用中，具有内在的背离私人资本目标而倾向公共目标的动力，这种动力背后的力源自生产力（通用目的技术）的通用性，以及传导内生资本机制后产生的通用性。通用性决定资源与利益上合作的收益大于不合作的收益。私人资本如果顺应通用性资产的特性（开放共享）进行决策，会发现将市场与政府协调起来比对立起来更符合自身利益。相反，如果把通用性资产当作专用性资产来运作，将在收益上受到损失、损失机会成本。

## 一　两种相反的外部性

### （一）外部性的现有概念

外部性指在社会经济活动中，一个经济主体的行为直接影响到另一个相应的经济主体，却没有给予相应支付或得到相应补偿。外部性分为正外部性（positive externality）和负外部性（negative externality）。对行为主体而言，前者是付出没有所得，后者是所得没有付出。正外部性是某个经济行为个体的活动使他人或社会受益，而受益者无须花费成本。正外部性涉及的主要是收益。搭便车者获得收益，却无须为此收益付出成本，相当于"不劳而获"；而经济主体（企业）一般会因外部性受损（包括机会受损），劳而无功。负外部性是某个经济行为个体的活动使他人或社会受损，而造成负外部性的人却没有为此承担代价。负外部性涉及的主要是成本。他人因外部性受损，付出成本，相当于"无妄之灾"；而造成损害的经济主体（企业）可能从中获益而不付代价，相当于"损人利己"。

### （二）数字外部性的界定：反外部性

平台经济理论最早发现双边市场中存在可被市场利用的外部性，从而提出科斯定理的反例。正如埃文斯（2016）所言："市场是双边的必要条件是科斯定理并不适用于双方之间的交易。"数字外部性指因数字化导致其内部化收益反而小于外部化收益。造成数字外部性的原因，是通用性资产随数据成为新型生产要素而兴起和主流化（叶秀敏和姜奇平，2021）。由于资产专用性与通用性相反，它们各自的外部性也具有相反特征。数字外部性的特点表现为行为主体将外部性加以内部化（如可共享的生产资料不加以共享）的收益低于外部化（如以云模式加以共享），暂称这种特点为相对于专用性资产外部性（专用比通用收益高）的"反外部性"（或称可内部化的外部性，特指与无法通过市场加以内部化的外部性相反的外部性,即可以通过市场本身加以内部化的外部性)。数字外部性包括相对于专用性资产外部性的反的正外部性与反的负外部性。

反的正外部性是指,行为主体企业(平台方)因外部性(共享)受益,即从其他企业"搭便车"不受损(产生租值耗散),反而受益(产生租金盈余)。在搭便车过程中,最终收益的一定比例(70%)归"搭便车"企业,另一部分(30%)作为租金返还行为主体企业。具体表现为,平台方按市场化原则、商业化方式有偿共享(数字)生产资料,按使用效果向应用方收费。与专用性资产外部性的不同之处在于:由于数字生产资料可无限复制的特性,而产生"无限的租",通过市场买卖双边将外部性相互内部化,以及平台将提供给市场双边的外部性加以不完全内部化,导致来自外部性的收益超过内部性的收益。

反的负外部性包括行为接受主体(应用方)因行为主体企业(平台方)的负外部性而受益,是指平台竞争一旦实现基于标准的垄断,会因"赢家通吃"限制应用方的选择(如果淘宝、京东、拼多多、抖音只剩下一家,网商将别无选择,只能选择一家平台),同时也构成一个对平台竞争者而言的负外部性(即消除了使竞争者成为此领域平台的机会,所谓"数一数二,不三不四"[①])。但是,应用方却会从标准的统一中受益。例如,减少转换成本、避免重复投入等。

与资产专用性造成负外部性的相反之处在于,负外部性本来是指他人因行为主体释放的负外部性而受损,即承担非自身行为而形成的成本,此处却可能因行为主体减少他人(平台竞争者)机会的行为而受益。它也不同于碳排放,不是用市场方式补偿作为损失的负外部性。

行为主体企业因负外部性造成社会成本上升,具体表现为由垄断带来的负外部性对应成本:一是治理成本,由政府、社会与其他企业付出的治理成本;二是成为潜在平台方的机会损失(失去成为平台的必要生产与服务条件),包括沉淀成本;三是税基成本,大量中小企业作为应用方而向平台交"税"(如"苹果税"),而这笔"税"不以租金盈余再分配形式返

---

[①] 指在每个互联网细分领域,只有排名第一、第二的平台方有机会上市,而排名第三、第四的企业或被收购,或遭遇失败。

还社会，将等同于政府部分税基流失。① 这些成本并不由平台方承担，但平台方却从中获得均衡水平之上的超额剩余（盈余租金）。

负外部性本来要求行为接受主体（如排污企业之外的企业或地区）承担行为成本（如污染带来的治理成本），而在这里，应用方则从垄断行为中——这种行为可能因"大"而伤害公平——享受利益（提高了自身的效率）。典型情况为深陷资金困难的中小企业在无法获得资金时，由于成为互联网生态中的应用方，从重资产运作（破产时将造成银行或自有资产损失）转向轻资产运作（破产后无资产损失，因为资产系复制所得，破产不缴纳资产租赁费用），从而降低了进入市场的门槛。而政府也可能在缩小税基的同时，通过通用性资产的资金替代缓解了中小企业的资金困难，从而扩大了税基。平台越大，平台分享生产资料的动力越足，受益面就越大，甚至导致受益部分超过受损部分。

## 二 数字外部性的特征

（一）数字外部性的过程特征：内部化与外部化的市场混合

在平台生态中，反外部性是通过平台方向增值应用方有偿共享数字生产资料实现的。其中，有偿是内部化，共享是外部化。有偿共享是内部化与外部化的结合。也可以据此认为数字外部性是一种混合外部性，即部分（3%左右）收费（内部化），部分（97%左右）免费（外部化），按一定比例内外混合。

对数字化生产资料按使用效果收费的具体做法包括内部化（收费）与外部化（免费）两个部分。内部化是指对"使用效果好"即利用生产资料获得收益的企业（个人）及应用，按一定比例分成（一般是三七分成，即资三劳七②，如"苹果税"）。这时的外部性已被完全内部化。反外部性的

---

① 当然，是否如此还需要具体计算。例如，同是促进就业，同一笔租金盈余，是收归政府后以公共项目形式投入解决的就业问题多，还是留在平台通过进一步的生产资料共享解决的就业问题多，要通过具体计算才能得出结论。不排除税率越低，税收总量越多（对应解决的问题越多）的情况。

② 这里的"劳"泛指 Apps，以无"产"者身份加入生态组织（这个"产"仅指生态中的固定成本 FC 部分）。虽然 Apps 实际上可能是中小企业（甚至少数大企业），但它们由自身生产资本带来的价值，不应计入"苹果税"内，只应付平台一个渠道佣金。

"反",主要来自这里。外部化是指对"使用效果不好"即利用生产资料未获得收益的企业(个人)及应用,免收生产资料使用费,这时平台提供的固定成本又成了完全的公共产品。反外部性的"外部性"主要来自这里。

内部化与外部化的比例在互联网生态真实世界中大致为3%和97%。可见,外部性是平台方提供数字化生产资料共享服务的主导性质。由于对97%的应用方免费,可以认定互联网平台方具有准公共性质;认为它不属于完全的公共企业是因为对3%的应用方收取服务费是纯商业行为,而且成功的平台方往往可以通过绝对值数量庞大的3%(如1000万家企业中的30万家企业)把97%的企业"搭便车"的损失加倍补偿回来,因而平台方是私人部门。现有互联网平台方多为具有准公共性质的私人企业。

(二)数字外部性的结果特征:反外部性相反在何处

然而,互联网平台从准公共性中为自己带来的是寻租效果。这是通过数字外部性的结果看出的。反的外部性往往与利益分配有关,且受益均与他人机会丧失这种不公平有关。这种机会分布(分配)中包含有体现市场秩序和机会公平在内的公共利益。

互联网生态中的反外部性(反的正外部性)"反"在受益者的位置从行为客体颠倒为行为主体,也就是行为主体表现得好像行为客体一样。从形式上看,当政府作为行为主体提供公共产品时,公众作为行为客体(外部性的接受者)从正外部性中受益。而反外部性的行为主体(平台方)的受益方式却与正常外部性的行为客体在表面上类似,都是不因外部性受损,反而因外部性而受益。只不过反外部性的行为主体与客体之间的受益关系颠覆了,变成了行为主体即平台方,成为受益的一方。这与传统"搭便车"的损益关系正好相反。

第一个相反之处在于,行为主体的投入产生正外部性后,不仅不从外部性中受损(租值耗散),反而从外部性中受益。例如,仅对少部分(3%)资源使用者收费,而允许多数人(97%)"搭便车",所得竟然大于所失。

第二个相反之处在于,由于存在数字外部性条件,将外部性加以内部化,对主体企业并不有利。例如,对数字平台,行为主体(平台)既可以内部化(不分享),也可以外部化(分享),但不分享比分享获利更少,而不是更多。典型如云模式（SaaS、PaaS、DaaS 等），都是通过外部化来扩大收益的。

从以上分析可以得出一个结论：平台具有通过共享生产资料为实现公共目标赋能的本质特征。这是平台不同于纯私人企业的地方。平台在向应用方（数量高达百万量级或千万量级）共享生产资料时，表现得十分接近公共部门或公益部门，只是不具备不以营利为目的这个条件。既然平台表现有接近公共部门的一面，利用它实现真正的公共目标（如共同富裕、就业、扩大内需等），就有与政府实现协同治理的充分可能。

## 第三节　平台的均衡定位：均衡定价与租金盈余

平台第三部门定位问题，从定量角度，可视为一个特殊均衡问题。解释平台公共利益与私人利益之间的关系，适用于自然垄断均衡分析。自然垄断被理解为"政府提供私人产品"的规律（斯蒂格利茨，2020），泛指具有公共属性的组织提供私人产品，当平台在私人利益与公共利益之间取得平衡时，视为均衡。只不过，这个均衡点的确立不光涉及新古典均衡（技术关系与资源配置均衡），而且涉及古典均衡（社会关系与利益分配均衡），下面通过建立一个"古典—新古典"综合均衡模型进行分析。

### 一　公私利益平衡点：公共部门提供私人产品的定价分析

（一）租金盈余与价格管制

加入古典经济学因素的均衡分析，等价于在新古典分析上叠加公共部门经济学或制度经济学变量的分析，旨在用公共利益来平衡私人利益，校正出新的均衡点。根据新古典经济学理论，可以将互联网平台所在生态认定为自然垄断行业，将市场结构认定为新垄断竞争结构，即平台方垄断与应用方竞争共同形成双层经营市场结构。但互联网生态实际是业态，而不是行业。一个行业可以由诸多生态（以平台划分的）构成。互联网生态的自然垄断不是行政形成的，而是市场形成的，是由标准——具体来说是由数字技术标准或数字商业标准形成的自然垄断。

平台垄断来自技术或商业标准的锁定,打破这种锁定可能引起以下四种效率下降的可能。一是因平台竞争重复投入造成的无效率;二是因用户转移成本、学习成本较高而带来的无效率;三是平台恶性竞争,导致平台产权无法得到有效保护而引起的无效率;四是因平台产权受损,最终殃及向应用方有效提供固定成本均摊带来的应用方效率损失(得不到充分共享带来的损失)。鉴于在互联网生态中打破自然垄断可能产生破坏社会生产力、阻滞创新、自我限制国际竞争力等恶果,积极而稳妥的做法是采用治理自然垄断的办法,配合再分配调节解决平台垄断带来的不公问题。

对于自然垄断行业的定价,一个共识是自然垄断行业的边际成本定价虽然最有效率,如图 4—1 中的需求曲线 $D$ 与边际成本 $MC$ 的交点 ($P_{eff}$, $Q_{eff}$),但会违背公共物品和服务的税收的受益原则(特里西,2014)。替代边际成本定价的是以平均成本定价为基础的自然垄断价格,即税费的"费"。例如,自然垄断价格在美国被称为各种费(如电费、公路费),可视为变相的税,因为它们是由公共决定的价格。在图 4—1 中,用 $D$ 代表自然垄断上述"公共决定"内涵的需求曲线。

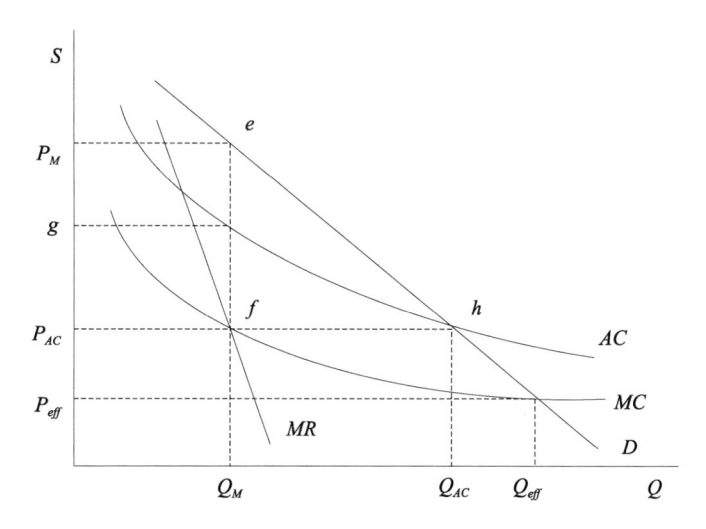

**图 4—1 特许垄断经营与价格管制下的平均成本定价**

对自然垄断价格，有两类定价方案，一是特许垄断经营定价，二是管制下的平均成本定价。图4—1中的$P_M$是特许垄断经营定价，$P_{AC}$是管制下的平均成本定价。对这类自然垄断，存在两种治理思路与治理方案，均以平均成本定价为基础：一是租金盈余再分配，二是价格管制。

1. 租金盈余再分配：中间产品平均成本定价

租金盈余再分配是以 e 点为均衡点，让私人资本凭借标准垄断"特许"经营，任其按市场供求行事，再对 $P_Mefg$ 区间（高于平均成本部分）征求租金盈余再分配，用再分配来调节市场失灵。互联网生态的定价对应的是特许垄断经营定价，只不过这个特许不是行政部门的特许，而是标准赋予的事实"特许"。

从数字经济学的观点看，特许垄断经营定价本质上也是一种平均成本定价，只不过对本书所讨论的对象来说，它是以整个生态（从 f 加到 e ）为单位的平均成本定价（以平台方为单位的平均成本定价则在 g ）。也就是说，最终定价的不是平台方，而是应用方。因为平台方只提供生产资料（整个生态中的 $FC = AC - MC$ 部分，属中间产品，f 是中间产品平均成本），并不提供最终产品①。从这个意义上说，特许垄断经营定价是间接的平均成本定价（平均成本定的是中间产品价格）。

图4—1中的 $P_Mefg$ 对应平台因有偿共享，利用数字外部性，从生态中的另一方即应用方获得的"无限的租"，是租金盈余再分配所在的值域。租金盈余再分配的政策含义对应公共部门经济学中的"特许垄断经营"，同时具有三个特征：一是允许平台市场化运作，自由定价；二是对自由定价产生的超额利润进行公共目标取向的再分配，将平台从私人企业转化为社会企业；三是作为与义务对应的权利，让平台企业承担一部分社会管理职能（做行业的裁判员，如行业自治），承担法定社会责任；四是对平台治理重点，从反对平台的"大"，转向保证平台的"中"（网络中性），要求其非歧视性对待应用方。对这一值域进行再分配调节可以分为两种办法：一是平台累进税，按 $P_Mefg$ 区间所拥有的有效最终用户数或有效企业用户数占总量的比例（如10%、33%、50%），规定

---

① 不排除在发展的早期，平台直接出售最终产品与服务，从而与应用方成为竞争者，甚或直接为同一拥有权主体（如3Q大战之前的腾讯）。

累进的租金盈余再分配；二是固定比例租金盈余再分配，如规定平台缴纳一个低于国有企业、高于一般私人企业的税费。欧盟《数字市场法》为"守门人"划定范围，以营业额、市值或用户量规模为定量依据，就接近累进税的思路，只不过采取的是直接用管制行为进行限制，而不是收税，且标准过于严苛，损人（限制美国平台做大）又不利己（限制欧盟自身平台做大）。

2. 价格管制：最终产品平均成本定价

价格管制是以 $h$ 点为均衡点，直接用平均成本为自然垄断定价，这是偏向政府干预的做法。对互联网生态进行价格管制，相当于或者强制要求平台上应用方的产品和服务降价，或要求平台提供的生产资料性质的产品和服务降价（或变相价格管制，如不按照正常水平保护其产权，任由应用方无偿"搭便车"）。如果实行价格管制，以管制后的平均成本定价，均衡点将位于 $h$，但这一点较大地偏离了厂商利润最大化之点 $i(MC = MR)$。实际效果相当于通过"薄利多销"，将 $gfiP_{AC}$ 向右下斜移一格。

对最终产品进行价格管制，可能带来窜货问题[①]。对中间产品进行价格管制（以使最终产品限价于平均成本），可能削弱平台方产权保护（效果等同软预算约束），同时向需求方发出错误供求信号。替代的做法有两种：一是补贴，即"政府补贴平台"。例如，"以专项资金、金融扶持形式鼓励平台为中小企业提供云计算、大数据、人工智能，以及虚拟数字化生产资料等服务，加强数字化生产资料共享"（国家发展改革委等，2020）；或政府采购平台服务支持中小企业，相当于转移支付。二是鼓励（但不强迫）平台降低服务年费。

3. 比较与评论

租金盈余再分配的优点是有利于市场发挥配置资源的决定性作用，节省管制企业的成本，缺点是公平由再分配调节，效果体现比较间接（如 $Q_M$ 容易为外部品牌带来因"苹果税"引发的阴影）。价格管制的优点则在于由政府干预，令自然垄断体现公平效果比较直接，缺点是会向市场发出错误的供求信号（$Q_{AC}$ 是限价刺激需求的结果），扭曲资源配置。

总的来看，对平台的治理可以采用两种基本调控方法，一是进行租金

---

[①] 窜货在此指同一产品的网上价格低于网下价格，通常使产品的线下渠道受到打击。

盈余再分配，二是进行价格管制。比较两种方法，本书倾向于前者。因为它既没有放任 $P_Mefg$ 区间自由，又充分保护了平台方的产权；而后者可能给市场带来错误价格信号，即使实施，其产权条件也更适合承担普遍服务的国有企业（效果类似要求运营商"提速降价"）。总而言之，如果互联网平台是民有企业，更适合租金盈余再分配；如果是国有企业，更适合价格管制。如果实行价格管制，则不必重复进行租金盈余再分配，因为限价的部分对应普遍服务，与租金盈余再分配是对冲的。

值得注意的是，由私人企业施行自然垄断的本意是为了"用递减的平均成本达到节省成本"，但即使按美国自由主义经济学家（包括公共选择学派）的观点，一旦定价为 $P_M$，"节约的成本就都积累为利润，归企业主所有了"（特里西，2014）。对此情况，诺贝尔经济学奖获得者米尔顿·弗里德曼指出，"私人投资者应该理解公众对利润最大化的强烈不满，少获得一点利润，从而保持他们的垄断地位"（特里西，2014）。连主张自由放任的弗里德曼都认为垄断资本应"少获得一点利润"以平息公众不满，互联网平台方实在不应对租金盈余再分配做过多的抱怨。

（二）对反外部性的受益推定与租金盈余再分配区间锁定

再分配本来是用于提供公共产品的支出。反外部性颠覆了现有再分配原理，因为它颠倒了企业与政府在收取社会的外部性支出（再分配）中的位置，产生了"私人税收体系"对公共税收体系的替代（林恩，2013）。欧洲中世纪诸侯对于国王的僭越，往往与此有类似之处。

如果是正常的正外部性与负外部性，提供正外部性公共产品的行为主体是政府，受益主体在公众，由此形成了公众向政府纳税的基本逻辑。一旦在反的正、负外部性作用下，外部性的受益主体变成平台方，根据税收受益原则，平台方就需要对相应受益部分，尽再分配义务。受益多则多纳税，受益少则少纳税。所纳之税除了一般公共用途，还有一部分在理论上应补偿给平台竞争的失败者及从众。

平台向共享生产资料"使用效果好"的应用方收取服务年费，通过内部化（占比约3%）收回成本，其定价分为两种情况。在图4—1中，当采用管制价格时，定价为 $P_{AC}$；当平台方平均成本以实体企业为基准时，定

价为 $g$（达不到这个水平，平台会退市，甚或根本上不了市）。

这两种定价仅涉及成本，真正产生租金盈余再分配问题的剩余部分（即反外部性部分）完全由市场决定时，收回成本之后，在供求作用下[①]，定价可以达到 $P_M$，形成盈余租金，即图 4—1 中的 $P_Mefg$ 部分。租金盈余再分配的问题就存在于这一区间中，对应的是，如果不对平台实行价格管制，顺其自然，平台会因反外部性获得一笔超高的超额利润。这是现有外部性理论从来没有遇到过，更不要说解释过的现象。

在工业经济条件下，外部性的行为主体（企业）无法对投入进行内部化，因而会选择退出。这种退出行为的产权本质在于受（专有对应专用的）专用性制度限制，只能在拥有权内部平衡投入产出；一旦溢出拥有权，就会在外部性中受损（包括租值耗散）。用益物权也无法解决这个问题，因为无从进行有区别的内部化（在租赁中，只能按使用收费，不可能按使用效果收费）。

而数字外部性的行为主体，对（占比高达 97% 无法收回成本的）外部性，不仅不选择退出，而且有强大动力积极涌入。这种进入行为的产权本质在于，由于出现所有权与使用权两权分离（因而可以仅在使用权内部平衡投入产出[②]）的制度创新，通过通用目的技术作用于通用目的资产（国家发展改革委等称为"通用性资产"），按使用效果有偿共享，而逆转"搭便车"受损，"平台一次性固定资产投资，中小企业反复使用""平台免费提供基础业务服务，从增值服务中按使用效果适当收取租金以补偿基础业务投入"（国家发展改革委等，2020）。其中，"按使用效果"收费只适用于数字生产资料（通用性资产），因为不收费时只付出近于零的边际成本而无实物耗损（用电可忽略不计），不适用于没有以通用目的技术作为生产力根基的资产及相应经济，因而是数字经济的特有现象。

---

[①] 这里有一点应指出，如果最终产品定价是由范围经济（而非规模经济）确定，则剩余有一部分应归于差异化、多样性和异质性（即创新和体验），这不属于需管制、调节的自然垄断范围。

[②] 可以把以使用权为边界的组织称为生态组织，而把以所有权为边界的组织称为企业。

## 二 基于"古典—新古典"综合均衡的公私属性定比

对于平台超出正常均衡的剩余社会再分配,应基于"古典—新古典"综合的标准来调节。古典经济学标准代表公平尺度,新古典经济学标准代表效率尺度。平台经济的均衡属于新垄断竞争均衡(姜奇平,2013),即平台垄断与应用竞争混合而成的双层经营均衡。这种均衡视平台方与应用方构成的集群(或称生态)为同一效率单位。平台方在均衡中通过基于标准的自然垄断承担固定成本($FC$)功能;应用方以轻资产运作方式,在均衡中通过完全竞争均摊固定成本,共同构成垄断竞争均衡($P=AC$)。因此,平台经济的均衡价格为平均成本定价($P=AC$)。下面从不同的均衡条件中,将租金盈余再分配从"平台—应用"复合体净收入中层层剥离出来。

根据新古典经济学标准,确定均衡分为三步。

第一步是确定均衡数量,它取决于微观主体(厂商)利润最大化标准,即边际成本等于边际收益($MC=MR$)。由于平台经济是垄断竞争均衡,因而这一条件并不决定均衡价格,只决定均衡数量。这一点有别于新古典完全竞争均衡条件(把$MC=MR$同时当作均衡价格决定条件)。也就是说租金盈余再分配的第一步是从净收入中剥离出平台方的边际成本。

第二步是确定垄断竞争均衡价格。设平台净收入的性质是垄断竞争均衡收入。通过这一步区分成本加成,或者说边际成本之上至平均成本(含)之下的部分。从支出看是固定成本($FC$),从收入看是附加值($AC-MC$)。这部分属于平台方的全部投资,视同平台—应用集群(生态组织)的固定成本部分。

第三步是确定自然垄断短期均衡,对短期平均收益$D$确定的价格$P_M$进行分解,包含平均成本之上($>AC$)与平均成本之下($AC-MC$)部分。

## （一）拆分 $AC-MC$ 部分（$P_{AC}$[①]至 $g$）

首先，$AC-MC$ 的第一个部分是 $FC$（固定成本）。租金盈余再分配要从生态净收入中收回平台货币资本投入形成的固定成本投资（无论资产是否被复用），加上正常会计利润。这是避免传统"搭便车"的底线。其次，将创新激励（$an$）从 $AC-MC$ 的 $FC$ 中单独划出，作为平台创新创造出的价值，对应传统企业品牌或专利的投入。从净收入中扣除，归给平台方。不做这种扣除，反垄断就会损害创新。最后，将体验归因（$E$）——因应用方提供差异化、多样性和异质性的 App 具有独创的价值——在 $AC-MC$ 中单列，归给应用方。不做这种扣除，反垄断会损害体验经济（"美好生活"向往）。

## （二）处理平均成本之上部分（$g$ 至 $P_M$）

这一部分，主要包含从"无限的租"中得到的超额利润。首先，将通用性资产复用形成的租金视为超额利润，作为盈余租金（$R_1$）的一部分。其次，加入古典经济学的标准，将社会关系不同于技术关系的所有变量因素统统纳入综合扩充后的 $AC-MC$ 和 $>AC$ 的部分，作为盈余租金的另一部分（$R_2$），而上两步的 $AC-MC$ 仅代表资源配置变量。从中剥离出一个专属于权力（公共利益）的部分，代表公平价值（含寻租成本）。由以上步骤形成租金盈余再分配 $T_P$：

$$\begin{aligned} T_P &= [P_M - (AC - MC)]Q_M \\ &= [P_M - (FC - an - E)]Q_M \\ &= (R_1 + R_2)Q_M \end{aligned}$$

其含义是，平台占有行业业务与应用方的比重超过一定限度，提高了全社会其余企业进入的机会成本，基于对税基占用的公共性及市场秩序的公平性考虑，对互联网平台收益中的"无限的租"征收具有受益税（特里西，2014）和公平税性质的租金盈余再分配，从自然垄断现价值收益中，在边际成本水平之上，扣除平台方所投入的固定成本及对平台方的创新激

---

① 图4—1 中 $P_{AC}$ 指平均成本价格时，仅是就 $h$ 点场合而言；而 $h$ 点只不过是 $f$ 点顺 $AC$ 曲线的平移。因此，$g$ 才是此处实际的平均成本价格。

励、对应用方的体验归因，对正常税费后存有的盈余租金进行再分配调节。

其中，公平价值可以转化为比例来计算，例如，如果平台占有的流量超过总流量的某个比例（如欧盟确定为10%），或平台根据有增值应用方占企业总量比或行业总量比的某个比例（如33%，假设同一行业可容纳三个上市平台；或50%，假设同一行业由两个超级平台垄断），确定租金盈余再分配占净收入之比。当打破"二选一"限制后，扣除交叉重复部分。

由于在真实世界中很难判断现价值中是否包含超额利润，简易的做法是确定租金盈余再分配的上下限。可以把上限确定为国有企业，也就是说，租金盈余再分配不应超过国有企业对国家的税收与利润贡献。下限则确定为非平台的私人企业，也就是说，租金盈余再分配不应低于私人企业的平均税负。

## 第四节　本章小结

本章将平台生态纳入合作制加以研究，认为一度被私人资本带偏的定位并不是平台本身应有的定位。我们认为，平台具有公私二重性。之所以具有公共物品与公共性的一面，是因为它在资源配置方面具有数字外部性，具有共享使用生产资料的生产力基础；同时在利益分配上，符合公共部门经济中的受益原则和公平原则。平台之所以具有私人物品与私人性的一面，是因为它可以用市场化、商业化方式解决公共品的搭便车问题，以致在补偿投入后甚至具有租金盈余的能力。平台因为具有公私二重性，因而适合公私合作制方式发展。平台生态具有公私双重性这一"第三部门"（合作企业、社会企业）典型特征，本质上属于生态合作制。平台生态具有对数字外部性进行市场化补偿的动力学机制，对公私是利益中性的。

因此，为保证平台在私人利益与公共利益之间达到平衡，应把平台方作为一类特殊企业，从私人企业中剥离出来。一方面明确平台特殊的社会责任，将平台的租金盈余作为市场失灵部分，再分配用于公共目标。另一方面保证平台充分按市场化方式运作，有效提高国际竞争力及服务客户的能力。而应用方则保持其私人企业定位不变。

最后，本章通过"古典—新古典"综合均衡模型，定量划分出平台企业收益中应由市场发挥决定性作用的部分与应该归属公共利益进行再分配部分，认为应把剥离租金盈余作为将平台方从私人企业中划分出来、归位社会企业的定量标准。对平台进行治理，不应将平台与私人资本画等号而加以限制，而应引导平台向社会企业方向定位，推动平台经济规范健康持续发展；同时应发挥平台治理作用，使其成为市场与政府作用之间的桥梁与纽带。

# 第五章

# 信息与电商平台上商品的定价机理

本章主要是基于电商平台特殊的市场结构从信息流动的角度总结不同情况下电商平台的三种定价现象。传统市场因为搜索成本的存在出现了"戴蒙德悖论"现象,而在平台不干预信息分配的非自营电商平台市场,由于搜索成本的降低出现了"反戴蒙德悖论"现象。当电商平台干预平台市场的信息分配时,电商平台利用信息精准识别消费者的偏好,从而对消费者进行个性化定价。对于寡头电商平台市场,电商平台利用算法实现对竞争对手平台上的市场行为进行监测,然后进行默许合谋定价。

## 第一节 引言

平台上积累的数据信息已经成为平台企业经营和决策必不可少的因素。首先,平台利用市场数据优化自身的服务,比如滴滴、美团和饿了么可以通过数据优化路线,提高平台的服务质量。其次,平台利用市场数据向消费者推荐满足其偏好的个性化产品并提高自身收益,亚马逊声称其通过个性化推荐带来的销售额已经占销售总额的 40% 以上,而且这个比例还在增加。最后,数据已经成为数字经济的生产要素(中共中央、国务院,2020),平台将沉淀于其上的数据信息以数据产品/服务形式出售,比如阿里巴巴集团的"阿里数据"、亚马逊的 Amazon Personalize。平台在利用这些数据信息优化自己的服务和产品的同时,也出现了一些典型的"价格现象"。近几年来,这些"价格现象"一直是政府、相关领域专家,甚至是普通用户关注的热点问题。第一,对于大多数商品,电商平台的价格整体上低于线下市场。第二，各类电商平台相继出现大数据"杀熟"现象，最明显的是老用户，甚至平台会员所支付的价格要高于新用户的价格。第三，算法动态定价现象引发了人们对平台利用算法进行默许合谋的担心。

目前，针对与这些现象已经出现大量研究，特别是针对一些"负面的现象"，很多国家和地区都出台了一系列法律法规进行规制。欧盟于2016年出台了《通用数据保护条例》（GDPR）来限制各大网络平台对用户个人信息的采集和使用。美国于2020年1月1日正式生效的《加州消费者隐私法案》（CCPA）旨在加强消费者隐私权和数据安全保护。中国相关政府部门近几年出台（或更新）了《中华人民共和国电子商务法》《在线旅游经营服务管理暂行规定》《关于平台经济领域反垄断指南（征求意见稿）》《中华人民共和国消费者权益保护法》等。从颁布的相关法律法规来看，欧美目前主要关注的是用户数据的安全性，旨在从数据采集、使用角度规制平台行为，效果非常明显，但确实限制了平台企业为用户提供更优质服务的能力（Li 等，2019；Tan 等，2017）。而中国出台的法律法规主要是针对电商平台市场上出现的"价格现象"做出规定，并不能对目前平台出现的一些负面价格现象，特别是大数据"杀熟"、"个性化歧视"等做出有效规制。2020 年春天，有网友爆料天猫"手机淘宝3.8生活节"实行大数据"杀熟"，网友声称购买了阿里"88VIP"会员的用户比不购买该会员的用户在购买同一款商品时所支付的价格更高。对于此事，阿里巴巴集团用"新人专享价"来解释，最终此事不了了之。而早在2019年1月1日生效的《中华人民共和国电子商务法》对此事却毫无约束力。因此，想要制定更合适的法律法规有必要深入讨论"电商平台""平台上的信息"和"定价"三者之间的关系，理清电商平台定价的经济学逻辑。

基于以上讨论，本章从平台信息流动的角度对电商平台的定价行为做出分析。第一，分析信息在传统线下市场定价中扮演的角色；第二，分析信息在自营电商平台定价中扮演的角色；第三，分析非自营电商平台上平台与第三方商家的关系，以及信息在消费者从搜索商品到完成与第三方商家之间的交易整个过程中的角色；第四，讨论在寡头电商平台市场，信息对于寡头之间竞争的影响。

## 第二节 相关文献

自从马歇尔出版《经济学原理》一书以来，定价成了经济学分析中最核心的环节。新古典经济学最初关于定价的理论中，所有的分析都是建立在商品是同质且市场信息完全的假设基础上，市场出清时，价格是由市场的供求关系决定的。但现实中市场信息显然是不完全的，市场信息在市场定价中扮演着重要的角色。20世纪30年代，张伯伦出版了《垄断竞争理论》一书，琼·罗宾逊出版了《不完全竞争理论》一书，掀起了一场"垄断竞争革命"。垄断竞争理论认为市场上商品并非完全是同质的，决定商品价格的除了供求关系，还有商品的异质属性，此时存在竞争的商品之间是异质且可替代的，这里面包含广告、市场营销、信誉（张伯伦，2009）。这些异质属性作为商品信息分布在市场上，而且这些信息在市场的分布是不均衡、不完全的，卖方相对于买方对自己商品信息更熟悉，掌握比消费者更多的信息。George Stigler（1961）、George Akerlof（1970）、Edmund Phelps（1970）和Biglaiser等（2020）表明，市场上不完全信息的存在至少在短期内给予了企业市场力量，Salop（1976）拓展了这个结论，认为即便长期，不完全信息的存在也会给予企业市场力量。因此，掌握信息优势的一方可以在交易中获得议价优势（Ausubel和Deneckere，1989）。

信息管理和定价是相辅相成的，可以促进市场各方面的协调（Jullien和Pavan，2018）。平台企业出现之后，市场交易结构发生了变化。传统市场上，市场的交易过程只发生在买卖双方之间；而在平台（平台）市场上，一次交易除了买卖双方还有平台参与，平台掌握了市场上买卖双方所有的信息，形成大数据优势。有研究表明，在这种背景下大数据技术提高了信息不对称程度，而且平台企业试图利用并加强这种效应（Townley等，2017），从扭曲、不透明和偏见操纵信息中获益（Ellison和Ellison，2009）。因为在价格离散的市场中，高支付意愿的消费者会减少搜索量，最终支付较高价格（Salop，1976），所以存在一些对商品价格并不是十分敏感的人。因此平台利用数据优势对消费者进行价格歧视是可行的，而且是有利可图的。Ferreira等（2015）的研究证明了这一点，他们用在线零售商 Rua La La 作为研究对象，将相应算法实施在 Rua La La 日常使用的定价决策支持工具中进行实验，发现在线平台适当调高商品价格并不会导致销售额下降，反而可能上升。

当市场存在不止一个平台企业时，平台企业间的竞争也会影响到市场信息的分布，进而影响市场定价和社会福利。Hałaburda 和 Yehezkel（2013）发现平台竞争可能导致市场失灵，如果双方信息不对称程度的差异低于一定的阈值，竞争可能导致比垄断更低的贸易水平和更低的福利。要使市场真正具有竞争力，消费者必须能够比较不同厂商的报价（Stigler，1961），多栖性解决了信息不对称导致的市场失灵问题（Hałaburda 和 Yehezkel，2013）。然而，如果平台能够强制实施独家交易，多栖性就会受到阻碍，这会导致市场效率低下。Li 和 Zhu（2020）研究了信息透明度对平台多栖性行为的影响，发现降低平台上的信息透明度会减少用户的多栖现象，减少平台一边用户的透明度会导致另一边用户多栖性的增加。Hagiu 和 Hałaburda（2014）研究了在垄断和竞争条件下不同层次的信息对双边平台利润的影响，认为价格信息导致用户的期望更加敏感，从而增强了降价的效果，拥有更多市场力量的平台会受益，因为更高的响应能力会导致需求增加，而它们能够充分抓住这一点；但竞争平台受到负面影响，因为更多的信息加剧了价格竞争。Jullien 和 Pavan（2018）认为当平台双边的偏好一致时，在分散的信息条件下，平台企业凭此可以增加社会福利，但平台企业所得到的收益相对于消费者总剩余更高。

个性化定价是近年电商平台利用市场信息进行定价的一个热点问题。电商平台利用其所积累的大数据和算法对商品进行个性化定价，引起了各界的广泛讨论。讨论的核心主要集中在这种定价行为是否会损害消费者和社会的总福利（OFT，2013），但结论相对模糊，并不存在一个统一且确定的结论。例如，Esteves 和 Resende（2017）表明在个性化定价策略下，所有细分市场的消费者都需要支付更高的平均价格。个性化战略对企业来说可能是一个成功的战略，但个性化战略的总体福利效果是模糊的。即使个性化战略提高了整体福利，消费者也可能变得更糟。Choe 等（2017）认为与实行简单的定价策略相比，由于竞争的存在，基于行为的价格歧视（个性化定价）给企业带来的收益更低，消费者剩余增加，但社会福利较低。Chen 等（2020）将消费者对信息的处理因素（即身份管理）纳入个性化定价的框架，发现当企业拥有足够大且不重叠的目标群体时，身份管理可以使企业通过完美的价格歧视从目标消费者中提取全部盈余。当一般的非目标细分市场部分很小时，身份管理还可以促使企业不为不以其为目标的消费者提供服务，这导致无谓损失。因此，消费者的身份管理可以使企业受益，并导致较低的消费者剩余和较低的社会福利。所以，对平台个性化定价的影响需要在具体的问题上做更细的分析，避免一概而论。

## 第三节　电商平台市场的信息与商品定价

### 一　传统市场的信息与商品定价

传统市场单次交易的市场主体只有买方和卖方两个群体，价格由买卖双方直接讨价还价产生（如图5—1所示）。由于整个交易过程必须在特定场所完成，两个市场群体所能接触到的对方的数量受到限制，表现为两个方面：（1）消费者在既定的成本约束下只能对同时出售其所需目标商品的商家进行比较，消费者一旦进入某一家商店，除非消费者在下一家商店所支付的价格和其所付出的搜索成本低于当前的价格，否则消费者不会选择下一家进行交易（Diamond，1971）；（2）商家所掌握的商品信息天然地多于消费者，但由于竞争的存在，商家为扩大自己的交易量通过广告、品牌、声誉等（张伯伦，2009；吴德胜和李维安，2008；王强等，2010）主动平衡买卖双方的信息不对称，而消费者为买到自己

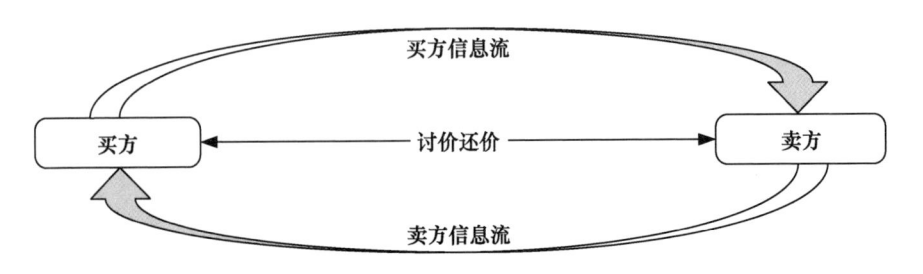

图5—1　传统市场市场信息的流动

所需商品，避免使自己处于"柠檬市场"（Akerlof，1970），愿意支付一定成本以获得更多市场信息。所以，传统市场买卖双方交易的过程也是信息的交易过程，最终市场信息成本和商品交易价格共同构成了消费者购买商品的支出。

Diamond（1971）认为在线下市场上由于搜索成本的存在，每个消费者都存在一个截尾价格，只要卖方的报价低于这个价格，消费者就会进行交易；但也正是搜索成本的存在使得卖家在制定价格时将价格定为"截尾价格＋搜索成本"。在这种逻辑下，只要卖方所定的价格不超过消费者到另一家卖家完成交易所花费的"价格＋搜索成本"总和，该卖方就会不断地加价；相应地，其他商家也会如此加价，最终市场均衡时所有卖方会将商品的价格定为垄断价格。该理论解释了现实中卖方最初定价低于最终交易价格的现象。

## 二 电商平台的市场结构

Rochet 和 Tirole（2006）认为，如果平台能通过向市场一方收取更多的费用，并降低另一方支付的价格，从而影响交易量，那么这个平台是双边的。双边平台按照买卖双方是否进行直接交易可分为非交易型双边平台和交易型双边平台。其中，非交易型双边平台是指在双边平台上买卖双方之间不存在直接的交易行为，而是通过向平台支付费用实现与另一边的匹配。在这种类型的平台市场中，平台的收入来自买卖双方向平台缴纳的服务费，比如各种交友网站；而交易型平台是指平台作为中介，撮合买卖双方有效匹配之后，买卖双方通过平台进行交易的平台，有的平台甚至从买卖双方的交易中获益，比如部分电商平台。

电商平台同所有交易型平台一样，是传统市场中介的演化，兼有中介和市场的功能。一方面电商平台完成了买卖双方之间的撮合，另一方面为买卖双方之间的交易提供了场所。同时，电商平台本身也是企业，以利润最大化为目标。因此，在电商平台市场，市场由传统市场的两类主体变成了买方、卖方和平台三类主体，市场结构发生变化（如

图 5—2 所示），买卖双方之间的任何市场交互行为必须经过平台才能完成①。

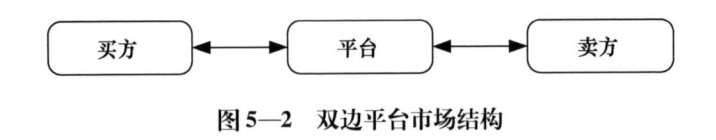

**买方 ←→ 平台 ←→ 卖方**

**图 5—2　双边平台市场结构**

平台的介入打破原有"买—卖"的两极市场结构，买卖双方的交互行为需要通过平台完成，而且基于互联网的电商平台出现之后加强了这种效应，主要表现为：（1）买方直接通过平台搜索其所需商品；（2）卖方需要作为搜索结果由平台呈现给买方；（3）整个匹配过程与匹配规则由电商平台制定。整个过程形成两个"正反馈环"：第一，消费者向平台方发送需求信息，此时平台方除了得到消费者的需求信息，还记录了消费者在平台上留下的其他所有信息，例如消费者的注册信息、消费者的浏览痕迹和消费者在商品界面停留的时间等。平台方依据这些信息向消费者主动推送满足其偏好的店铺和商品，推送的商品越接近消费者的偏好，消费者就会通过平台购买更多的商品，进而在平台留下更多信息，使平台下一次推荐的商品更加接近消费者的偏好。第二，电商平台将消费者的需求引流到相关店铺，被推荐的店铺会更愿意享受电商平台的服务，因此会主动向电商平台提供店铺和店内商品的信息以寻求这种服务，电商平台得到更多的店铺信息可以将最佳的商品推荐给消费者，从而为店铺提供更有效的需求流量。电商平台依靠信息技术将买卖双方主动提供的市场信息和所有市场行为记录储存起来，使电商平台成为名副其实的"市场信息池"。而在整个平台市场，作为数据记录和收集的平台方"顺理成章"地成为所有市场信息的实际拥有者，并对数据拥有实际的处置权，从而影响平台市场上的交易过程。电商平台上信息的流动过程如图 5—3 所示。

---

① 直营电商本身就是"卖方＋平台"的一个合成体，既可以完成市场上商品需求和商品供给之间的有效匹配，本身也是商品的提供方，买卖双方之间的交易显然必须经过平台。因此，直营电商是一种特殊的双边电商平台。

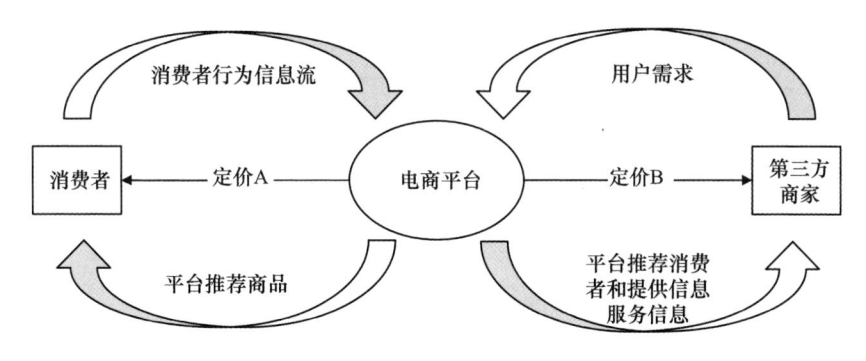

图 5—3　平台上信息的流动过程

## 三　单个平台市场内的信息对商品定价的影响

市场信息通过影响买卖双方的整个交易过程，进而影响最终的交易结果。电商平台拥有整个平台上用户因交易而产生的所有市场信息，并拥有对这些信息的实际处置权。因此，为了实现利润最大化，电商平台可以选择性、有针对性地对市场信息在买卖双方之间的分配进行干预。市场也会因为平台的不同行为产生对应的定价现象。

（一）平台不干预信息分配——"反戴蒙德悖论"

平台不干预市场信息分配，只是作为市场的提供者而存在，买卖双方的信息自然地展现在平台上（如图 5—4 所示）。这种市场结构与线下的市场结构并不存在本质上的差别，只是相对于线下市场，电商平台有更大的市场规模。消费者通过电商平台对所需商品进行搜索，实现对搜索结果的排序，并通过已经完成交易的购买者对店铺和商品的评论实现

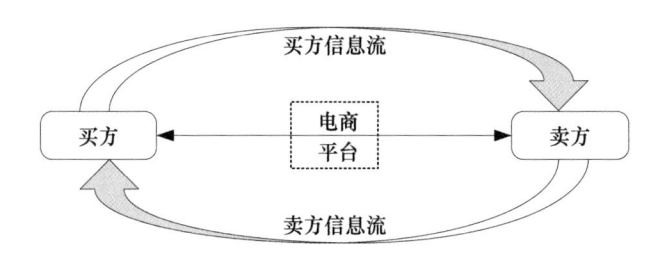

图 5—4　平台不干预市场信息分配

对商品综合信息的获得；电商平台的存在扩大了消费者所能比较的出售同类商品的卖方的范围，加剧了卖方之间的竞争，卖方不得不向消费者提供更多的商品信息，使市场信息趋于对称。因此，在不干预信息分配的电商平台市场，出售同质商品的商家与消费者形成一个近乎完全竞争的市场，该市场上信息是完全的。消费者可以几乎零成本获得市场上所需商品的所有信息，电商平台市场上的商家之间属于伯特兰德式竞争——卖方只能通过降价获得竞争优势，提高商品销量。因此在市场均衡时，所有卖方都会以平均成本——最低价格定价。因为该情况与"戴蒙德悖论"刚好相反，因此可以称为"反戴蒙德悖论"。"戴蒙德悖论"是这么一种情况。假设市场上存在许多同样的买方，且买方搜寻一单位的商品，只要价格不高于P，他们就愿意购买商品。同样，假设存在许多相同的卖方，每个卖方报出一个价格。假定买方知晓市场上价格的分布，但在某一时点上只知道某特定卖方告知的价格。因此，若搜寻需要付出特定的成本，买方就需要决定是接受当前卖方提出的价格还是继续搜索更优的报价。这种搜索策略包含了一个截尾价格P：只要买方遇到等于或低于P的价格就会成交。截尾价格P取决于模型的参数，比如买方的搜索成本、商品内在的价格分布等。进一步假设所有的买方有着一样的搜索成本，且面临一样的价格分布，那么市场上就形成一致的截尾价格P。在这种情况下，所有的卖方都将要求P的价格。然而，如果所有的卖方要求相同的价格，搜寻就显得昂贵且多余。任何一个卖方都有动机提出更高一点的价格，因为只要提高的价格低于搜索成本，买方就没有必要去搜寻下一个交易对象。每个卖方为了自身的利益都会选择更高的价格，当价格相等后又会带来下一波的价格上涨，如此反复，市场最终的价格就会等于买方愿意付出的最高价格 $P^*$，这也是无摩擦市场上的垄断价格。"戴蒙德悖论"所描述的是线下市场由于搜索成本的存在导致既定市场范围内商家之间的博弈过程，市场均衡时所有商家同时以垄断价格定价。"反戴蒙德悖论"解释了电商平台上优势与搜索成本的降低（甚至消失）导致同一个电商平台上的商家在市场均衡时采取边际成本定价——市场最低价的定价现象，也因此电商平台上商品的价格整体低于线下市场。

（二）平台干预信息分配——个性化价格歧视

平台主动干预市场信息分配可以分为三种情况：（1）电商平台直接向

买方展示基于平台利润最大化处理之后的平台信息；（2）电商平台与第三方商家合作，向买方展示处理过的市场信息；（3）电商平台同时进行前两种行为。

第一种情况，电商平台干预市场的动力来自通过提高市场上买卖双方的匹配效率，从而提高交易质量。电商平台积累了大量的市场信息，但电商平台展示在用户端的界面非常有限，消费者仅通过浏览平台找到所需商品仍需要花费大量时间成本。如果电商平台可以帮助消费者降低这部分成本，那么这部分成本就可以作为收益被消费者和平台方分割。因此，电商平台通过信息技术将满足消费者偏好的产品集推送到消费者所看到的界面。而对于电商平台另一边的卖方，由于提供能够满足消费者偏好的商品的卖方数量巨大，消费者所能看到的界面非常有限，而且每个卖方所能承受的成本压力不同，平台方可以根据展示位置向卖方收取不同的相关费用（蔡祖国和李世杰，2020）。综上所述，电商平台可以为消费者展示满足其个性化需求的搜索界面，并向消费者收取个性化的价格。例如，天猫商城曾经出现过消费者通过正常搜索和通过会员接口搜索得到的同一件商品报价不同的情况，通过会员接口搜索到的商品价格高于正常搜索得到的价格。电商平台同时也会根据卖方的具体条件向卖方提供个性化的排名服务，并收取个性化排名服务的价格（如图5—5所示）。

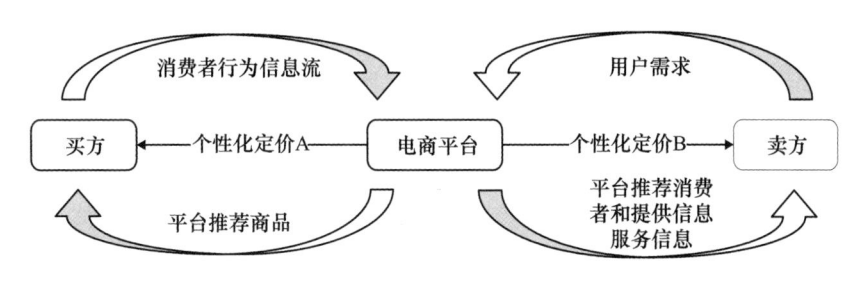

图5—5 平台干预市场信息分配—1

第二种情况，电商平台与卖方合作共同利用市场信息向消费者制定并提供商品和定价，这种情况最极端的例子就是自营电商平台。电商平台作为市场的信息池，掌控着平台市场所有的市场信息，但对于只提供信息服务的平台市场，卖方根据自身所掌握的信息制定并提供的商品/服务可能并不能完全满足消费者的个性化需求,进而得不到消费者的更高报价[①]。因此卖方与平台合作,卖方根据平台提供的信息制定满足消费者个性化偏好的商品/服务,提升自身和平台的利润空间(如图5—6所示)。这种情况在市场表现得比较多,例如 OTA 平台根据消费者的消费能力和消费偏好为消费者提供相应的住宿和游玩服务,并对不同的消费者收取不同的价格;京东商城和亚马逊利用算法计算消费者在不同时期的最大支付意愿,并据此进行动态定价而无须担心"菜单成本",即对于同一件商品在同一天中的不同时刻可能报价不同;阿里巴巴集团和亚马逊向卖家提供了数据服务,卖家据此制定自己的定价策略[②]。这种情况虽然可以为消费者带来满足其个性化偏好的商品/服务,但同时为监管带来了很大困难。目前市场上出现的大数据"杀熟"、个性化歧视就是在这种情况下产生的。

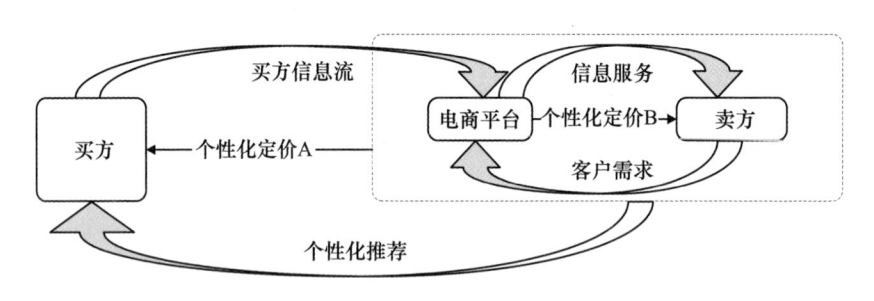

图5—6 平台干预市场信息分配—2

第三种情况是电商平台同时进行前两种行为。电商平台已经逐渐由原来的垂直电商转型到综合电商,不断扩张使得平台的边界逐渐模糊,同时经营模式也由原来的自营平台与纯粹平台两种融合成兼有自营和他营的混合型电商平台。因此,第一种和第二种情况,对于当前所有的电商平台来说都是有可能出现的。

---

① 差异化是垄断竞争市场的典型特点,差异化市场在均衡时的价格要高于同质商品市场,而个性化是差异化极端的表现。

② 详情可查询亚马逊和阿里数据的官网(https://aws.amazon.com/cn/personalize/和 https://dt.alibaba.com/)。

## 四 平台间的信息流动对商品定价的影响——默许合谋

当电商平台不止一家时,平台方实现利润最大化必须考虑竞争平台的行为和对策。因此,为了更全面地了解市场,电商平台在收集用户数据的同时也会监测竞争对手的市场行为数据。在此条件下,平台系统的信息流动不仅仅局限于单个平台,信息也会在多个具有竞争关系的平台之间流动。所以,在双寡头的电商平台市场,平台上的信息流动与平台市场上各主体的行为如图5—7所示。此时,两个平台系统中的消费者和第三方卖家都可以选择单栖或者双栖①。选择单栖的消费者和第三方卖家的信息与垄断平台下一样,基本在单个平台上流动循环;选择双栖的消费者和第三方卖家的信息则可能同时存在于两个平台系统,因为寡头平台在制定市场决策时必须考虑竞争对手的行为,包括竞争对手平台上卖方的定价行为,而通过算法可以有效地达到这个目的,所以对于平台上已经发生和正在发生的市场行为都可以认为是两个竞争平台共知的。

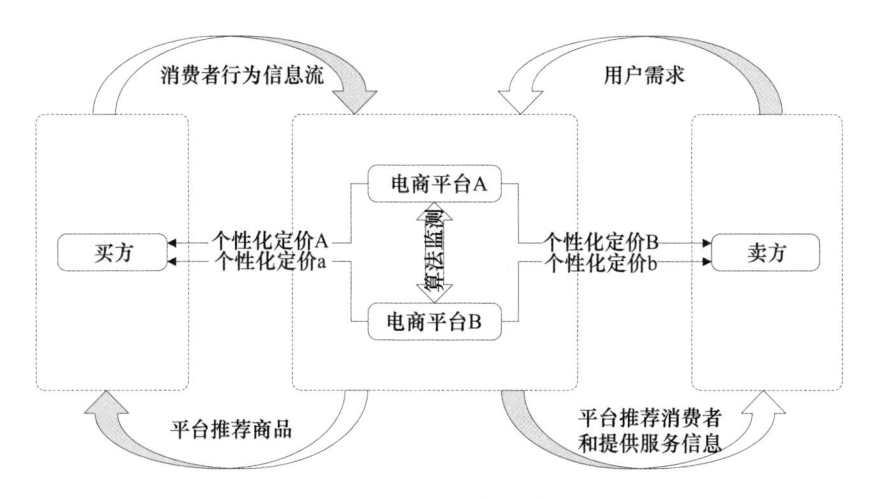

图5—7 双寡头平台的信息流

---

① 单栖:平台的用户只加入一个平台;双栖:平台的用户除了加入本平台,也加入竞争对手平台。

对于单栖的客户（消费者和第三方卖家），在利润最大化的条件下①，两家平台可以通过提高转移成本②将其进一步锁定在自家（夏皮罗和范里安，2017）。对于多栖的用户，两家平台面临两种选择——竞争和合作，一方面通过竞争甚至市场势力③在留住本平台客户的同时将对方用户完全吸引过来；另一方面通过合作维持现状，两个电商平台可以在此基础上进行定价。平台间的竞争一般会导致平台向用户让利，即平台通过提高服务质量或者直接降低商品/服务价格获得竞争对手的用户。例如，2012年京东商城和苏宁易购打价格战，天猫商城和京东商城为应对拼多多的冲击进行"百亿补贴"项目。电商平台间的合作则会出现相反的现象，因为即便是在传统市场"同行们聚会时的谈话通常以针对公众的合谋或提高价格的阴谋而结束"（卡尔顿和佩洛夫，2009），而在电商平台市场，平台间进行合作已经不需要"同行间聚会"。

随着市场经济和法制化的发展，传统的寡头合谋现象已经很难出现在某个市场，但没有任何协议的默许合谋则可能在不被察觉的条件下出现。美国最高法院在审理"布鲁克集团公司诉布朗和威廉姆森烟草公司"案件时将默许合谋定义为寡头价格协调（Oligopolistic Price Coordination）或有意识的平行行为（Conscious Parallelism），这是指处在同一个集中市场环境中的几家企业在实践中共享垄断权力。它们以一些心照不宣的方式同时限制产量或提高价格，从而攫取垄断利润。对此，法律并不禁止寡头企业基于彼此的相互依赖性而采取的有意识的平行行为（扎拉奇和斯图克，2018）。互联网信息技术的发展提高了市场的透明度和企业的有效决策速度，使用相同定价算法的平台之间很容易对彼此定价的"追高策略"心知肚明，从而实现"无意识的平行行为"（扎拉奇和斯图克，2018）。除此之外，人工智能技术的发展使平台企业拥有了掌握所有市场信息的"上帝视角"，而且计算机的自主学习行为和自主决策行为可以更容易使企业在发现通过竞争无法获得更大收益时"自主"选择合谋。这种行为比采用相同

---

① 在市场扩张时，平台留住用户的目的可能并不是利润最大化，而是流量最大化。

② 提高转移成本的措施包括签署合同、培养消费者购物习惯、提高平台服务质量、帮助卖方建立品牌等。

③ 平台通过市场势力要求用户在本平台与竞争对手之间进行"二选一"，例如，阿里巴巴和京东竞争时就出现了要求"四通一达"等快递企业进行"二选一"。

算法更难监测,也更难取证(扎拉奇和斯图克,2018)。因此,电商平台之间的竞争会不可避免地出现默许合谋现象。

## 第四节 本章小结

定价过程的本质是平台系统中不同利益方之间利用各自掌握的信息进行的博弈。根据以上讨论,在垄断双边市场,市场信息作为数据流在以平台为中心的两个"正反馈环"上不断流动,每完成一次循环都会有新的数据加入,进一步提升平台所控数据的质量。"正反馈环"上的地位不同导致平台系统中买方、卖方和平台三个利益相关方处于严重的信息不对称的状态。结合 Rochet 和 Tirole(2003)双边平台理论,在利润最大化的引导下,环上形成了三类利益冲突(见表5—1):(1)双边平台同一边的群体之间的利益冲突(简称同边冲突);(2)用户(消费者和第三方卖家)与平台之间利益冲突(简称平台冲突);(3)消费者和第三方卖家的"跨边"利益冲突(简称跨边冲突)。这三类冲突分别导致了三种不同的定价现象。

表5—1　　　　　　　　　平台与三种冲突

| 冲突 | 平台 |
| --- | --- |
| 同边冲突 | 拼多多、淘宝、京东商城、唯品会等在线购物平台 |
| 平台冲突 | 京东商城、OTA 平台、外卖平台、网约车平台 |
| 跨边冲突 | 亚马逊商城、京东商城、天猫商城等自营在线购物平台 |

### 一 同边冲突与"反戴蒙德悖论"式定价

在双边市场上,由于交叉网络外部性的存在,平台利用双边市场中客户规模比较大的一边对平台的另一边制定相对优势的定价策略。但规模较大的一边必须与规模较小的另一边实现有效匹配,因此面对较少的匹配对象,规模较大的一边必须为此竞争。在电商平台上虽然积聚了大量的消费者,但对于出售同质商品的所有商家,购买同一款商品的消费者仍是少数。而且在电商平台上,消费者可以轻松获取大量所需商品的信息并进行对比,但商家并不能轻易获取消费者的信息,所有商家对消费者信息的保有量几乎为零。另外,消费者每次在电商平台上进行购买行为时,只有很少部分商家的具体信息能够被展示给消费者。在此背景下,"共处一边"的第三方卖家之间就产生了直接利益冲突,而降价竞争是其最优的策略,从而出现"反戴蒙德悖论"式定价现象。

## 二　平台冲突与（个性化）歧视性定价

对于自营电商平台,或只有少量的第三方卖家的电商平台时,消费者直接与平台进行交易,形成一种利益冲突。在这种情形下,电商平台可以收集到消费者的最大支付意愿和偏好,而消费者只能被动接受平台发布的商品信息,且无法与其他购买相同商品/服务的消费者作比较。因此,平台在定价时会利用信息不对称向消费者索取更高的价格,出现个性化歧视定价现象。

## 三　跨边冲突与默许合谋

电商平台积累的市场信息除了用于平台自身与消费者之间的交易,平台也会将这些市场信息做成服务性的商品（店铺排序、推荐）,或者基于这些数据制定一套定价算法卖给第三方商家,例如前文提到的亚马逊平台推出的 Amazon Personalize 服务和阿里巴巴集团推出的阿里数据服务。使用平台提供的相同数据服务的第三方商家之间、第三方商家和平台之间可能基于此实现默许合谋,制定高价。在双寡头平台市场,电商平台间相互监测对方的市场行为是实现利润最大化所必需的条件。在此背景下,市场上的信息为寡头平台所共知。基于相同的市场数据,平台通过算法进行定价,或者采用人工智能技术进行市场决策使得平台间实现默许合谋并以此定价的现象不可避免,且不易被发觉。

# 第 六 章

# 电商平台上的"反戴蒙德悖论"与价格离散现象

本章研究的主要是第四章中提到的电商平台上出现三种现象中的第一种——"反戴蒙德悖论"现象,以及同时出现且相互矛盾的价格离散现象。针对该现象,本章提出了消费者面对的价格结构公式进行解释,并给出了在线商家的定价公式,解释了平台方和商家进行大数据"杀熟"的逻辑。

## 第一节 引言

传统线下市场因为搜索摩擦的存在而产生"戴蒙德悖论"现象已经广为人知,该理论也在国际贸易和就业领域被广泛应用。在价格信息非完全、消费者存在搜索成本且搜索成本的存在为商家所熟知的低弹性同质市场中,"戴蒙德悖论"指出最终市场出清时所有商家都会选择垄断定价(Diamond,1971)。"戴蒙德悖论"在传统的线下市场较为常见,例如外地游客在旅游地的商场、集市中购物时讨价还价。因为卖方知道外地游客不清楚市场上所有同质商品的具体报价,且外地游客熟知市场的所有报价需要花费很大成本(时间和货币),所以卖方总会将价格定得很高,而外地游客也明白卖方的高定价动机,在交易时会主动与卖方讨价还价。但是在数字经济背景下出现了相反的现象,在线平台的商品定价倾向于低于竞争对手,特别是近年来各大电商平台为了争夺市场份额大打价格战。例如,2012年京东与苏宁易购和国美电器同时打价格战。刘强东在微博上表示,

"即日起，京东在全国招收美苏（国美和苏宁）价格情报员，每店派驻2名。任何客户到国美、苏宁购买大家电的时候，拿出手机用京东客户端比价，如果便宜不足10%，价格情报员现场核实属实，京东立即降价或现场发券，确保便宜10%！欢迎离退休人员报名，月薪不低于3000元。报名：zhanglingling@360buy.com"（王檠，2021）。作为回应，苏宁易购、国美电器相继公开表示自家包括家电在内的所有产品的价格都要低于京东。除此之外，京东为应对阿里的"双十一"天猫购物节的促销活动，推出"京东618"大型促销活动，而且促销的持续时间由原来的一天增加到一个月。随着京东、阿里巴巴两大国内电商寡头的形成，作为后起之秀的拼多多为了争取到自己的市场份额，将价格下压，刷新了价格在消费者心中的底线，使得拼多多给消费者的最大印象就是价格低。拼多多为了进军高端市场，从2016年9月起推出"百亿补贴"计划，针对最受消费者欢迎的10000款（后期升到20000款）商品进行精准补贴。以iPhone SE2（64G版本）为例，拼多多"百亿补贴"下的价格为2899元，甚至要远低于苹果官方的报价3299元（红刊财经，2020）。为了抵御拼多多"百亿补贴"带来的市场冲击，京东、聚划算也相继推出了"百亿补贴"项目。阿里巴巴为了应对下沉市场的份额损失，针对拼多多的低价行为推出了"淘宝特价版"。诸如此类的电商降价行为接连不断，这与传统市场的"戴蒙德悖论"现象是相悖的，产生这种现象最直接的原因就是平台的出现改变了交易环境，消费者获得商品信息的成本更低了。

"戴蒙德悖论"最重要的假设是市场存在搜索成本，且消费者不知道市场上目标商品价格的具体分布，因此无法对市场上的商品进行比较并做出选择。在线电子商务的出现改变了这种情况。直观上，电商平台几乎将搜索成本降低为零，消费者通过App就可以在极短时间内找到同一种商品的最低价格，甚至随着比价网、慢慢买等价格比较软件的推广，消费者只要在App上输入所需的商品名称就可以得到多个主流电商平台关于该商品的定价，并找出最低价的商品。电商平台也因此大打价格战。显然，因为搜索成本的大幅降低，"戴蒙德悖论"在电商平台上是不存在的。但这是否意味着电商平台上会出现一种"反戴蒙德悖论"，即电商平台上的所有商品定价都以最低价格——完全竞争市场的均衡价格标价？本章的实证研究和之前的一些研究均表明，电商平台上存在明显的价格离散现象（吴德胜等，2008；王强等；艾文卫，2018；付荣荣，2019；周涛等，2006），严格的"戴蒙德悖论"现象是不存在的。这就表明除了提高搜索效率，电商平台仍存在其他因素影响在线商品定价。

在传统市场中，商品价格是商品信息的综合表现。根据弗利德曼（1953）的观点，在以生产资料私有制为特征的自由企业交换经济中，价格有五种功能：（1）传递有关货物和生产要素相对重要性变化的信息；（2）鼓励企业生产市场上价值最高的产品，并使用节约相对稀少的生产要素的生产方法；（3）鼓励资源的拥有者将资源用于报酬最高的用途；（4）把产出分配给生产的所有者；（5）在消费者中对固定的商品供应实行定量配给。传统市场中价格不仅影响厂商的生产，也决定市场资源的分配，消费者根据市场价格购买所需商品。所以，在传统市场中价格是市场活动的综合表现，消费者进行交易时主要关注价格。数字经济时代，价格的地位已经有所降低。影响消费者做出决策的因素除了价格，还有诸如在线评论、销量、精准推送等因素。有研究发现，在线评论对商家的产品销量存在正向的刺激作用，查看在线评论成为消费者产生购买行为前必需的环节（李慧颖，2013），消费者从平台客观性、评论者专业性和评论质量对在线评论做出判断（孙瑾等，2020）；商家通过大数据技术可精确了解买方的需求和保留价格，然后通过个性化推送，增加视觉吸引力和提高系统易用性对消费者的购买意愿产生积极影响，从而提高商品销量（吕孝爽，2015；张伟等，2020）。根据中国信通院的观点[①]：信息（数字）经济时代，价格仅是衡量质量的辅助信号，稀缺性不是数字商品的必备属性，价格与成本关联性变弱。所以在信息经济时代，商品价格信息对交易过程的影响逐渐降低，消费者在进行交易前除了关注价格，也必定会注重其他信息，价格不再是消费者唯一关注的市场信息。

基于以上事实提出疑问，严格的"反戴蒙德悖论"为什么没有出现？即为什么电商平台提高了用户的搜索效率，却没有出现统一的最低定价现象和线上商品价格普遍低于线下商品价格的现象？平台方影响在线商品交易的非价格行为是什么？平台主动影响在线商品交易的动机是什么？针对上述问题，本章从消费者角度出发，将搜索成本和市场信息

---

[①] 中国信通院内部讨论资料。

纳入同一个框架，提出了消费者在完成交易的整个过程中所实际支付的价格公式。该公式反映了消费者从开始出现购物需求到最终完成支付的整个过程的成本结构，消费者支付的所有成本才是消费者购买某件商品的实际价格，该价格包括消费者付款时的交易价格、消费者搜索商品信息所花费的成本和消费者排除所搜集商品信息噪音的成本。交易价格是买方获得了既定市场信息后与卖方互相认定的均衡结果；获得商品信息的成本和排除所搜集商品信息噪音的成本取决于平台方，平台方可以选择将消费者所需要的商品的全部信息传递给消费者，也可以制造信息噪音，让消费者花费更多的成本才能得到需要的信息，这取决于平台利润最大化的选择。本章证实了不管平台企业的市场地位如何（垄断或者竞争），平台方选择干预市场信息的分配比不干预可以获得更多的利润。因此，在平台干预市场信息分配的条件下，消费者的保留价格和消费者排除市场信息噪音的成本就会增加，从而有利于平台和商家提高交易价格，比如商家通过向平台方购买商品展位提高曝光率、平台方制定个性化的交易场景实现价格歧视等。

## 第二节 相关文献

　　Diamond 研究了搜索成本对市场价格形成的影响，提出了"戴蒙德悖论"（Diamond, 1971；邓乐平和窦登奎, 2010），其最核心的问题是信息不对称产生的搜索成本对交易结果的影响。目前关于搜索成本已经有大量知名学者做出了相关研究，主要关注点在于搜索成本的不同造成了价格离散现象。韩松（2010）梳理国外关于搜索成本对价格影响的研究，认为市场价格离散是因为消费者对于价格拥有不完全信息，消费者的搜寻行为会导致厂商的出价服从某一分布，并基于 Stahl (1996) 将国外关于存在搜索成本的市场均衡分为五类：（1）垄断价格均衡（Axell, 1977；Stahl, 1996；Slop 和 Stiglitz, 1977）；（2）竞争性价格均衡（Slop 和 Stiglitz, 1977；Braverman, 1980）；（3）其他单一价格均衡（Braverman, 1980；Rob, 1985）；（4）均衡时价格离散（Stahl, 1996；Rob, 1985；Stiglitz, 1987）；（5）厂商数量对均衡价格存在影响（Stahl, 1996；Stiglitz,

1987；Rosenthal，1980）。最早关注搜索成本并建立搜索模型进行分析的是 George Stigler，他提出由于市场上的某些消费者并没有完全掌握商品的价格信息，即存在信息不对称的现象，所以这些消费者为了获得最低价格必须支付一定的搜索成本；商家根据消费者所掌握的价格信息情况制定价格策略，导致市场出现价格离散（Stigler，1961）。1970 年，Akerlof 在 "The Market for Lemons：Quality Uncertainty and the Market Mechanism" 中第一次讨论了市场信息不对称对交易结果的影响。他认为消费者在无法确定市场上出售商品质量（可以理解为搜索成本无限大）的条件下，买卖双方的信息不对称最终会导致优质的商品退出流通，劣质商品充斥市场，并以最低价进行交易（Akerlof，1970）。Salop 和 Stiglitz（1977）假设消费者在获得完全信息的成本上是不尽相同的，这样即便是所有商品都是同质的，市场价格也会出现离散。Burdett 和 Judd（1983）在固定样本框架下证明了每个消费者面临的搜索成本不同导致同质商品的市场上出现了价格离散现象。De los Santos（2018）对 Burdett 和 Judd（1983）的固定样本框架进行了拓展，其结论表明消费者在线购物的搜索摩擦比其他研究表明的更低，但并没有进一步对市场均衡进行分析。Varian（1980）假设市场上存在知道商品价格信息分布和不知道商品价格信息的两波消费者（数量固定），通过模型给出了商家利润最大化的条件——实行价格歧视，即市场最终表现是价格离散的。但由于模型假设消费者中知道价格分布与不知道价格分布的比例是外生的，并没有给出消费者的最优决策。Braverman（1980）认为存在搜索成本时，如果消费者有足够的市场信息，那么在斯塔克伯格博弈框架下的均衡是竞争性均衡。Stiglitz（1987）在斯塔克伯格博弈框架下讨论了搜索成本对最终交易价格的影响，假定市场上买卖双方的数量是固定的，按照贯序博弈的逻辑，只要存在搜索成本，最终市场均衡时就不会存在单一价格，而是出现价格离散，且这些价格都低于垄断价格；如果搜索成本随着厂商的数量增加，当市场上厂商数量趋于正无穷时，最终的市场均衡价格将会收敛于垄断价格（Stiglitz，1987；Rosenthal，1980；Sahl，1996）。Garcia 等（2017）基于 Diamond（1971）的模型研究了消费者、零售商和制造商三者之间的定价现象，并分析了搜索成本分别对制造商和零售商定价的影响，给出了价格离散的原因，认为价格离散并不依赖于消费者之间的异质性。

Moraga-González 等（2017）将 Burdett 和 Judd（1983）的模型推广到任意有限数量的厂商向具有不同搜索成本的买方出售同质商品，其结果认为市场上价格离散的对称纳什均衡始终存在。Wang 和 Sahin（2017）将搜索成本纳入消费者选择模型讨论了搜索成本对消费者选择的影响，提出厂商的准同价策略，即对除最多一种产品外的所有产品收取相同的价格。国外的大部分研究都是基于对传统物理市场的分析得出的结论，解释了线下市场因为搜索成本的存在而出现的一些价格现象，但由于这些研究都是把搜索成本作为一个外生因素来考虑其对市场均衡的影响，无法解释平台的出现导致搜索成本作为内生因素对市场均衡的影响。

目前国内关于搜索成本的研究基本上是沿着国外学者的思路继续围绕搜索成本这一整体概念对市场进行研究。但因为中国互联网市场的飞速发展，国内关于搜索成本的研究也开始逐渐结合在线市场的一些现象，表现出一些新的特点。这些研究大都从商家的声誉着手，考虑商家的声誉和商家的宣传（广告）对消费者搜索成本的影响。例如，吴德胜和李维安（2008）、王强等（2010）在搜索成本理论的框架下讨论了卖家声誉存在差异的情况下，在线购物中的搜索成本对均衡价格和价格离散的影响。胡海清等（2012）从网络信息对消费者购物行为刺激的角度，研究信息丰富度、声誉、采购成本、线上渠道模式以及产品类型对购买行为的影响。何为和李明志（2014）研究了在线信誉机制和搜索排名机制对商品信息不对称的影响，发现在市场机制下，在线信誉机制和搜索排名机制能有效缓解物理属性不标准的商品（比如服装）在物理描述信息上的不对称，但无法缓解物理属性标准的商品（比如手机）在价格信息上的不对称，即在线销售对价格的影响存在不确定性，而这种不确定来自商品的属性。孙浦阳等（2017）发现消费者通过电商平台搜寻商品的效率对商品市场均衡价格的影响具有差异性，对价格低于一定水平的商品，消费者搜寻效率的提高会使商品均衡价格上升；而对价格高于一定水平的商品，消费者的搜寻效率提高会使商品均衡价格下降；而消费者运用电子商务平台的边际搜索成本对商品均衡价格的影响具有消费市场的差异性。因为孙浦阳等（2017）所采用的数据横跨淘宝商城成立前后（数据跨度为 1999—2012 年，淘宝正式成立于 2003 年），所以其研究更具有代表性，即在线销售对所有商品的价格影响并非一致的，这与何为和李明志（2014）的结论在一定程度上是相呼应的。付荣荣（2019）通过收集电器商品（实体）、酒店预订（虚拟服务）线上和线下的价格信息进行对比，发现虽然线上市场存在价格离散现象，但线上商品价格的离散程度低于线下商品，大部分类型家用电器线上价格的均值低于线下。这些研究均表明线上销售确实对交易价格产生了影响，具体表现为在线交易虽然仍然存在价格离散，但离散程度较线下有所降低，且在线销售确实降低了某些商品的交易价格。

虽然国内研究已经关注到商家主动发布信息干预消费者搜索成本的问题，但仍旧只是把搜索成本作为外生因素，很少将电商平台纳入分析框架内，从而忽略了平台对市场均衡价格的影响；且关于搜索成本的研究主要还是集中于搜索成本对市场交易价格的影响，而不是消费者所付出的总的实际成本，也就无法体现搜索成本对交易价格的具体影响。因此不能很好地解释本章引言中提出的几个问题，即为什么电商平台的出现降低了消费者搜索目标商品的成本，但是线上商品相对于线下并没有出现大范围的降价现象（Cavallo，2017），也没有对线上商品的价格离散现象给出明确的经济学解释。但现有文献确实为问题的分析提供了一些思路。除了搜索成本，卖方的信誉、广告的普及也会影响交易价格。特别是自营电商本身兼具卖方和市场管理者的双重身份，这种性质可能会影响消费者对卖方信誉的评价，从而影响消费者对其提供的商品质量的判断。本书将基于这一分析对在线平台的一些现象做出解释，并回答引言中所提出的问题。

## 第三节　传统市场中的"戴蒙德悖论"现象

1961年，Stigler考察现实的市场后发现即使对完全同质的商品，卖方要价也并不是处处相同，而是普遍存在着价格离散（Stigler，1961），与新古典经济学理论相悖。这表明市场价格的形成除了生产成本，还有其他影响因素（De los Santos，2018）。市场完成一次交易，消费者所需支付的"价格"除了交易时所支付给商家的那一部分，还包括消费者从产生需求到完成交易之前所花费的成本，记为搜索成本（Diamond，1971）。因此，消费者实际支付的价格表现为：

$$\text{实际价格} = \text{交易价格} + \text{搜索成本} \qquad (6\text{—}1)$$

Diamond 探讨了搜索成本如何影响一个市场的价格形成问题（Diamond，1971）。Diamond 的分析逻辑为：市场上存在大量的出售同质商品的卖家与需求同质的买家，在交易之前，每个卖家都存在一个报价，市场上报价的分布为每一个买家所熟知，但买家并不知道每个卖家的具体价格；买家每次购买一单位该同质商品，且其保留价格为 $p^*$，买家在任何一个时点只知道其当前所面对的卖家的出价，因此买家需要决定是否做出交易，或者寻找下一家，买家寻找下一个卖家是需要支付一定成本的。所以，买家做出最优决策的前提是"商品的价格 + 所搜成本"一定要小于等于其内心的截止价格 $\bar{p}$：一旦买家遇到等于或低于这个价格的产品就买下它。因为市场上的买家群体和卖家群体都是同质的，所以所有的买家面临相同的价格分布与相应的搜索成本，而这也是为卖家群体所熟知的。这就导致市场存在唯一的均衡：所有卖方索要一个买方愿意支付的最高价，即垄断价格 $p^*$。换句话说，没有低于 $p^*$ 的 $p$ 是均衡的，因为任何给定厂商都愿意偏离 $p$ 而选择一个稍微高于它的价格，而这个溢价非常小以至于任何买家都不值得搜寻其他厂商（邓乐平和窦登奎，2010）。

一般认为，"戴蒙德悖论"从理论上解释了均衡时市场上商品价格高于完全竞争市场价格①的现象，反映了传统市场中价格是消费者在购物时唯一可参考的因素的条件下，线下市场趋于定高价的情况。Diamond（1971）系统地证明了，除了生产成本，搜索成本也是市场价格形成的一个重要因素。但 Diamond 的研究也存在不足，其并没有解释市场上价格离散的存在。

结合新古典经济学理论与"戴蒙德悖论"现象，竞争市场最终实现出清时的价格应该为实际价格，即市场上每个消费者所面临的实际价格是相同的。但由于每个消费者在市场中所处的位置、所能得到的信息是不同的，消费者所面对的搜索成本可能是不同的（Hotelling，1929）。因而，根据式（6—1），实际价格并非处处相同。Burdett 和 Judd（1983）第一次完整应用博弈论的分析方法发现消费者的信息不对称及搜寻行为与企业的价

---

① 现实中市场在均衡时存在价格离散现象，按照新古典经济学理论，市场均衡时价格应该处于市场最低水平，因此可以认为 Diamond（1971）解释了市场均衡时价格高于完全竞争条件下的均衡价格。

格离散互为因果关系：因为消费者信息不对称及搜索成本的存在，企业才会制定不一致的价格；也正因为企业的价格不一致，消费者才需要付出成本以搜寻对他们最有利的价格。

## 第四节 "反戴蒙德悖论"与消费者实际支付的价格结构

### 一 "反戴蒙德悖论"

在同质商品市场，根据 Diamond（1971），如果市场上信息是不完全的，市场存在唯一均衡，此时所有厂商都采用垄断价格；而根据伯川德博弈模型，如果市场上信息都是完全的，且不存在搜索成本，市场出清时的所有价格都会收敛于竞争/垄断竞争市场的均衡价格，即边际收益等于边际成本时的价格，亦即商家在保证不亏本时的最低定价，可以将此称为"反戴蒙德悖论"。"反戴蒙德悖论"的逻辑是这样的，在一个拥有 $n$ 个厂商的无摩擦的同质商品市场里，市场信息对于买卖双方都是完全的。初始阶段所有厂商自主定价 $p_1, p_2, \cdots, p_n$，假设存在一个厂商 $i$ 的定价 $p_i < p_j$，对所有的 $j \in \{1, 2, \cdots, n\}, j \neq i$ 都成立，那么，因为市场无摩擦且信息透明，该厂商将会获得所有的市场份额。其他厂商为保证自己的市场份额不受损失也会跟随厂商 $i$ 降价，甚至降得更多以获得更大的市场份额。如此循环，在不亏损的情况下，最终每一家厂商都会将价格定在边际成本处，市场出清。

信息媒体技术的发展提高了消费者搜寻目标商品的效率，一定程度上降低了消费者的搜索成本，降低了价格离散现象的程度（付荣荣，2019；周涛等，2006；付红桥和蔡淑琴，2004）。消费者可以利用广告、搜索引擎搜寻自己所需的商品（吴德胜和李维安，2008；Jassen 和 Non，2008、2009）；卖家也可以通过大数据技术、AI 技术对消费者个性化推送商品，这进一步降低了消费者的搜索成本（付红桥和蔡淑琴，2004；朱岩和林泽楠，2009；鲍丽倩和陈思璇，2011）。但这并不意味着严格的"反戴蒙德悖论"现象出现，因为市场上依旧存在被忽视的搜索成本，价格仍然表现出离散现象（吴德胜和李维安，2008；艾文卫，2018）。

我们采用董利红（1998）测算价格离散的方法证明了即便是同一个在线平台上的同质商品也存在明显的价格离散现象。董利红（1998）的方法具体为：假设市场上有 $m$ 家出售同质商品的商店，在某个既定时刻它们对商品的定价分别为 $p_1, p_2, \cdots, p_n$，售价为 $p_i(i=1,2,\cdots,n)$ 的商店数量为 $t_i(i=1,2,\cdots,n)$，$\sum t_i = m$，那么可以定义价格离散率为：

$$\alpha = \frac{\sigma}{\bar{P}} \times 100\%, \tag{6—2}$$

其中，$\bar{P} = \dfrac{t_1 p_1 + t_2 p_2 + \cdots + t_n p_n}{m}$, $\sigma = \dfrac{\sum_{i=1}^{n}(p_i - \bar{P})^2 t_i}{m}$。

从淘宝商城上爬取了 2020 年 5 月 27 日在售的全国通用的面额分别为 100 元、50 元、30 元、20 元和 10 元的三大运营商手机话费充值卡的价格数据，剔除无效数据共计 1023 组，数据信息见表 6—1。

表 6—1　　　　　三大运营商不同额度充值卡统计信息

| 充值卡 | 中国移动 100元 | 中国联通 100元 | 中国电信 100元 | 中国移动 50元 | 中国联通 50元 | 中国电信 50元 | 中国移动 30元 | 中国联通 30元 |
|---|---|---|---|---|---|---|---|---|
| 数据量 | 118 | 98 | 31 | 111 | 107 | 50 | 78 | 75 |
| 最大值 | 102.59 | 102 | 100 | 50.91 | 50.90 | 50.96 | 30.98 | 30.90 |
| 最小值 | 96 | 96 | 98 | 45 | 45 | 49.65 | 28 | 28 |
| 极差 | 6.59 | 6 | 2 | 5.91 | 5.90 | 1.31 | 2.98 | 2.90 |
| 价格离散率（%） | 0.4145 | 0.7419 | 0.2294 | 1.0618 | 1.0582 | 0.0696 | 0.4518 | 0.3889 |

| 充值卡 | 中国电信 30元 | 中国移动 20元 | 中国联通 20元 | 中国电信 20元 | 中国移动 10元 | 中国联通 10元 | 中国电信 10元 | |
|---|---|---|---|---|---|---|---|---|
| 数据量 | 39 | 95 | 106 | 31 | 13 | 34 | 37 | |
| 最大值 | 30 | 21.03 | 21.05 | 21.03 | 10 | 11.13 | 11.03 | |
| 最小值 | 29.68 | 17 | 17 | 19.85 | 9.96 | 9.96 | 9.96 | |
| 极差 | 0.32 | 4.03 | 4.05 | 1.18 | 0.04 | 1.17 | 1.07 | |
| 价格离散率（%） | 0.0123 | 1.2448 | 1.1651 | 0.4013 | 0.0011 | 0.4720 | 0.5446 | |

资料来源：淘宝商城。

将价格离散率用折线图表示（如图6—1所示），价格离散率的差别明显存在，且不等于零。因为不同面值的充值卡的数据量不一样，为排除数据量对结果的影响，我们做出数据量跟价格离散率的散点图（如图6—2所示），可以直观地看出数据量与价格离散率存在一定程度的正相关。进一步，计算出两组数据的相关系数，系数为0.7413，接近于1（见表6—2），因此可以认为数据量越大，价格离散程度也越大。这就排除了较小的数据量有可能高估价格离散程度的可能。

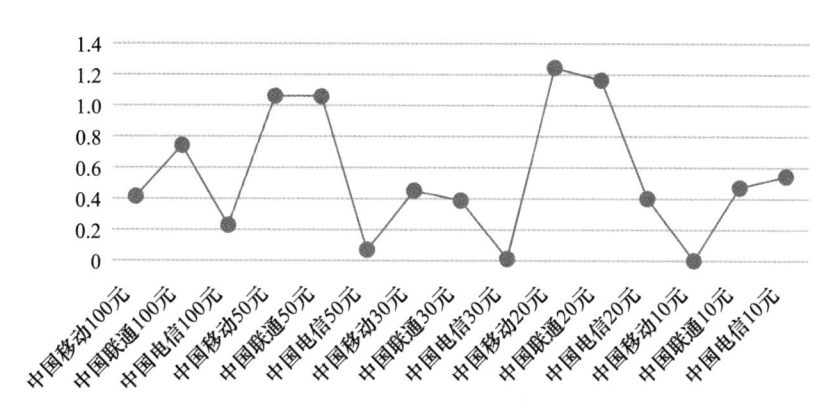

**图6—1　三大运营商不同额度充值卡的价格离散率**

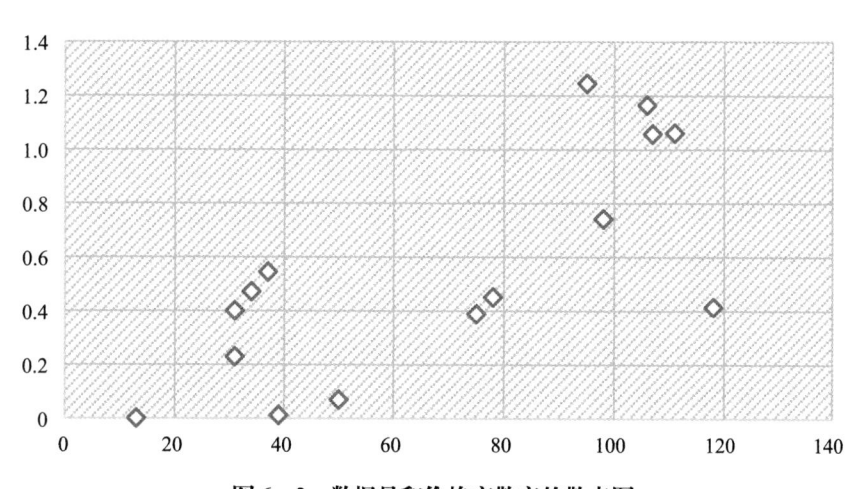

**图6—2　数据量和价格离散率的散点图**

表6—2　　　　　　　　数据量与价格离散率的相关系数

|  | 数据量 | 价格离散率 |
| --- | --- | --- |
| 数据量 | 1 | — |
| 价格离散率 | 0.7413 | 1 |

根据以上讨论，可以认为移动电话充值卡行业存在明显的价格离散现象，进而可以说明即便是在线电商平台的同质商品领域也存在明显的价格离散现象。所以有理由认为电商平台并不会出现严格的"反戴蒙德悖论"现象。

## 二　价格结构

根据EBM模型，消费者完成一次交易需要经历五个步骤：需求认知、信息搜寻、选择性评估、购买行动和购买后评价（李双双等，2006）。消费者完成信息搜寻后需要对市场信息进行选择性评估，即提炼所搜集的市场信息，排除信息中所夹杂的噪音。所以，根据我们对搜索成本的定义可以得到：

$$信息搜寻总成本 = 获得信息的成本 + 排除信息噪音的成本 \quad (6—3)$$

互联网的出现确实降低了"获得信息的成本"（Goldfarb和Tucker，2019），甚至该成本直接减少为零。但并不意味着能大幅降低"排除信息噪音的成本"，相反，甚至会提高该成本。因为互联网在降低搜索成本的同时，也降低了发布信息的成本，从而有可能导致一些非有效信息充斥市场，这增加了消费者获取有效信息的成本。比如网络经营者向消费者提供虚假信息或不完全信息、发布虚假广告、网络欺诈等（严梓丹，2015），王强等（2010）可以验证这些现象。较高的搜索成本使得不同声誉的卖家可以同时存在于网上交易市场，由于卖家的声誉不尽相同，其降低的价格也不一样，导致网上交易市场商品价格的离散化。低声誉卖家为了同高声誉卖家竞争，不得不降低商品价格，这就可能导致一些无良商家以次充好。这也就增加了消费者"排除信息噪音的成本"。结合以上讨论，本书认为严格的"反戴蒙德悖论"现象是不存在的，但在线交易确实增加线上商品降价的压力，即"反戴蒙德悖论"现象的趋势是存在的。

根据公式（6—1）和公式（6—3），我们可得：

$$实际价格 = 交易价格 + 获得商品信息的成本 + \\ 排除所搜集商品信息噪音的成本 \qquad (6—4)$$

对于官方自营店的同一款商品来说（排除所搜集信息噪音成本为零），线上线下旗舰店所定的交易价格相同。Cavallo（2017）通过收集10个国家56家大型多渠道零售商的数据验证了同一款商品在72%的时间内线上线下的价格是无差异的，但获得商品信息的成本是不同的，线上的成本（在线查找）明显低于线下的成本（到实体店考察），所以对买方来讲，实际价格是不一样的，线上交易的价格低于线下交易。根据Goldfarb和Tucker（2019）对相关研究的梳理，搜索成本的降低使得消费者能够更加容易地对比价格，从而降低相似产品的价格。对于一些商品来讲会同时其降低价格和价格离散，即线上交易虽然不会出现严格的"反戴蒙德悖论"现象，但确实存在"反戴蒙德悖论"趋势，以及线下交易确实存在降价的压力。而对于同为线上但又并非同一个商家出售的完全同质的商品，消费者"获得商品信息的成本"几乎为零且相等，但"排除所搜集信息噪音的成本"并不为零并存在差异，消费者需要判断商家是否存在出售假货或劣质品的可能，而且现实中消费者不一定会选择最便宜的商品，有时会根据商家的一些非价格特征（如商品声誉）做出选择（Jolivet和Turon，2019）。根据式（6—4），这种不同就有可能导致消费者的交易价格和实际价格的不同。

## 第五节 平台收入与市场的信息噪音

在线销售商品主要通过电商平台完成，电商平台控制着整个平台生态的市场信息分配。根据式（6—4），平台可以选择"制造"消费者搜集信息时的"噪音"来影响市场交易，从而影响平台的利润。数字经济中的平台企业兼具市场和企业双重性质（陈永伟，2018）：作为市场，平台企业掌控了平台上所有交易双方的信息；作为企业，平台企业最大的目标是实现利润最大化。因此，电商平台企业存在通过调整市场信息的分配实现利润最大化的动力。在规范交易行为时，平台方拥有两种方案：（1）向平台上所有的卖方和买方提供完全的市场信息，让买卖双方都能充分了解对方，以实现利润最大化；（2）只向平台上所有的买方和卖方提供部分信息，或者是经过平台加工的信息，增加消费者的搜索难度，提高卖方收入（Heresi，2018），然后通过收取卖方的提成以实现平台的利润最大化（当平台是自营商家时，可获得100%的分成）。平台通过对比这两种方案的利润选择市场决策。本章从垄断和竞争两种市场结构讨论电商平台收入与市场信息的关系，见表6—3。

表6—3　　　　　　　　　　不同情况下的电商平台收益

|  | 垄断条件 | 竞争条件 |
| --- | --- | --- |
| 完全信息 | $\pi_{mw}$ | $\pi_{cw}$ |
| 部分信息 | $\pi_{ms}$ | $\pi_{cs}$ |

$\pi_{mw}$表示垄断条件下电商平台提供完全信息时的平台方收入；$\pi_{cw}$表示竞争条件下电商平台提供完全信息时的平台方收入；$\pi_{ms}$表示垄断条件下电商平台提供部分信息时的平台方收入；$\pi_{cs}$表示竞争条件下电商平台提供部分信息时的平台方收入。

## 一　垄断条件下的平台收入

假设市场只存在一家电商平台，该平台拥有在平台上完成交易的买卖双方的所有信息。平台上有$n_s$个卖方、$n_b$个买方，平台分别以$P_s$向卖方收取平台使用费（年费），以$P_b$向买方支付补贴（或收取信息服务费，此时$P_b \leq 0$，平台方中立时取等号）。根据曲创和刘重阳（2019）以及Armstrong（2006），买卖双方的数量关系可表示为：

$$\begin{cases} n_s = \alpha_s n_b - P_s \\ n_b = \alpha_b n_s + P_b \end{cases} \quad (6—5)$$

其中，$\alpha_s$、$\alpha_b$分别表示卖方外部效应系数和买方外部效应系数。现实中，电商平台每获得一个新用户需要花费一定成本，而一个卖家入驻平台则会给电商平台带来一定收益。因此，平台方的收入可以表示为：

$$\pi = n_s(P_s, P_b)(P_s - f_1) - n_b(P_s, P_b)(P_b + f_2) \quad (6—6)$$

其中，$f_1$ 表示单个卖方用户的获取成本，为常数，$f_1 < 0$，即平台入驻一个卖方将获得一定收益；$f_2$ 表示单个买方用户获取成本（非直接补贴），$f_2 > 0$，为常数。

（1）平台选择信息中立

根据方程（6—5），可得：

$$\begin{cases} n_s = \dfrac{\alpha_s P_b - P_s}{1 - \alpha_s \alpha_b} \\ n_b = \dfrac{P_b - \alpha_b P_s}{1 - \alpha_s \alpha_b} \end{cases} \quad (6—7)$$

所以，信息中立时平台的利润函数为

$$\max \pi_{mw} = n_s(P_s, P_b)(P_s - f_1) - n_b(P_s, P_b)(P_b + f_2) \quad (6—8)$$

利用一阶条件

$$\frac{\partial \pi}{\partial P_s} = \frac{(\alpha_s + \alpha_b)P_b - 2P_s + f_1 + \alpha_b f_2}{1 - \alpha_s \alpha_b} = 0$$

$$\frac{\partial \pi}{\partial P_b} = \frac{(\alpha_s + \alpha_b)P_s - 2P_b - \alpha_s f_1 - f_2}{1 - \alpha_s \alpha_b} = 0$$

求解可得到：

$$\begin{cases} P_s = \dfrac{(2 - \alpha_s^2 - \alpha_s \alpha_b)f_1 + (\alpha_b - \alpha_s)f_2}{4 - (\alpha_s + \alpha_b)^2} \\ P_b = \dfrac{(\alpha_b - \alpha_s)f_1 + (\alpha_b^2 + \alpha_s \alpha_b - 2)f_2}{4 - (\alpha_s + \alpha_b)^2} \end{cases} \quad (6—9)$$

$$\begin{cases} n_s = -\dfrac{2f_1 + (\alpha_b + \alpha_s)f_2}{4 - (\alpha_s + \alpha_b)^2} \\ n_b = -\dfrac{(\alpha_s + \alpha_b)f_1 + 2f_2}{4 - (\alpha_s + \alpha_b)^2} \end{cases} \quad (6—10)$$

因为 $n_s > 0, n_b > 0$，且 $f_1 < 0$，所以 $\dfrac{-f_1}{f_2} > \dfrac{2}{\alpha_s + \alpha_b} > 1$。

$$\pi_{max} = \frac{f_1^2 + f_2^2}{4 - (\alpha_s + \alpha_b)^2} - \frac{(\alpha_s + \alpha_b)^3 f_1 f_2}{[4 - (\alpha_s + \alpha_b)^2]^2} > 0,$$
$$f_1 < 0, \ f_2 > 0 \tag{6—11}$$

显然，随着 $f_1 < 0$，$f_2 > 0$ 离原点越近，最大化的利润 $\pi_{max}$ 越小，离原点越远，最大化的利润 $\pi_{max}$ 越大。由此可以得出以下结论。

定理一：对平台来讲，平均从每个卖方获得的潜在收益越大，平台方的利润就越大；获取单个买方用户的成本投入越多，平台方的利润也越大。这解释了平台初创之时大量"烧钱"补贴的行为。

现实中的电商平台对买方的收费为零，即 $P_b = 0$，在这种条件下，平台方的利润最大化为：

$$\max \pi = n_s(P_s)(P_s - f_1) + n_b(-f_2) \tag{6—12}$$
$$s.t. \ n_s = \alpha_s n_b - P_s$$
$$n_b = \alpha_b n_s$$

利用一阶条件 $\frac{\partial \pi}{\partial P_s} = \alpha_s n_b - 2P_s + \alpha_b f_2 = 0$ 可得，

$$P_s = \frac{(2\alpha_s \alpha_b - 2)f_1 + (2\alpha_s \alpha_b^2 - 2\alpha_b)f_2}{2(\alpha_s \alpha_b - 2)} \tag{6—13}$$

进而可得：

$$\begin{cases} n_s = \dfrac{f_1 + \alpha_b f_2}{\alpha_s \alpha_b - 2} \\ n_b = \dfrac{2(f_1 + \alpha_b f_2)\alpha_b}{\alpha_s \alpha_b - 2} \end{cases} \tag{6—14}$$

$$\pi_{max} = \frac{2f_1^2 + 4\alpha_b f_1 f_2 + 2\alpha_b^2 f_2^2}{2(\alpha_s \alpha_b - 2)^2} \tag{6—15}$$

因为平台上买卖双方的数量大于等于零，因此 $f_1 + \alpha_b f_2 \geq 0$，而且电商平台在实际操作过程中获得单个买方用户的成本是大于零的，所以

$$-\alpha_b f_2 \leq f_1 \leq 0 \tag{6—16}$$

此时，

$$\pi_{max} = \frac{2f_1^2 + 4\alpha_b f_1 f_2 + 2\alpha_b^2 f_2^2}{2(\alpha_s \alpha_b - 2)^2} \leq \frac{-2\alpha_b^2 f_2^2 - 2\alpha_b f_2}{2(\alpha_s \alpha_b - 2)^2} < 0 \tag{6—17}$$

定理二：当电商平台选择对买方零收费时，如果平台方是完全中立

的，那么平台方的收益严格小于零，即平台方亏损。

（2）平台选择信息非中立

平台方选择信息非中立时，平台方调整市场信息（如控制商品排序）来获取相应收益存在两种情况：一是平台的信息对卖方完全公开，对买方选择性公开；二是平台的信息对买卖双方都选择性公开。在这种条件下，平台方收取的价格可以表示为：

$$\begin{cases} T_s = P_s + \gamma_s n_b \\ T_b = P_b + \gamma_b n_s \end{cases} \quad (6—18)$$

其中，$\gamma_s$、$\gamma_b$ 分别表示平台方对卖方和买方制定的信息价格系数，反映平台调整市场信息分配的行为，且 $\gamma_s \geq 0, \gamma_b \leq 1$。

现实中，往往是平台的信息有条件地向卖方完全公开，但是对买方并不透明。这主要表现为卖方与平台方签订服务合同，通过双方约定价格来买卖市场信息，但买方只能自行分辨平台搜索结果。所以，一定程度上卖方获取的市场信息是市场结果，而买方获得的市场信息是平台干预结果，因此，平台所收取的价格结构为：

$$\begin{cases} T_s = P_s \\ T_b = \gamma_b n_s \end{cases} \quad (6—19)$$

所以平台利润最大化可表示为

$$\max \pi_{ms} = n_s(P_s)(P_s - f_1) + n_b(-f_2) \quad (6—20)$$
$$s.t. \ n_s = \alpha_s n_b - P_s$$
$$n_b = \alpha_b n_s - \gamma_b n_s$$

平台中立是 $\gamma_b = 0$ 的情况。根据上述情况，当平台选择对消费者征收（隐形）信息费用、利润最大化时的解为：

$$P_s = \frac{[2\alpha_s(\alpha_b - \gamma_b) - 2]f_1 + [2\alpha_s(\alpha_b - \gamma_b)^2 - 2(\alpha_b - \gamma_b)]f_2}{2[\alpha_s(\alpha_b - \gamma_b) - 2]}$$

$$(6—21)$$

$$n_s = \frac{f_1 + (\alpha_b - \gamma_b)f_2}{\alpha_s(\alpha_b - \gamma_b) - 2}, n_b = \frac{2[f_1 + (\alpha_b - \gamma_b)f_2](\alpha_b - \gamma_b)}{\alpha_s(\alpha_b - \gamma_b) - 2}$$

$$\pi_{m2} = \frac{2f_1^2 + 4(\alpha_b - \gamma_b)f_1 f_2 + 2(\alpha_b - \gamma_b)^2 f_2^2}{2[\alpha_s(\alpha_b - \gamma_b) - 2]^2}$$

显然，当 $\alpha_b \neq \gamma_b$ 时，$\pi_{ms}$ 是连续的，且 $\pi_{ms}(\gamma_b)$ 在 $\gamma_b = 0$ 处严格小于

零。当 $\gamma_b = 1$ 时，结合条件 $-\alpha_b f_2 \leq f_1 \leq 0$，

$$\pi_{ms} = \frac{2f_1 + 4(\alpha_b - 1)f_1 f_2 + 2(\alpha_b - 1)^2 f_2^2}{2[\alpha_s(\alpha_b - 1) - 2]^2}$$

$$\geq \frac{-2\alpha_b f_2 + 4(\alpha_b - 1)f_1 f_2 + 2(\alpha_b - 1)^2 f_2^2}{2[\alpha_s(\alpha_b - 1) - 2]^2}$$

$$= \frac{2f_2[(\alpha_b - 1)^2 f_2 + 2(\alpha_b - 1)f_1 - \alpha_b]}{2[\alpha_s(\alpha_b - 1) - 2]^2}$$

$$= \frac{2f_2\left[\left(\alpha_b - \frac{1}{\alpha_b}\right)f_1 - \alpha_b\right]}{2[\alpha_s(\alpha_b - 1) - 2]^2} \qquad (6—22)$$

显然，当 $\left(\alpha_b - \frac{1}{\alpha_b}\right)f_1 - \alpha_b > 0$ 时，$\pi_{ms} = \dfrac{2f_1 + 4(\alpha_b - 1)f_1 f_2 + 2(\alpha_b - 1)^2 f_2^2}{2[\alpha_s(\alpha_b - 1) - 2]^2} > 0$ 是恒成立的，此时有 $\pi_{ms}(0) < 0, \pi_{ms}(1) > 0$。又因为 $\pi_{max}(\gamma_b)$ 连续，根据零点定理[1]，当平台通过控制对消费者的信息时，存在 $\gamma_0$，使得 $\pi_{max}(\gamma_0) = 0$，且在 $0 \leq \gamma_b \leq 1$ 上，$\pi_{m2}(\gamma_b)$ 存在最大值 $\pi_{ms} > 0$。

定理三：当平台对消费者获取信息进行有条件的干预时，平台可以实现利润最大化，且利润严格大于零。

推理在垄断条件下，平台干预买方市场信息的分布比不干预可能获得更大的利润，所以平台有动力制造信息噪音。

## 二 竞争条件下的平台收入

（一）平台选择信息中立

在竞争条件下，假设市场上存在两个竞争性平台 A、B，市场上信息是完全的，两个平台对于卖方（商家）来说是完全同质的，卖方（商家）可以自由地选择一家或者两家平台进行入驻；而买方（消费者）以密度为 1 均匀地分布在霍特林区间（Hotelling Segment）[0, 1] 上，每

---

[1] 零点定理：如果函数 $y = f(x)$ 在区间 $[a,b]$ 上的图像是连续不断的一条曲线，并且有 $f(a) \cdot f(b) < 0$，那么，函数 $y = f(x)$ 在区间 $(a,b)$ 内有零点，即至少存在一个 $c \in (a,b)$，使得 $f(c) = 0$，这个 $c$ 也就是方程 $f(x) = 0$ 的根。

个消费者都是单栖的,即每一次交易只能选择一家平台。因此,根据霍特林模型(Hotelling,1929),平台 $i$ 上的买卖双方所能得到的效用为:

$$u_s^i = \alpha_s n_b^i - P_s^i, u_n^i = \alpha_b^i n_s - P_b^i, i = A, B \quad (6—23)$$

根据定义,$n_b^i = 1 - n_b^j$,所以市场均衡时,平台 $i$ 买卖双方的数量为:

$$n_s^i = \frac{1}{2} + \frac{\alpha_s(2n_b^i - 1) - (P_s^i - P_s^j)}{2t_s}$$

$$n_b^i = \frac{1}{2} + \frac{\alpha_b(2n_s^i - 1) - (P_b^i - P_b^j)}{2t_b},$$

整理得:

$$\begin{cases} n_s^i = \frac{1}{2} + \frac{1}{2}\frac{\alpha_s(P_b^j - P_b^i) + t_b(P_s^j - P_s^i)}{t_s t_b - \alpha_s \alpha_b} \\ n_s^i = \frac{1}{2} + \frac{1}{2}\frac{\alpha_b(P_s^j - P_s^i) + t_b(P_b^j - P_b^i)}{t_s t_b - \alpha_s \alpha_b} \end{cases} \quad (6—24)$$

根据 Armstrong (2006),此时市场均衡所需条件为 $4t_s t_b > (\alpha_s + \alpha_b)^2$。所以平台 $i$ 的利润为:

$$\pi_{cw} = (P_s^i - f_s)\left[\frac{1}{2} + \frac{1}{2}\frac{\alpha_s(P_b^j - P_b^i) + t_b(P_s^j - P_s^i)}{t_s t_b - \alpha_s \alpha_b}\right] +$$

$$(P_b^i - f_b)\left[\frac{1}{2} + \frac{1}{2}\frac{\alpha_b(P_s^j - P_s^i) + t_b(P_b^j - P_b^i)}{t_s t_b - \alpha_s \alpha_b}\right] \quad (6—25)$$

显然,市场均衡时价格是对称的,所以根据一阶条件可以得到:

$$P_s^i = P_s^j = P_s = f_1 + t_1 - \alpha_b$$
$$P_b^i = P_b^j = P_s = f_2 + t_2 - \alpha_s$$

利润为:

$$\pi_{cw} = \frac{t_s + t_b - \alpha_s - \alpha_b}{2} \quad (6—26)$$

(二)平台选择信息非中立

与垄断条件下相似,平台干预市场信息分配时,平台 $i$ 对买卖双方的要价结构为:

$$\begin{cases} T_s = P_s + \gamma_s n_b \\ T_b = P_b + \gamma_b n_s \end{cases}$$

其中，$\gamma_s$、$\gamma_b$ 分别表示平台对卖方和买方制定的信息价格系数，反映平台调整市场信息分配的行为，且 $\gamma_s \geq 0, \gamma_b \leq 1$。平台上买卖双方的效用为：

$$u_s^{i'} = \alpha_s n_b^i - P_s^i - \gamma_s n_b^i, u_n^{i'} = \alpha_b^i n_s - P_b^i - \gamma_b n_s^i (i = A, B) \quad (6\text{—}27)$$

同理，可得均衡时买卖双方的数量以及平台的收益：

$$n_s^{i'} = \frac{1}{2} + \frac{1}{2} \frac{\alpha_s (P_b^{j'} - P_b^{i'}) + t_b (P_s^{j'} - P_s^{i'})}{t_s t_b - (\alpha_s - \gamma_s)(\alpha_b - \gamma_b)}$$

$$n_s^{i'} = \frac{1}{2} + \frac{1}{2} \frac{\alpha_b (P_s^{j'} - P_s^{i'}) + t_b (P_b^{j'} - P_b^{i'})}{t_s t_b - (\alpha_s - \gamma_s)(\alpha_b - \gamma_b)}$$

$$\pi_{cs} = (P_s^{i'} - f_s) \left[ \frac{1}{2} + \frac{1}{2} \frac{(\alpha_s - \gamma_s)(P_b^{j'} - P_b^{i'}) + t_b(P_s^{j'} - P_s^{i'})}{t_s t_b - (\alpha_s - \gamma_s)(\alpha_b - \gamma_b)} \right] +$$

$$(P_b^{i'} - f_b) \left[ \frac{1}{2} + \frac{1}{2} \frac{(\alpha_b - \gamma_b)(P_s^{j'} - P_s^{i'}) + t_b(P_b^{j'} - P_b^{i'})}{t_s t_b - (\alpha_s - \gamma_s)(\alpha_b - \gamma_b)} \right]$$

$$(6\text{—}28)$$

与平台中立时同理，可得：

$$P_s^{i'} = P_s^{j'} = P_s' = f_1 + t_1 - \alpha_b + \frac{1}{2}(\gamma_b - \gamma_s)$$

$$P_b^{i'} = P_b^{j'} = P_s' = f_2 + t_2 - \alpha_s + \frac{1}{2}(\gamma_s - \gamma_b)$$

$$\pi_{cs} = \frac{t_s + t_b - \alpha_s - \alpha_b}{2} + \frac{\gamma_s + \gamma_2}{4} \quad (6\text{—}29)$$

对比 $\pi_{cw}$ 与 $\pi_{cs}$，我们可得：

定理四：当电商平台选择对市场信息进行干预时，平台方的利润要大于平台方保持中立的情况。

显然，电商平台选择信息干预是有利于增加平台收入的，这从现实中也可以完全体现出来。目前电商平台公司的盈利来源主要有广告费（淘宝、拼多多、亚马逊）、自营（天猫超市、京东、亚马逊）、交易佣金（亚马逊、天猫、eBay、Shopee 等）等。对于非自营电商，广告费占据了其收入的最主要部分。以阿里巴巴为例，其主要收入来源是其核心电商业务，该收入占总收入的三分之二以上。核心电商业务收入分为消费者管理收入、佣金收入和其他收入三部分，阿里巴巴 2018 年第二季度的财务报表显示，消费者管理收入，亦即广告收入占集团总收入的 47.7%，占核心电商业务收入的 76.1%。利用市场信息，阿里巴巴为自己赚取了大部分的收入。

现实平台中，广告是电商平台干预市场信息最直接的手段，是影响消费者信息搜索成本非常重要的因素。中国搜索引擎市场的案例证明搜索引擎在技术上实现的信息匹配效率与市场竞争策略存在根本性冲突，搜索引擎对夸张或虚假的广告存在策略性的宽容动机（曲创和刘重阳，2019）。电商平台为商家制作的广告（展位）同时影响着消费者"获取商品信息的成本"和"排除所搜集信息噪音的成本"。电商平台控制着平台上所有买卖双方的流量入口，因此在商品展位的排序上拥有绝对的垄断势力。电商平台通过有目的地设置流量的流向，即设置商品展位的排序实现利润最大化，而设置商品展位排序的过程就是修改消费者"获取商品信息的成本"和"排除所搜集信息噪音的成本"的过程。所以在利润最大化的前提下，电商平台有干预消费者搜索成本的动力，最为典型的案例就是百度的"魏则西事件"。百度为获得利润最大化，长期依赖竞价排名［2015 年，百度总营收 660 多亿元，其中网络推广所带来的收入超过 95%（尹洁和蔡爽，2016）］，将医疗水平比较差的"莆田系"医院排在搜索排名的前面位置。虽然降低了消费者"获取商品信息的成本"，但由于百度市场份额的绝对优势和竞价排名机制的不透明，魏则西默认为"排除所搜集商品信息噪音的成本为零"，这导致魏则西本应花费在排除所搜集信息噪音的成本转嫁到实际交易价格上，导致其最终所支付的实际价格不可估量。

## 第六节　在线商品的定价

根据以上讨论，我们发现在线商品的定价结构本质上与线下市场并无差异，只是原来由每个卖家控制的"排除所搜集商品信息噪音的成本"的主导权转移到了电商平台，电商平台拥有了干预商家定价的能力，导致消费者排除所搜集信息噪音的成本增加。因为商家在交易过程中收到的是买卖双方实际发生的交易价格，所以在线商家的定价结构为：

商品定价 = 消费者保留价格 − 消费者获得商品信息的成本 −
消费者排除所搜集信息噪音的成本 　　　　　(6—30)

## 一　在线同质商品定价

在线出售同质商品（这里所指同质商品表现为商品本身完全一致，并不包括商品以外的市场信息等）的不同商家之间的竞争表现为"实际价格"的竞争，根据新古典均衡理论，最终市场出清时消费者所面临的实际价格是完全一样的。根据公式（6—19），对于在线商品，消费者"获得商品信息的成本"接近为零，在进行市场定价时，商家选择调整消费者"排除所搜集信息噪音的成本"，实现利润最大化。现实中，这主要表现为在线商家购买平台的信息服务以获取消费者的保留价格，并干预消费者排除所搜集信息噪音的成本（比如购买商品排位、定向发布广告、个性化推送等）。所以，对于出售同质商品的不同商家在线上竞争时必须尽可能地降低消费者"排除所搜集商品信息噪音的成本"，例如提升自己的信誉水平、商品的搜索排名（王强等，2010；何为和李明志，2014），进而提升实际交易价格，实现利润最大化。

## 二　在线同类非同质商品的定价

一般来讲，同类非同质商品之间一定程度上属于可替代的关系。这类商品对于某些特定的消费群体是个性化商品，而对于其他消费群体则是一般性的可替代商品，因此这种商品的价格结构可以表示为：

商品定价 = 消费者保留价格 + k × 可替代品价格指数 −
消费者获得商品信息的成本 − 消费者排除所搜集信息噪音的成本
(6—31)

$$可替代品价格指数 = k_1 \times 可替代品1的价格 + k_2 \times \\ 可替代品2的价格 +, \cdots, + k_n \times \\ 可替代品n的价格（其中, \sum_{i=1}^{n} k_i = 1）$$

(6—32)

在这种市场结构下，商品的定价除了考虑搜索成本（获取商品信息的成本＋排除所搜集信息噪音的成本），可替代品的定价也是一个非常重要的因素。显然，可替代品的价格越高，商品的定价也就越高；而当可替代品的价格降低时，该商品也必须相应地降低价格。例如，亚马逊上的商家曾发生一起"价格相互锁定"现象。

### 三　在线完全个性化商品定价与大数据"杀熟"

随着互联网大数据技术、AI 技术的不断发展成熟，电商平方根据消费者留在平台上的信息能够越来越精确地了解到消费者的真实需求及其保留价格。这主要表现在商家可以为消费者构建一个"专属于消费者一个人的市场"，商家可以向消费者定向推送满足其个性化需求的商品和服务，并针对性地实行差别化定价。这种现象在现实中被称为大数据"杀熟"。大数据"杀熟"本质上是价格歧视电商平台上的一种新的表现。同传统的三级价格歧视一样，大数据"杀熟"是平台将市场进行分割，将同一类消费者群体划分到某一个特定的"市场"上，每一类消费者拥有相同的市场信息和商品价格。根据式（6—30），我们可以很容易理解这种定价逻辑。

实施大数据"杀熟"最重要的手段就是极大地增加消费者"排除所搜集商品信息噪音的成本"，使得消费者无法准确获取相关的市场信息；同时平台通过制定个性化的消费场景也会导致消费者无法判断"排除所搜集商品信息噪音的成本"的大小和消费者保留价格的增加。最终的结果是消费者或者提高实际支付，按照商品定价做出交易，或者增加成本排除信息噪音。而市场上的表现是绝大多数消费者只能被动选择前者，这样商家可以据此提高价格，获取尽可能多的消费者剩余。近年来，这种市场行为已经是司空见惯，特别是在 OTA 领域和网约车领域。

## 第七节　本章小结

本章以"戴蒙德悖论"现象和"反戴蒙德悖论"现象为出发点讨论了在线商品的价格结构。结论认为市场交易的整个过程中，只关注消费者在交易的那个时刻所支付的价格会忽略搜索成本在交易中的作用，因为交易价格并不是消费者所实际付出的总价格。消费者所付出的总价格，包括从消费者产生消费需求到完成交易的整个过程所花费的所有成本，这个成本除了交易价格，还包括消费者获取商品信息的成本和消费者排除所搜集商品信息噪音的成本。在价格结构的框架下，本书认为线上市场虽然没有出现严格的"反戴蒙德悖论"现象——在线市场均以边际成本定价，但线上商品的价格确实存在向下的压力，只有当所有的搜索成本降低为零时才会出现"反戴蒙德悖论"现象。而完整的搜索成本降为零几乎不可能实现，这主要是因为平台控制着价格结构中非常重要的两个部分：消费者获取商品信息的成本和消费者排除所搜集信息噪音的成本。在利润最大化的驱动下，电商平台通过调整消费者的这两个成本来影响消费者的交易价格。本章证明了不管是处于垄断地位还是处于竞争地位，平台都有动力通过干预平台市场的信息分配，即调整消费者获取信息的成本和消费者排除所搜集商品信息噪音的成本来获取更多收益。本章结合消费者的价格结构给出了电商平台背景下同质商品市场、同类但非同质商品市场和完全个性化市场商家的定价结构，解释了平台进行大数据"杀熟"的逻辑。

第 七 章

# 基于信息优势的电商平台个性化定价

本章在第五章的结论基础上进行延续，研究电商平台上出现的第二种现象——个性化定价。个性化定价是近年来随着电商平台采用算法定价的产物，目前最常见的个性化定价现象是大数据"杀熟"。虽然政府相关部门针对这种现象制定了法律法规进行约束，但效果不佳。基于此，本章对该现象背后的经济学原理和个性化定价对社会福利的影响进行了讨论。

## 第一节 引言

1998 年，电影《楚门的世界》（The Truman Show）上映，影片中的主人公楚门·伯班克（Truman Burbank）生活在一个由"全世界"为其精心设计的一个真实的假象世界中。在这个"世界"中，楚门生活在一个叫作海景的小城里，除了主人公楚门是以自己的意志真实地生活，其他都是导演和编剧为其精心策划的，包括楚门的工作、生活、谈恋爱，甚至其家人都是导演精心策划的。导演人为地制造了楚门小时候和父亲出海，并遭受暴风雨而失去父亲的经历，使其对出海产生恐惧，从而"永远地"生活在海景这个小城中，并为他设定一系列温馨和谐的生活场景，让其对本地生活充满依赖，从而不会主动选择离开这里。令人欣慰的是，最终因为楚门的"父亲"对剧组的编排感到失望，将导演的计划打乱，自己突然重新出现在楚门面前，让楚门开始逐渐发觉到自己身边的一切都是假的。自此，楚门凭借自己的信念走出了这个为其量身定做的世界。

楚门成功了，但现实中的我们可能不一定。如今，已经不会有人否认，算法正在重新定义我们的生活。当我们随便打开两个不同手机的同一款 App，发现展示给我们的界面是不一样的，但内容基本都是符合我们偏好的；当我们用不同系统的手机，发现甚至同一品牌不同价位的手机用同一款 App 打车，完全相同的驾驶路线的收费也是不一样的；当我们打开亚马逊商城的 App 购物，发现同一天的不同时刻，同一件商品的价格是不一样的，上班时间的价格明显低于下班时间……如此种种，习惯上被称为大数据"杀熟"，但更形象，也更让人担心的一种称呼则是"个性化定价"，即千人千面。

除了这些现象，我们偶尔也会发现处于竞争关系的两家平台企业在市场上会出现"平行行为"，即两家具有竞争关系的企业在短时间内进行同样的市场决策，比如调价。只是我们不能确定这种行为是否是协商之后的，甚至更多情况下不会好奇这种现象。因为在我们个人的视角下，它们的这种行为是"完全正常的"。而当我们跳出我们每个人所处的算法环境，我们会赫然发现，原来我们每个人都是"楚门的世界"中的绝对主角。这种事件真实地发生过。例如亚马逊平台上的默许合谋一案。

关于这个问题，牛津大学竞争法教授阿里尔·扎拉奇撰写了一本专著——《算法的陷阱》。在这本书中，扎拉奇教授分别从场景设定、共谋场景、行为歧视、竞合关系（数据与隐私）和"有形之手"介入五个方面对当前我们所遇到的和即将有可能遇到的算法陷阱做了形象的描绘和深度的讨论，并在最后表达了对算法引起的反垄断问题的担忧。例如，在场景设定部分中，扎拉奇教授明确提出："那双曾经默默守护着我们的'无形的手'已经被一只'数字化的手'所取代。"利用用户留在电商平台上的数据，电商平台通过算法为每个用户制造了一个"楚门的世界"。在这种情况下，电商平台朝着完美行为歧视进发。在这个背景下，扎拉奇教授提出疑问：如果私营企业可以利用大数据分析工具高效地完成定价工作，这是否也说明政府可以运用同样的工具去检测工业产品出厂价格甚至是确定竞争性定价？如果像优步一样，一个既不拥有出租车也不雇用司机的企业都可以解决定出租车市场的价格，那么政府又何尝不可呢？又如在共谋场景部分中，扎拉奇教授对企业利用前沿科技、算法实现默许合谋表示担心：场景分析表明，在特定的市场条件下，企业的定价算法会自发形成一个利润最大化的策略,从而有意识地产生平行行为。基于 AI 算法,企业拥有了"上帝视角",可以在任何调价行为发生之前就对竞争对手发起的威胁做出预测并且及时采取反制措施。"上帝视角"使默许合谋的场景已然可以走出同质化产品市场。而目前,针对此现象的执法工具箱仍旧空空如也。

笔者也在研究基于算法的基于互联网技术的平台对社会、经济的影响,因此在读完扎拉奇教授的这本著作之后深受感触,第一个出现在脑海中的词语就是"信息茧房",这也是近年来基于互联网技术的平台人最大的印象。在诸如今日头条、网易新闻、快手、抖音等媒体 App 中,系统推荐给我们的内容永远是我们喜欢的内容;在诸如淘宝商城、京东商城、拼多多等在线购物 App 中,系统推荐给我们的也是我们比较中意的商品。在这背后是推荐算法的熟练运用和消费者数据的不断积累,而这两个因素存在典型的正反馈关系——推荐得越准确,用户参与的次数也就越多,因而留下的数据也就越多,进而再次提高了推荐的准确度。但是这种精准推荐服务的代价就是我们"拱手奉上的个人信息数据",而且还会使我们处于自己编织的"信息茧房"之中。所以不禁要问:是我们定义了算法,还是算法在定义我们?算法改变了什么?

在《情景定价》一书,作者们详细地讲述了消费情境对消费者支付意愿的影响,不同情境下消费者的支付意愿差别往往很大,比如"在仲夏海滩上,一杯冰可乐的价格要比暴风雪肆虐的北极高"。而电商平台的算法正在为我们制定能够提高我们支付意愿的个性化情境。比如,一些电商平台的会员就是在为消费者制定"富人情境",因此经常会发现购买了会员的消费者在购买同一件商品时所支付的价格要高于没有购买该会员的消费者。针对这个问题,政府相继出台了多部法律法规进行规制,但效果不佳。笔者认为出现这种问题最根本的原因在于这些法律法规针对的只是大数据"杀熟"的现象,并没有深入到问题的本质。每一次交易中,商品的价值对消费者来讲都是情境依存的(萨缪·鲍尔斯,2006)。当电商平台可以从消费者的信息中获得其最大支付意愿,且可以为其制定个性化的交易环境时,"杀熟"不可避免。因此,在讨论大数据"杀熟"的本质是什么时,《算法的陷阱》这本书中的一个小结的标题或许可以解释——受控生态系统:楚门的世界。所以,要打破这种现状,有必要让每个身处"楚门的世界"中的用户跳出这个虚假的幻境，让购买相同商品/服务的消费者之间存在低成本的可比性。

在有幸读到《算法的陷阱》这本书之前，笔者读了 Miklós-Thal 和 Tucker 2019 年发表在 *Management Science* 杂志上的 "Collusion by algorithm: Does better demand prediction facilitate coordination between sellers?" 一文。作者认为互联网平台不能及时、完全准确地对市场上的信息做出正确判断，因此对于互联网平台之间的默许合谋问题不必过分担心。而读完《算法的陷阱》之后，发现 Miklós-Thal 和 Tucker（2019）可能低估了算法的力量。因为利用人工智能算法，平台可以非常轻松地处于"上帝视角"的位置，"计算机可以在任何调价行为发生之前就对竞争对手发起的威胁做出预测并且及时采取反制措施"。而当市场上所有电商平台都拥有"上帝视角"时，他们之间也不得不相互忌惮。显然，有人工智能算法加持的互联网平台已经对《竞争法》和《反垄断法》发起了挑战。面对这种情况，传统的监管已经无济于事，新的监管方式是什么？基于平台算法的逻辑设置对应的算法是值得考虑的。

近几年，基于算法的大数据"杀熟"、个性化歧视这两个概念频繁出现在各类媒体，不仅被各领域的专家学者讨论，甚至已经成为老百姓街谈巷议的热点问题之一，因为这两个概念背后的现象直接关乎每个人的切身利益，利用算法进行动态定价已成为非常普遍的现象（Chen 等，2016）。利用算法定价导致的大数据"杀熟"和个性化歧视现象早在 2000 年就已经出现，一名亚马逊用户在删除了浏览器的 cookies 之后，发现一款 DVD 的售价从 26.24 美元变成了 22.74 美元。对此，亚马逊 CEO 贝索斯对外解释出现这种现象的原因是向不同顾客展示差别定价的实验。而中国真正出现这种现象比较晚，但引起的舆论争议比较大。2018 年春季有网友在网上爆料称用苹果手机打滴滴专车的价格要比安卓手机高（邺城体育，2018）。打车领域如此，在线视频网站（如腾讯视频、爱奇艺、优酷等）也出现类似情况（冉晓宁，2020）。虽然有人对此作了具体说明，认为苹果手机之所以价格更高是因为 iOS 平台的收费机制，因为任何通过 iOS 平台产生的消费，苹果都会收取 30% 的"渠道费"（即所有收入分配为开发者 70%、苹果 30%；现在该比例已经改成开发者 85%、苹果 15%），这种费用最终都会转嫁到消费者头上，因而会出现上述现象（冉晓宁，2020）。

但是几场闹剧之后，大数据"杀熟"和个性化歧视已经被广大消费者所熟知。为此，2018年8月31日正式通过，并于2019年1月1日正式施行的《中华人民共和国电子商务法》第十八条规定：电子商务经营者根据消费者的兴趣爱好、消费习惯等特征向其提供商品或者服务的搜索结果的，应当同时向该消费者提供不针对其个人特征的选项，尊重和平等保护消费者合法权益。

但是该法并没有明确规定不允许差别化定价。而且在此之后，网上又出现了关于在线旅游平台（OTA）实行大数据"杀熟"的热议，2018年一则大数据"杀熟"的新闻再次引发了舆论关注。一位网友在网上表示，通过某旅行服务网站订特定酒店，对于相同的房间，朋友的账号显示只需300元，而他自己的账号则要380元，属于典型的看人下菜碟（何鼎鼎，2018）。虽然屡经OTA高级管理层的辟谣，但关于OTA实行大数据"杀熟"的现象一直不断地在网上被爆料。为彻底规制这种"不公平"现象，国家文化和旅游部在2019年10月4日出台的《在线旅游经营服务管理暂行规定》中明确规定"在线旅游经营者不得利用大数据等技术手段，针对不同消费特征的旅游者，对同一产品或服务在相同条件下设置差异化的价格。"违反该条例的，可以由县级以上文化和旅游行政部门依照《中华人民共和国电子商务法》第七十七条的规定进行处罚，即"电子商务经营者违反本法第十八条第一款规定提供搜索结果，或者违反本法第十九条规定搭售商品、服务的，由市场监督管理部门责令限期改正，没收违法所得，可以并处五万元以上二十万元以下的罚款；情节严重的，并处二十万元以上五十万元以下的罚款"。

对于完全相同的一种商品或服务施行"千人千面"的定价确实有违完全竞争市场的定价规则，降低了市场的公平性，政府也出台了相关的法律法规来规制这种行为。但即便如此，市场上仍旧不断出现大数据"杀熟"的现象与争议。例如，天猫88VIP账号"杀熟"事件。

对于这种现象，应该从其背后的经济学原理进行分析。大数据"杀熟"和个性化歧视确实让一部分消费者付出了更高的成本，一般可以解释为平台控制了市场信息的分配，造成买卖双方处于信息不对称的市场地位，即消费者为信息劣势一方，电商平台根据消费者的最大支付意愿向其定价。但遭遇大数据"杀熟"和个性化歧视时市场表现出的哪个价格才是市场的均衡价格？还是所有的价格都是市场均衡价格？这种定价行为是否造成了社会总福利的降低，有没有可能导致社会福利的增加？如果该价格是市场出清时的正常价格，或者如果在"损害"部分消费者的同时增加了社会总福利，或者至少没有降低社会总福利，那么根据福利经济学的定义①，大数据"杀熟"和个性化歧视是有效率的，并不需要出台相关的法律进行规制。因为个性化歧视不仅仅是定高价，为了扩大自己的市场范围，电商平台也会进行个性化定低价。如果真的使社会福利受损，必须通过法律及时有效地制止。但对于上述公共舆论事件，往往都是被个性化歧视定高价的消费者才会主动反映，而那些接受了低价优惠的消费者并没有动力去反对这种市场行为。例如，网约车公司在向市场推广服务时，几乎每个乘客都可以收到高折扣的优惠券，但从不会有人抱怨自己被价格歧视。因此，有必要去分析和比较受到"高价歧视"的消费者群体和受到"低价歧视"的消费者群体的总福利变化和因此造成的整个社会的总福利变化。

据此，我们可以提出问题。要制定回应并解决这些备受关切的公共问题，有必要考虑：（1）电商平台个性化定价背后的经济学机理是什么，个性化定价是否是合理的，即是否符合经济学原理，表现为同一种商品在市场上是否只能有一个均衡价格，如果是，高价和低价哪个才是市场均衡价格；（2）现有法律为什么无法对个性化歧视带来的负面现象做出有效规制；（3）个性化定价对社会福利的影响到底是怎样的。

## 第二节　理论分析与相关研究

一家公司实现利润最大化最快最有效的方法就是正确定价（Marn 和 Rosiello，1992），而电商平台"市场—企业"的双重属性（陈永伟，2018）使得平台的定价问题成了近几年备受关注的问题之一。电商平台以其作为"市场"的优势收集并利用平台市场的交易数据进行个性化定价，以实现作为"企业"的利润最大化。在这种背景下，现实中出现了大数据

---

① 社会总福利即社会总剩余，为消费者剩余与生产者剩余之和。

"杀熟"和个性化歧视等定价现象。因此，关于电商平台利用平台积累的数据进行个性化定价对社会的影响方面的研究近年来大量出现，主要关注的是平台进行个性化定价是否有利于企业本身和有损社会福利。

一般认为，大数据"杀熟"和个性化歧视本质上都是一种基于用户行为的价格歧视（Behavior-Based Price Discrimination，BBPD），属于三级价格歧视[①]（OFT，2003）。BBPD可以帮助企业筛选出对价格更敏感的部分，因为忠诚客户对价格不那么敏感（Chen和Zhang，2009），这在传统市场就是如此。例如，Chen和Iyer（2002）关注了企业投资于消费者寻址能力的决策，这允许企业对那些可寻址的消费者使用个性化定价。平台经济的出现使得平台掌握了相对于传统市场的厂商更多、更准确的消费者信息，从而更精准地利用这些信息进行定价，尽可能地获得消费者剩余，从而提升企业利润。例如，Cope（2007）、Shiller（2020）和Ferreira等（2015）等研究均通过实际的案例分析证明了电商平台不仅可以通过动态定价提高总的收入水平，甚至在适当涨价的情况下整个平台的销量也可能并不会因此下降，进而对收入水平产生负向影响。也就是说，电商平台可以通过动态定价提升整体收入。

实行个性化定价的条件之一是电商平台拥有对套利的控制能力（刘佳昊，2020）。电商平台除了能够精准地识别消费者的偏好，并向其推送满足其个性化偏好的商品，还可以利用这些数据为消费者制定一个个性化的交易环境，这表现在适当增加商品的异质属性，以符合消费者的偏好。Shaffer和Zhang（2002）将企业间的异质性引入空间竞争模型，表明拥有高质量产品的企业可以通过增加市场份额而受益于个性化定价。而电商平台则利用推荐算法向消费者有针对性地推送满足其偏好的商品，并为其营造一种独特的交易环境，因为对于同一种商品来说，在不同的时间和地点，其价值是不同的（Philips，1983）。推荐算法通过为每位消费者创造个性化的购物体验，提供了一种有效的定向营销形式（Linden等，2003）。

---

[①] 根据Pigou（1932）的定义，一级价格歧视是指厂商（企业）能够观察到消费者的所有信息，并能够完美地根据消费者的异质性将消费者进行区分，据此对每个消费者做出定价；二级价格歧视是一种简介的价格歧视，是指厂商（企业）能够提供一个菜单，根据不同的销售量制定不同的单价；三级价格歧视是一种不完美的价格歧视，因为企业观察不到消费者的所有市场信息，只能根据能拿到的信息将消费者分组，之后按组定价。

除此之外，Hannak等（2014）认为，电子商务网站（电商平台）的个性化也可能通过操纵显示的产品（价格操纵）或定制产品价格（价格歧视）来利用用户的劣势。

当市场只有一个电商平台时，平台利用个性化定价提高利润是显然的。当市场存在不止一个电商平台时，很多研究表明BBPD会对市场的竞争产生影响，从而影响最终的市场均衡。这些研究大都分为两个阶段展开，第一阶段厂商统一定价获取市场份额，第二阶段则可以利用第一阶段的信息对第一阶段的用户进行价格歧视（Thisse和Vives，1988；Fudenberg和Tirole，2000；Choe等，2018），但结论不一。Thisse和Vives（1988）假设寡头企业最初就知道消费者的完整信息，在这种条件下企业选择歧视性政策的趋势很明显，因为它更具灵活性，并且在对抗竞争对手的任何通用策略方面表现更好。也就是说，在水平差异化模型中，对客户的识别可以加剧竞争。在消费者均匀分布的市场，企业本身的收益可能比他们选择统一定价更糟糕。Fudenberg和Tirole（2000）细分了寡头企业最初所获得的信息，假设企业了解所有消费者在第一阶段的购买地点，但没有了解他们偏好的任何细节。因此，他们在市场细分中利用对称信息进行三级价格歧视。如果消费者的偏好是固定的，那么偷猎竞争（Poaching Competition）会降低市场效率，从而有损社会福利；而如果消费者的偏好不是固定的，企业之间的偷猎竞争会减弱，相比之下这种市场效率要高于消费者偏好固定的情况。因为客户改变偏好可以减少偷猎竞争，企业能够吸引那些偏好改变的新客户（Shin和Sudhir，2010）。Choe等（2018）在Fudenberg和Tirole（2000）的基础上建立动态模型，扩展了其结论。Choe等（2018）将企业和消费者的贴现率设置为不同，因此市场均衡就会存在四种情况：两者的贴现率都为1；两者的贴现率都为0；企业的贴现率为1，消费者的贴现率为0；企业的贴现率为0，消费者的贴现率为1。在这四种情况下得出一般结论：当产品差异化是外生固定时，不对称信息会导致两种不对称均衡，即一家企业选择更激进的定价来获得更大的第一阶段市场份额。当内生选择产品差异化时，仍然存在两种不对称均衡，其中一家企业选择更具侵略性的定位。更具进攻性的企业，无论是通过定价还是通过定位，都能迫使博弈朝着有利于自己的方向发展。但与使用更简单的定价策略或致力于产品差异化相比，这两家公司最终的结果都更糟。Li和Jain（2016）

认为在 Fudenberg 和 Tirole（2000）的模型中增加消费者的公平关注可以使 BBPD 比没有 BBPD 更有利可图，这是因为对公平的关注减少了第二阶段的竞争，而这反过来又弱化了第一阶段的竞争。Esteves 和 Cerqueira（2017）对横向差异化产品市场中 BBPD 动态影响做了初步研究，证明了 BBPD 以牺牲消费者福利为代价提高了行业利润。对于竞争政策机构，获得的利润和消费者突出显示了在评估竞争环境中价格歧视的影响时考虑到不同形式的市场竞争的重要性。这表明价格歧视策略不应孤立考虑。价格歧视与其他营销策略（例如公司的广告决策）之间存在相互作用，需要加以考虑。

还有一些研究认为网络的出现提高了信息的透明度，降低了搜索成本，从而加剧了卖方的价格竞争并减缓了个性化定价。Dasgupta 和 Das（2000）使用了一个相对简单的模型来研究信息经济，该模型使用的是自私的、近视的价格机器人（Shopbot），旨在最大限度地发挥其即时利润。竞争的价格机器人即使不了解竞争对手的价格和利润，甚至不了解彼此的存在，也会进行相互削弱的价格战。因此，可以设想，在没有合作的情况下，经济几乎没有摩擦，市场价格将一再压低到卖方的生产成本，从而引起周期性的价格战。Dinerstein 等（2018）探讨了平台设计在在线市场中的作用，强调了通过使买方与他们最想要的产品匹配来减少搜索摩擦与加剧卖方之间的价格竞争的权衡。Tucker（2019）认为，数字化进程在许多情况下削弱了网络效应和转换成本，而不是增强了网络效应和转换成本。

## 第三节 个性化定价

个性化定价是由于信息技术和电子商务的发展与成熟而出现的一种市场现象，表现为平台基于大数据技术和智能推荐算法，结合消费者的个人信息（例如消费者的消费习惯、消费者当时所处的环境、消费者当前交易所使用的设备等），有针对性地向消费者推荐符合其个性化偏好的商品/服务，并根据平台计算出来的消费者的最大支付意愿对消费者进行定价，其本质上是一种价格歧视行为，与商品的生产成本无关。个性化定价是一种三级价格歧视 OTF（2013），即将消费者进行分组定价，因为目前的技术尚不能做到绝对化的个性化定价。与任何形式的价格歧视一样，个性化定价要求：（1）企业拥有一定程度的市场力量；（2）消费者之间存在异质性，企业可以识别；（3）企业可以根据这种异质性调整价格；（4）购买者之间不存在套利（OECD，2018）。电商平台的个性化推荐技术满足了其对消费者进行个性化定价的条件，电商平台确实也对消费者进行了个性化定价。

## 一 个性化推荐

个性化推荐技术是电商平台实现个性化定价最关键的技术之一。因为对于同一种商品来说，在不同的时间和地点，其价值是不同的（Philips，1983），而推荐算法通过为每位顾客创造个性化的购物体验，提供了一种有效的定向营销形式（Linden 等，2003），也可能通过操纵显示的产品（价格操纵）或定制产品价格（价格歧视）来利用用户的劣势（Hannak 等，2014），因此通过个性化推荐算法实现个性化定价水到渠成。个性化推荐起源于 20 世纪 90 年代，但直到移动终端和在线平台的普及才为世人所熟知，而且越发趋于成熟。基于大数据和机器学习算法的个性化推荐包含以下几种，见表 7—1。

### （一）协同过滤推荐

协同过滤算法是目前应用非常广泛的一种推荐算法，根据对象不同，协同过滤算法可以分为基于用户（User-Based）和基于商品/项目（Item-Based）。前者是指电商平台通过大数据技术收集并分析消费者的偏好信息，包括消费者主动填写的个人喜好等个人信息、消费者购买记录和消费者交易完成之后对商品的评价信息等消费者的行为信息，然后以用户为基础（User-Based）对"同类"[①] 的用户进行分组，最后根据组内消费者的行为向其他消费者进行推荐，例如组内 A 购买了商品 M，系统会根据算法自动将商品 M 推送给同组内的其他成员。后者与前者的推荐原理

---

① 此处同类是指通过一定的算法计算两个消费者之间的相似度，比如 Pearson Correlation Coefficient、Cosine-based Similarity、Adjusted Cosine Similarity。

一样，只是后者将购买相同商品（比如商品 N）的消费者分为一组，是谓基于商品/项目的（Item-Based）。在这种群组中，系统将购买了商品 N 同时购买了其他商品（比如商品 M）的消费者的购买信息推荐给同组其他人。这种推荐最为常见，比如淘宝、京东就有"看了又看"这一栏。

（二）基于内容的推荐

基于内容的推荐（Content-Based）算法是协同过滤算法的发展与延伸，该推荐算法并不需要用户对某个项目/商品的评价意见，而是依据用户或消费者已经选择的产品内容信息计算用户之间的相似性，进而进行推荐（刘建国等，2009）。基于内容的推荐原理是算法根据消费者以往的消费记录和个人信息，提取消费内容（商品/服务）的相关特征信息，然后在系统内寻找"类似"商品/服务与消费者的个人信息进行匹配，能够完成匹配的商品被推荐给消费者。这种推荐在新闻类 App 上比较常见。例如在今日头条 App 中，当我们观看完某一个内容的视频或者推文之后，系统马上会推荐与该内容相关的信息。

（三）基于关联规则的推荐

基于关联规则的推荐并不需要像协同过滤和基于内容的推荐那样必须事先掌握消费者的一些信息。基于关联规则的推荐关键在于事先制定一个关联规则，一般这种规则往往基于一个普遍现象，比如两种（或一组）商品同时被某些消费者购买，然后计算这一组商品之间的关联性（有三个术语：支持度、可信度和作用度[①]），以作用度为最终指标计算任意两种商品之间的关联性，作用度高则说明两者存在关联，可以向购买了其中一种商品的消费者推荐另一种商品。

（四）混合推荐

除了上述三类推荐算法，还有很多其他的算法，包括基于效用（Utility-Based）的推荐、基于知识（Knowledge-Based）的推荐等。这些算法最本质的问题就是找到商品与商品、消费者与消费者、商品与消费者之间的

---

[①] 作用度由支持度与可信度共同构建。

关系，然后设置算法逻辑。但这些算法之间或多或少都存在一定的缺陷，并不能单独实现准确的个性化推荐。因此，现在各大电商、传媒、OTA等在线平台在设置推荐算法时都采用混合推荐，根据自己所在行业设置不同算法之间的权重，从而弥补采用单个算法带来的推荐不准问题。

表7—1　　　　　　　　　　主要推荐算法比较

| 推荐算法 | | 优点 | 缺点 |
|---|---|---|---|
| 协同过滤推荐 | | 推荐信息，发觉用户尚未发现的潜在偏好；能够推荐艺术品、音乐、电影等非结构化对象；随着时间推移推荐质量会提高 | 依赖历史数据，导致新用户容易出现冷启动问题；系统最初的推荐结果较差；算法的可扩展性较差 |
| 基于内容的推荐 | | 推荐结果直观，有非常好的用户体验；不存在冷启动问题；能够推荐新出的产品和"长尾"利基产品，有助于发现市场新需求 | 对内容信息的提取容易受技术制约 |
| 基于关联规则的推荐 | | 能发现新的兴趣点；不需要具体的领域知识 | 关联规则的制定费时、费力；产品的属性区分容易受到同类型的干预；灵活性较差，个性化程度低 |
| 混合推荐 | 基于效用的推荐 | 不存在冷启动的问题；对用户的偏好比较敏感；可以考虑到非产品特性 | 对用户依赖程度较高，需要用户输入自己的效用函数；属于静态推荐，灵活性不足 |
| | 基于知识的推荐 | 能把用户需求映射到产品上；可以考虑到非产品属性 | 知识难以获得；属于静态推荐 |

资料来源：Martin, http://www.woshipm.com/operate/107472.html。

目前，个性化推荐已经成为各大在线平台获取收益的重要渠道，对个性化推荐运用最具代表性，也最为成功的当属亚马逊。亚马逊利用其Amazon Personalize技术（如图7—1所示）获得了不菲的收入。根据亚马逊大数据团队负责人Jaehyun Shin和Lotte Mart所述，"对比之前带来每月收入增长的大数据分析解决方案，通过使用Amazon Personalize，我们推荐商品数量增长了5倍。特别值得一提的是，Amazon Personalize 使客户从未购买过的产品数量增加了高达40%"。①

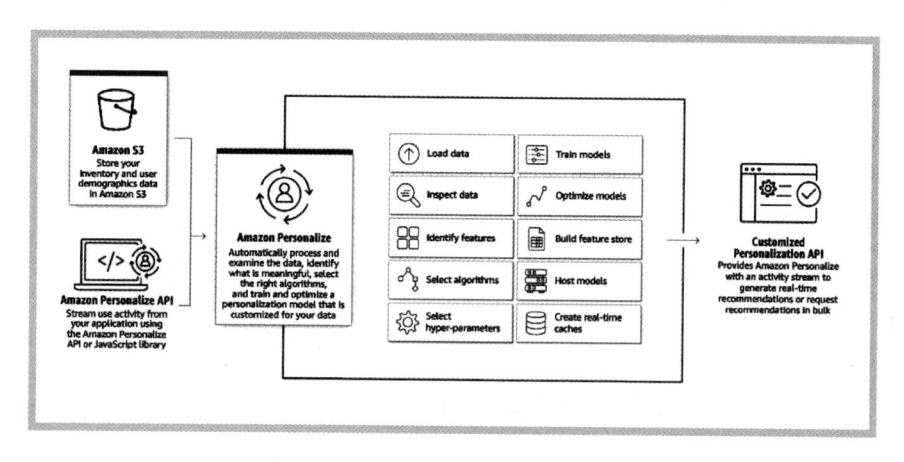

**图7—1 亚马逊推荐系统工作原理**

资料来源：亚马逊官网。

具体来讲，亚马逊采用 Amazon Personalize 推荐技术，在零售领域实现了：（1）根据购物历史记录创建个性化的消费主页；（2）帮助用户更快地发现新产品、交易和促销活动；（3）个性化推送通知和营销电子邮件；（4）调整产品推荐顺序，帮助用户轻松找到所需商品；（5）对消费者所需商品实现个性化排序；（6）与具体业务逻辑结合，创建高质量的购物车提升销售和交叉销售推荐。除此之外，利用 Amazon Personalize 推荐技术还可以实现创建个性化广告投放以促进在线个性化商品（或服务）的交易。这种个性化推荐技术带来的收入已经占亚马逊总收入的40%以上。

显然，通过个性化推荐技术，电商平台可以对平台上的消费者进行细分，衡量每个消费群体（甚至个人）的支付意愿，通过个性化折扣为每个目标受众制定不同的价格水平。最重要的是，可以提高平台的收入。

---

① 亚马逊官网，https：//aws.amazon.com/cn/personalize/。

## 二 个性化定价原理

(一) 价格结构

个性化定价就是定价一方根据消费者具体的个人偏好信息,有针对性地制定消费者能够承受且愿意承受的价格以完成交易,实现收益。根据第六章的价格结构公式,消费者完成一项交易可以分为三个阶段:(1) 产生需求并寻找目标商品;(2) 与卖方完成交易;(3) 后期评论。因此,消费者实际支付的价格可以用下公式作说明:

$$消费者实际支付成本 = 搜索成本 + 交易价格 \quad (7—1)$$

而搜索成本可以表示为:

$$搜索成本 = 获得商品信息的成本 + \\ 排除所搜集商品信息噪音的成本 \quad (7—2)$$

因此,消费者在进行交易时所支付的交易价格为:

$$交易价格 = 消费者实际支付成本 - 获得商品信息的成本 - \\ 排除所搜集商品信息噪音的成本 \quad (7—3)$$

根据对个性化推荐技术的分析,平台可以衡量每个消费者群体(个人)的保留价格(即最高支付意愿)。因此,消费者的交易价格又可以表示为:

$$交易价格 = 消费者保留价格 - 获得商品信息的成本 - \\ 排除所搜集商品信息噪音的成本 \quad (7—4)$$

萨缪·鲍尔斯在《微观经济学:行为、制度和演化》一书中,提出了基于卡尼曼和特韦尔斯基的行为经济学思想的价值模型——情境依存的偏好模型。如果效用函数是用来解释实际行为的,那么它的自变量就应该是状态或事件的变化而非状态本身。因此,个人给状态赋予的价值取决于该状态与现状(或其他可能的参照状态,比如某一渴望水平或同等人所享有的状态)之间的关系(鲍尔斯,2006)。假设 $\omega_i$ 是一个表示状态 $i$ 的向量,它是可能状态集合 $\Omega$ 的一个元素,$U_i(\omega_j)$ 是状态 $\omega_j \in \Omega$ 对于一个目前正经历状态 $\omega_j$ 的个人而言的效用。令 $U_i(\omega)$ 表示当一个人处于状态 $i$ 时对于所有可能状态的偏好排序。于是,如果存在一定的 $i$ 和 $k$,对于相同的个人而言,他在另一种不同状态下的排序 $U_k(\omega)$ 和自由给出的排序 $U_i(\omega)$ 不同，那么这个人的偏好就是情境依存的（鲍尔斯，2006）。而在平台市场，$\omega_i$是可以被平台"设置"的。对于平台上每一个消费者来说，平台通过个性化推荐为其制定了符合其偏好的个性化消费环境，因此，根据萨缪·鲍尔斯的理论，每个平台上的消费者都可以被认为是情境依存的。因此，消费者保留价格可以表述为：

$$消费者保留价格 = 商品一般生产成本 + 环境异质性溢价 \quad (7—5)$$

所以，

$$交易价格 = 商品一般生产成本 + 环境异质性溢价 - 获得商品信息的成本 - 排除所搜集商品信息噪音的成本 \quad (7—6)$$

根据上述公式，消费者直接面对的交易价格由四部分组成：商品生产成本、环境异质性溢价、获得商品信息的成本、排除所搜集商品信息噪音的成本。而由于大数据和机器学习算法的支撑，这四部分市场信息在买方、卖方和平台方三方中被熟知的情况是不同的（见表7—2）。

表7—2　　　　　　买方、卖方和平台对市场信息的掌握程度

|  | 买方 | 卖方 | 平台 |
| --- | --- | --- | --- |
| 商品生产成本 | 根据整个市场做出判断，可以了解商品生产成本的大概区间 | 完全了解 | 完全了解 |
| 商品异质性溢价 | 完全了解 | 通过向平台购买服务可以了解 | 完全了解 |
| 获得商品信息的成本 | 受市场竞争和平台势力的双重影响 | 通过向平台购买服务可以了解 | 完全了解 |
| 排除所搜集商品信息噪音的成本 | 受平台控制 | 通过向平台购买服务可以了解 | 可完全控制 |

因此，消费者的商品异质性溢价就可以表示为电商平台所设置环境的函数。在大数据技术的支持下，电商平台可以设置个性化的交易环境，并根据消费者信息得到其最高保留价格。在平台内部，平台方掌控整个电商

平台买卖双方的市场信息，从利润最大化的角度出发，布局每个交易的整个过程，从而为每个交易制定最"合适"的交易价格。

(二) 市场均衡曲线

平台经济是一种产品差异化的经济模式，具有垄断竞争的市场结构。因此，影响市场均衡（需求和供给）的因素不仅有商品的价格和数量，还包括商品的种类（张伯伦，2009；Dixit 和 Stiglitz，1977）。对于商品种类的界定，张伯伦（2009）认为："商品差别可以依据商品本身的某些特征来区分，如独有的专利特征、商标、商号、包装或货柜特性，如果有的话；也可以依据产品的质量、设计、颜色及风格的奇特之处，存在与产品销售条件方面的差别来分区分它。"因此，商品种类的界定不仅要基于具体商品，也需要考虑到商品具体的销售环境。基于此，我们可以建立模型。在电商平台上某个细分的市场内，各商品之间存在一定的替代性，假设该市场内商品的价格为 $p$，市场内商品的种类为 $n$，每种商品的数量为 $q$，那么可以定义该市场的供给函数和需求函数。

供给函数：
$$Q_s = Q_s(p, n) \tag{7—7}$$

需求函数：
$$Q_d = Q_d(q, n) \tag{7—8}$$

根据边际成本递增原理和边际效用递减原理，在多产品市场也会出现与单产品一样的完全竞争市场的规模经济（规模不经济）相对应的范围经济（范围不经济）（姜奇平，2015），因此，我们有：

$$\begin{cases} \dfrac{\partial Q_s}{\partial p} > 0, \\ \dfrac{\partial Q_s}{\partial n} > 0, \end{cases} \text{和} \begin{cases} \dfrac{\partial Q_d}{\partial p} < 0, \\ \dfrac{\partial Q_d}{\partial n} < 0. \end{cases}$$

从而，可以得到价格—数量—种类（交易环境）的三维均衡曲线示意图，如图 7—2 所示。

图 7—2 均衡曲线

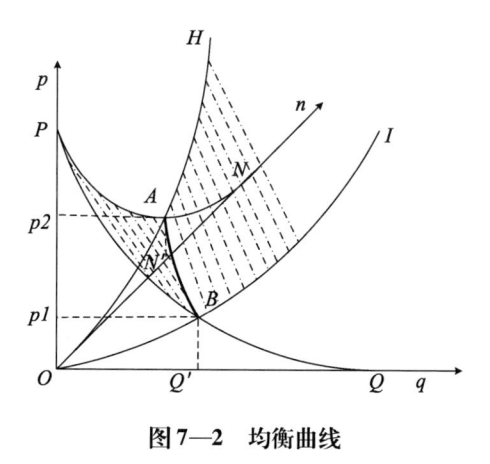

在图 7—2，供给曲面 HIO 和需求曲面 NPQ 相交于曲线 AB，该曲线即为价格—数量—种类三维多产品市场的均衡曲线 L：

$$L:\begin{cases} Q_s = Q_s(p,n) \\ Q_d = Q_d(q,n) \end{cases} \quad (7\text{—}9)$$

因此，与完全竞争市场的均衡不同，市场均衡并非是完全竞争市场价格与数量锁定的一个点，而是由价格—数量—种类共同决定的一条曲线，均衡价格的也由原来的一个固定值转变为一个价格区间，如图 7—2 中的 $[p1,p2]$。

根据平台市场的价格结构公式，电商平台可以对同一种商品为不同的消费者制定不同的交易情境，因为对于同一种商品来说，在不同的时间和地点，其价值是不同的（Philips，1983），而且与产品和竞争对手之间的差别相比，因购买情境差别而导致的可利用的价格差异几乎总是要大得多（多科特斯等，2015）。所以，同商品不同交易情境也可以认为是多产品交易市场。在电商平台，个性化推荐使同质商品出现在个性化的交易界面或个性化的搜索排序，即个性化的交易环境中，使得原本同质的商品拥有了异质性属性，将完全竞争市场转变为垄断竞争市场，最终使得市场均衡时价格并不是某个固定的数值，而是一个取值区间。在这种均衡下，电商平台利用个性化推荐技术为每一位消费者设定满足其偏好的消费环境，通过控制消费者所能接触到的商品数量与商品种类来制定利润最大化的价格。

## 三 现有法律法规解释个性化定价的局限

针对当前电商平台上出现的这些价格现象，中国相关部门制定了相应的法律、法规，具体条文如下。

电子商务经营者根据消费者的兴趣爱好、消费习惯等特征向其提供商品或者服务的搜索结果的，应当同时向该消费者提供不针对其个人特征的选项，尊重和平等保护消费者合法权益。

《中华人民共和国电子商务法》第二章第十八条

在线旅游经营者不得利用大数据等技术手段，针对不同消费特征的旅游者，对同一产品或服务在相同条件下设置差异化的价格。

《在线旅游经营服务管理暂行规定》第二章第十六条

个人信息处理者利用个人信息进行自动化决策，应当保证决策的透明度和结果公平、公正，不得对个人在交易价格等交易条件上实行不合理的差别待遇。

通过自动化决策方式向个人进行信息推送、商业营销，应当同时提供不针对其个人特征的选项，或者向个人提供便捷的拒绝方式。

通过自动化决策方式做出对个人权益有重大影响的决定，个人有权要求个人信息处理者予以说明，并有权拒绝个人信息处理者仅通过自动化决策的方式做出决定。

《中华人民共和国个人信息保护法》第二章第二十四条

算法推荐服务提供者应当向用户提供不针对其个人特征的选项，或者向用户提供便捷的关闭算法推荐服务的选项。用户选择关闭算法推荐服务的，算法推荐服务提供者应当立即停止提供相关服务。

算法推荐服务提供者应当向用户提供选择或者删除用于算法推荐服务的针对其个人特征的用户标签的功能。

算法推荐服务提供者应用算法对用户权益造成重大影响的，应当依法予以说明并承担相应责任。

《互联网信息服务算法推荐管理规定》第三章第十七条

上述两部法律中的规定对电商平台市场中的价格歧视现象（包括个性化定价和大数据"杀熟"）做了相应约束，且可以保证消费者可以接收到多元化的推荐，但事实上并非如此。根据萨缪·鲍尔斯（2006）的理论和公式（7—6），无论是消费者的支付意愿还是商品的定价，都可以是情境依存的，因此同一件商品在不同的市场情境下属性是不同的，从而认为是异质可替代商品，这种情况即便是在线下市场也十分常见。比如一瓶可乐在景区门口跟在景区中心的全部属性就不完全相同，因而价格也是不同的。在这种情况下，《在线旅游经营服务管理暂行规定》中提到的"同一产品或服务"是很难达成，甚至无法界定是否是"同一"的。例如，在OTA平台，对于同一款旅游套餐服务（包括完全相同的住宿、交通、地点、餐饮等内容），如果展示的时间分别在冬季和夏季，那么添加了季节因素的套餐是否还完全相同，是否还应该以相同价格出售？答案显然是否定的。同样，在另一个极端的例子中，即天猫商城88 VIP会员和非88 VIP会员在支付"同一款商品"时，会员的价格要高于非会员的价格，两类消费者购买的是否是完全同质的商品？在不考虑天猫如何回应的条件下，用情景定价理论来解释，是否可以认为天猫商城为88 VIP会员提供了一种异质性环境溢价，即将88 VIP会员定位为高收入群体，提升了消费者的心理感受？如果确实提高了消费者心理感受，那么这两种商品是异质的。这看起来很荒唐，但逻辑上并不存在任何问题。因为对于界定电商平台的"杀熟"定价行为，本质上的问题在于无法对"同一件商品或服务"，以及交易当时商品所处的环境做一个清晰的分割。在该事件中，消费者反映"通过不同的活动入口所能看到的'同一种商品'的报价也不同"的现象也是这个逻辑，所以对于88 VIP会员与非会员定价不同的现象，从经济学的逻辑上看并不是同一件商品的不同定价，而是相互可替代的商品之间的定价差异。

因此，严格来说现有法律法规中表述的"同一产品或服务"在一些真实市场所表现出来的大数据"杀熟"和个性化歧视现象中并不存在，或者说在现有分析框架下我们无法界定两件商品是否是完全可替代的。而根据前文的结论，这些价格现象的存在在一定程度上是符合经济学原理的，是市场均衡的表现。所以，从这个角度来讲，现有法律条文对互联网平台上出现的这些现象是缺乏解释力的，这使得法律无法从根本上制止如大数据"杀熟"这种价格歧视现象的发生。

## 第四节 个性化定价与社会福利

相对于统一定价，个性化定价确实向具有高支付意愿的消费者收取了更高的价格，降低了这部分消费者的剩余；但与此相对，个性化定价也使得具有低于统一定价支付意愿的消费者完成了交易，增加了这部分消费者的福利，且扩大了市场交易量。因此，从整个市场交易出发，不能单凭某部分消费者福利的增加与减少来判定整个市场带来的社会福利的增减。OFT（2013）将价格歧视对市场总消费者剩余的影响归结为价格歧视产生的四种关键效应对消费者剩余的影响，这四种效应依次为：（1）福利的挪用效应（the Appropriation Effect），因为卖方的较高定价导致消费者剩余被卖方挪用；（2）产出的扩大效应（the Output Expansion Effect），因为对某些支付意愿比较低的消费者降价销售，导致交易量的增加；（3）竞争的强度（the Intensity of Competition），当市场存在不仅一家平台时，平台之间的竞争会降低平台或商家对商品的定价，因而对消费者剩余和市场总交易量都有正向的作用；（4）对价格做出承诺的能力（the Ability to Commit to Price），这种效应体现在一个动态的博弈过程中平台或商家对商品价格的控制能力。该效应对消费者剩余的影响取决于消费者是单纯的还是老练的，一般来讲单纯的消费者会导致消费者剩余减少，而老练的消费者则会导致消费者剩余增加，在一些特定情况下会产生相反的结论。不同市场的个性化定价所表现出来的四种效应不一样，这四种效应的总和反映了个性化定价对社会福利的影响。因此，在分析个性化定价对社会福利的影响时，必须结合市场的具体情况，不能贸然断言个性化定价对社会福利影响的好与坏。

根据前文讨论，在交易时电商平台会为消费者设置特定的交易环境，消费者面对的消费情境可以分为两种：（1）卖方①专门为消费者提供的交易环境（如交易界面、宣传文案和报价等）；（2）卖方的竞争对手为消费者提供的交易环境。第一种情境在垄断市场表现比较突出；第二种情境存在于多家电商平台竞争的寡头市场。因此，对于个性化定价对社会福利影响的分析须从两种市场结构着手。

## 一　垄断平台市场

垄断条件下不存在平台之间的竞争。个性化定价行为发生在单一平台时，其对消费者剩余的影响只存在买卖双方之间的挪用效应和整个市场的产出扩大效应。具体分析如图7—3所示。

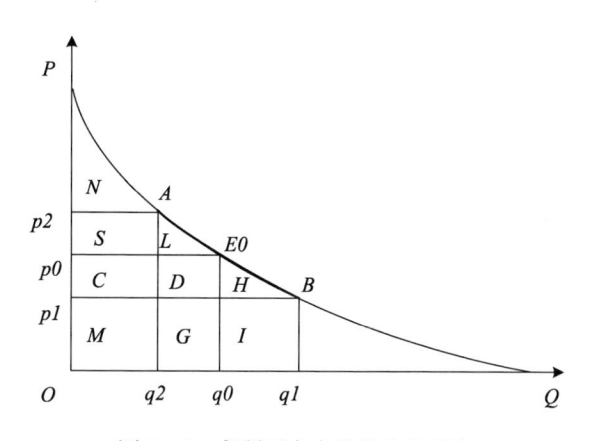

图7—3　垄断平台市场的市场剩余

根据个性化定价原理，市场均衡时的状态位于曲线段 $AB$ 上②，价格 $p \in [p1,p2]$，均衡数量 $q \in [q2,q1]$。根据上文分析，商品种类 $n$ 除了表示商品差别，也可以表示为具体的交易情境差异。因此，对于电商平

---

① 第三方卖家通过向平台购买数据（推荐、排序）服务从而获得精准的消费者信息，为消费者制定个性化的交易情境，因而可以像平台一样对消费者进行个性化定价。例如，亚马逊平台上的第三方卖家可以购买 Amazon Personalize，淘宝（天猫）平台上的第三方卖家可以向阿里数据购买相应的数据产品，实现个性化定价。因此，下文的分析在没有特别提示的情况下建立在平台与消费者之间，卖方等价于平台，忽略第三方卖家。

② 规模经济和范围经济所致。

台这个具有"市场"和"平台"双重属性特殊市场（陈永伟，2018），在不影响结论的条件下我们可以假设，在不考虑环境因素的条件下所有商品都是同质的，因此 n 只代表电商平台所制定的环境。所以，从图7—2上来讲，电商平台控制环境 n，使均衡数量和均衡价格不断发生改变。

不失一般性，当市场实行统一定价（即无交易环境差异）时，均衡点位于图7—3中的 E0 处，此时市场的均衡状态为 ($p0, q0$)。当电商平台通过个性化推荐技术实行个性化定价时，对具有高支付意愿的消费群体要价 $p2$，对低支付意愿的群体要价 $p1$。前后两种条件下的市场剩余见表7—3。

表7—3　　　　　　　　　　　福利变化

| | 消费者剩余 CS | 生产者剩余 PS | 市场总福利 GS |
|---|---|---|---|
| 统一定价 | $N+S+L$ | $C+D+M+G$ | $C+D+M+G+S+L+N$ |
| 差异定价 | $N+L+D+H$ | $S+C+M+G+I$ | $C+D+M+G+S+L+N+I+H$ |
| 福利变化量 Δ | $D+H-S$ | $S+I-D$ | $H+I$ |

通过图7—3和表7—3可知，从定性的角度分析，对于只交易一次或极少交易的市场（比如在线旅游平台OTA），且市场已经掌握了消费者的需求信息，那么市场进行差别化定价与统一定价相比，差别化定价导致市场总交易量增加，因而社会总福利增加；而消费者剩余和生产者剩余的变化则无法断定。根据OTF（2013），表7—3中 S 表示挪用效应，而 $H+I$ 表示产出的扩大效应。垄断条件下实行价格歧视对消费者剩余和生产者剩余取决于挪用效应和产出的扩大效应之间的相对大小。当产出的扩大效应较大时，实行个性化定价对总的消费者剩余和生产者剩余的影响都是正向的，这种情境主要发生在商品需求弹性较大的市场中，因为此时消费者对价格非常敏感；当挪用效应更大时，实行个性化定价会使消费者剩余产生损失，而相对的生产者剩余会增加，社会总剩余因为产出的扩大效应的存在仍旧是增加的，这种情境主要出现在商品需求弹性较低的市场中，因为此时消费者对价格不敏感。

对于消费者长期交易，或频繁交易的平台市场（比如电商零售平台：淘宝、拼多多、京东等），支付意愿较高的消费者在长期中一定会发现自己受到因个性化定价而产生的歧视性高定价。因此，这些消费者会在后期消费时主动改变自己的市场行为，选择表现出低支付意愿，以期获得电商平台的低价待遇，或投入更大的成本获取更多市场信息，从而降低消费者福利的损失。如果是这样，在长期，电商平台的定价策略不会使消费者因个性化定价而面对歧视性高定价，因而平台无法获得更多的消费者剩余，也就不会有动力去进行价格歧视，反而会通过提供更低的价格以扩大销量，实现薄利多销。

总之，对于消费者需求弹性较小的商品市场和消费者较少使用的平台市场，电商平台（或者卖方）选择个性化定价会降低消费者剩余，增加生产者剩余；而对于消费者需求弹性较大的市场和消费者经常使用的平台市场，平台（或者卖方）选择个性化定价并不会降低消费者剩余。

## 二 双寡头市场

在双寡头电商平台市场，个性化定价存在四种情况：（1）竞争企业都不能实行个性化定价；（2）一家企业可以实行个性化定价，另一家企业只能实行统一定价；（3）两家企业可以用不同的算法进行个性化定价；（4）两家企业以相同的算法进行个性化定价。第一种情况下，两家企业之所以不能实行个性化定价是因为市场信息是对称的，两家企业之间只能通过削价竞争获得市场，最终实现垄断竞争市场均衡。

第二、第三种情况，根据 Choe 等（2018），假设两家企业的竞争存在于两个时期之内，第一期内，两家企业由于没有消费者的信息，无法对消费者进行个性化定价，两家企业只能通过统一定价策略抢占市场，在第二期对老客户进行个性化定价。因此，在博弈的初期两家企业都面临相同的决策集，在第一期以统一的低价获取市场，在第二期进行个性化定价（统一定高价）；在第一期任由对方占领市场，在第二期以低于竞争对手的个性化定价（统一价格）进行偷猎竞争，即挖取对方客户资源。但整个过程中两家企业所掌握的市场信息是不一样的，在第二期时，企业只拥有第一期在本平台上交易的消费者信息，并不知道在竞争对手那里完成交易的消费者的信息。基于 Hotelling 模型框架，Choe 等（2018）证明在消费者只关注自己支付的价格时，不管两家寡头企业的决策如何，最终采用个性化定价策略时企业的收益都要低于采用简单的定价策略。因为即便是事前两个完全对称的企业，在两阶段的竞争过程中也会由于搜集的消费者的信息不同、产品异质性、两阶段的定价方案和第二阶段从对方企业中偷猎用户等因素造成最终的多重不均衡。基于同样的逻辑，Fudenberg 和 Tirole（2000）在 Choe 等（2018）之前就证明，在偏好固定的情况下，偷猎会导致社会效率低下的转换。因此，当这种形式的价格歧视被禁止时，福利是最高的；具有长期合同的均衡比只有短期合同的均衡具有更小规模的用户转换，在此情况下，长期合同促进了效率的提高。在具有独立偏好的情况下，第一阶段的选择并没有为第二阶段的价格歧视提供依据，因此短期合同的均衡只是静态均衡的两个重复，是有效的。然而，长期合同中的均衡涉及低效率的小用户转换。也就是说，在这种两阶段模型的框架下，实行个性化定价在两阶段的整体社会福利相对于不实行个性化定价是降低的。

第四种情况，两家企业采用相同的算法定价可以分为两种情况，一是两家企业的市场份额相等，二是两家企业的市场份额不等。因为如果两家企业市场份额相等，即选择了平台 A 的用户也选择了平台 B，市场的用户是均匀分布的，那么在实现均衡的过程中和最终的均衡结果中，两家平台的行为和收益是对称的。在这种条件下如果两家企业都已非常成熟，那么依靠相同的算法实行默许合谋（在下一章讨论）是它们的最佳选择，社会总福利会因此而减少；而两家企业都属于成长型企业，扩张来的收益大于涨价带来的收益，那么它们会为此进行价格竞争，因竞争带来的产出扩大效应增加了社会福利。如果两家企业的市场份额不同，每家企业对自己来说都是自己的强势市场，而竞争对手的平台则是自己的弱势市场。这样，企业在自己的强势市场的定价要高于弱势市场（Corts，1998）。假设平台 A、平台 B 为两家电商平台企业，平台 A 相对于平台 B 的规模更大。令 $BR_1^A(p)$ 为平台 A 对平台 A 上的用户的要价，$BR_2^A(p)$ 为平台 A 对平台 B 上的用户的要价（或者是对新用户的要价），$BR_1^B(p)$ 为平台 B 对平台 A 上的用户的要价，$BR_2^B(p)$ 为平台 B 对平台 B 上用户的要价。根据（Corts，1998）有，

$$BR_1^A(p) > BR_2^A(p) \tag{7—10}$$

$$BR_1^B(p) < BR_2^B(p) \tag{7—11}$$

所以，两家企业的价格关系可以用图 7—4 表示。

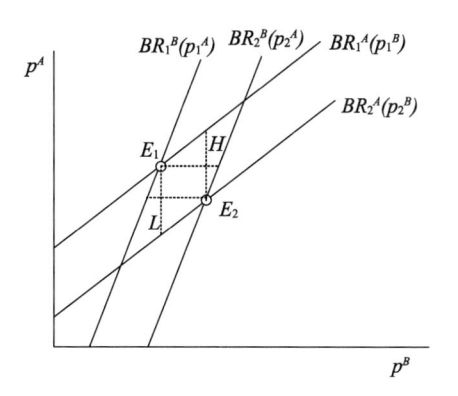

**图 7—4 两个平台的差异化定价**①

根据 OFT（2013），两家企业分别在本平台和对手平台市场上的势力不一样时，如果平台企业可以识别本平台的客户和对方平台客户（新客户），那么两个平台的均衡价格分别为图 7—4 中的 $E_1$ 和 $E_2$。如果两个市场是完全对称的，且两家企业都已经成熟，那么市场均衡时，均衡价格位于图 7—4 中的 $H$ 区域，市场价格要高于势力不对称的情况；而如果两家企业尚未成熟，处于扩张阶段，均不存在强势市场，那么此时市场的价格应该处于图 7—4 中的 $L$ 区域，价格低于势力不对称的情况。例如，如果两家企业都无法区分消费者，那么对于成熟市场，两家企业各自的定价则会倾向于自己的强势市场，即本平台上的价格，此时市场的均衡时只有一个均衡点 $E_U$（如图 7—5 所示）；而对于不成熟的市场，两家企业都会选择低价格，市场均衡点为 $E_U'$（如图 7—6 所示）。

因此，两个寡头平台市场势力对称和不对称也会导致不同的平台收益和社会福利。当两家平台企业各自在本平台势力相对于竞争对手占优时，平台实行价格歧视，对本平台上的用户定高价，对竞争对手的用户定低价，此时寡头竞争对福利的影响主要源自本平台价格歧视带来的福利挪用效应和与竞争对手竞争带来的产出扩大效应。如果两家平台企业分别在各

---

① 图 7—4 源自 OFT（2013），图 7—5、图 7—6 亦同。$BR_i^M(p_i^N)$ 表示在平台市场 $i$，给定竞争平台 $N$ 的价格时平台 $M$ 的定价，$i \in \{1,2\}$，$M, N \in \{A, B\}$。

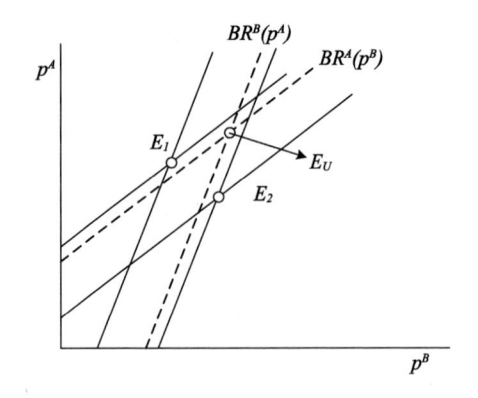

图7—5　成熟市场两个平台的统一定价

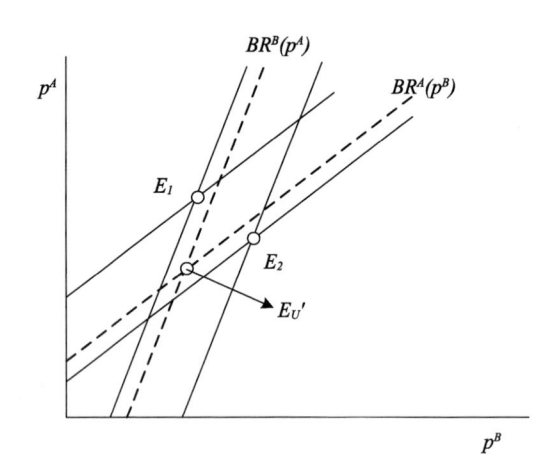

图7—6　成长期市场两个平台的统一定价

自的平台市场相对于竞争对手具有更大的势力，那么此时每个平台的市场环境近似于垄断市场，社会福利会因个性化定价而降低；如果两家平台企业在每个平台市场的势力势均力敌，且都相对较弱，那么竞争带来的产出扩大效应则会导致社会福利增加。

## 第五节　本章小结

电商平台实行个性化定价策略导致同一个电商平台市场的同一种商品

同时以不同的价格完成交易。针对此现象，本章根据第六章提出的电商平台的价格结构公式和情景定价理论提出了电商平台市场"价格—数量—种类"三维市场均衡模型。该模型认为电商平台市场的均衡并非新古典市场的完全竞争市场均衡，而是类同垄断竞争市场的市场均衡，即市场的均衡不再是由均衡数量和均衡价格决定的一个点，而是由价格、数量和种类（异质性）决定的一条三维曲线。基于该结论，本章解释了为什么现行的《中华人民共和国电子商务法》《在线旅游经营服务管理暂行规定》《中华人民共和国个人信息保护法》《互联网信息服务算法推荐管理规定》无法根除电商平台市场上的价格歧视现象（个性化定价、大数据"杀熟"）。因为目前尚不存在一个有效的机制能够对"同一商品或服务"进行界定，也就是说在不同交易环境下的同质商品无法判断是否还是完全同质的商品。而根据前文的分析，因交易环境带来的商品异质属性使市场均衡时"同一种商品或服务"表现出不同的价格是符合经济学逻辑的，这样就给电商平台实行价格歧视留下了漏洞。因此，规制电商平台对消费者的个性化行为最直接的手段就是为消费者在平台上的购物创造一个可直接比较的环境，也就是说要消除交易环境带给商品的异质属性，让购买同样商品的消费者之间可以进行有效的比较。

电商平台进行个性化定价对社会福利的影响不能一概而论，而必须根据市场做具体分析。之所以得出这样的结论是因为个性化定价会带来福利的挪用效应、产出的扩大效应、竞争的强度和对价格做出承诺的能力四种效应。在不同的市场中，个性化定价所产生的这四种效应是不同的，进而个性化定价对社会福利的影响也是不同的（OTF，2013）。对于垄断市场，这四种效应可以归纳为个性化定价对社会福利的影响。对于消费者需求弹性较小的商品市场和消费者较少使用的平台市场，电商平台（或者卖方）选择个性化定价会降低消费者剩余，增加生产者剩余；而对于消费者需求弹性较大的市场和消费者经常使用的平台市场，电商平台（或者卖方）选择个性化定价并不会降低消费者剩余。对于寡头竞争市场，则需要比较两个寡头的相对势力，不同的相对市场势力下平台采用的个性化定价策略是不同的，进而实行个性化定价对社会福利的影响也是不同的。

# 第 八 章

# 电商平台间的默许合谋定价

本章研究的是电商平台定价现象的最后一种,主要讨论平台间[1]是否可以实现默许合谋。默许合谋是寡头市场上极其难被发现的一种合谋行为,而且不会留下任何证据,是市场监管的难点。随着电商平台采用算法定价的普及,人们对电商平台之间通过算法进行默许合谋的行为越来越担心,但关于在电商平台市场是否能实现持续性的默许合谋并没有定论。本章基于现有的一些研究,对该问题做了进一步研究。

## 第一节 引言

企业合谋一直是备受监管部门关注的问题。一般认为,竞争企业间通过合谋形成卡特尔组织后操纵价格,限制竞争,降低市场效率,甚至会严重损害消费者的福利(陈永伟,2019;Tirole,1992)。市场上的合谋行为分为两种:明示合谋和默许合谋。明示合谋是指不同的竞争企业管理者之间采用文字、口头协议、信件往来等具体的交流方式,协商实现限制市场竞争目的的合谋;而默许合谋则不需要具体的交流或协商,竞争企业之间彼此心照不宣,就可以实现合谋(Ivaldi 等,2003)。传统市场上的合谋以明示合谋为主,市场寡头之间签订卡特尔协议,并通过卡特尔协议约定双方在市场上的行为,从而获取垄断收益。对传统卡特

---

[1] 在某些平台,平台方也可以跟第三方卖家实现默许合谋,这种情况跟平台间的默许合谋本质上是一样的,为便于分析,本章选择研究平台间的默许合谋。

尔的反垄断问题，只要能够找到其卡特尔协议，就可以很轻松地对卡特尔组织进行反垄断管制。而且从经济学原理上讲，维持传统市场的合谋并不容易，合谋的每个参与者都面临"囚徒困境"的问题。虽然从整体上来讲合谋给整体带来了更多的收益，但对于个体来讲，因为合作者并不能及时获取市场信息，所以选择背叛合谋协议可能带来的收益更大（陈永伟，2019）。同样，建立在没有任何明示协议情况下的默许合谋，虽然会给监管部门的取证带来极大的困难，但默许合谋成立的可能性并不大，因为竞争企业之间很难实现心照不宣。传统市场上默许合谋的类型主要表现为价格领导型、信使型、预测型、轴辐型等（许灿英，2019；刘丰波和吴旭亮，2016）。

令人担心的是，信息技术的飞速发展增加了默许合谋在网络经济中发生的可能性，而且可能更容易维持（杨文明，2019；Ezrachi 和 Stucke，2017；Salcedo，2015）。在线交易的增加使得互联网平台成为市场数据最大的聚集地，通过大数据和机器学习算法，企业可以第一时间获取市场的相关数据进行快速分析，进而电商平台可以实时准确获得市场需求情况，并做出最优的市场决策。这意味着企业在定价的时候不用专门再对市场进行分析，只依靠机器学习算法就可以针对市场实际需求情况自动实施精准定价。机器学习算法不仅可以分析市场交易数据，还可以分析竞争对手在市场的表现情况，从而制定最优的定价算法（Ferreira 等，2015）。为实现利益最大化的目标，这些定价算法甚至可以促使两家竞争企业实现默许合谋——制定完全相同的生产和定价方案，并不需要涉及任何法律意义上的"合谋"，尤其不需要涉及当事人之间的沟通。默许合谋引发的这种无意识的协同行为并不触犯目前反垄断法的法律条文，而且在确定调查取证时存在一定的困难，比如难以确认主观意图、难以认定责任主体（许灿英，2019），这非常有可能对消费者福利和社会福利产生负面影响（Miklós-Thal 和 Tucker，2019）。

目前公开认定的因涉及算法产生的默许合谋事件不多，但都比较典型。2011年亚马逊平台上关于果蝇的一本书因其店主采用算法定价，使得该书的价格与竞争对手的报价保持一致，而其竞争对手则设计算法，将该书的定价指定为对方价格的1.27倍，结果两个定价算法形成了正反馈循环，闹出笑话，一本普通的书在经过定价算法的博弈之后竟然高达

2370万美元（Bert，2012）。2015年4月美国司法部指控亚马逊某海报等印刷品商家的电子主管David Topkins，因其利用算法与其他商家联合固定商品价格，实现共谋。该电子主管通过亚马逊制定了相应的调价算法，该算法能够搜集在亚马逊上其他海报商家的价格信息，并与竞争对手实时交换价格信息，协调卖价。最终，美国地方法院根据《谢尔曼法案》第一条对David Topkins做出处罚。2015年12月16日，美国居民Spencer Meyer在纽约南区联邦地区法院对优步联合创始人、前任CEO Travis Kalanick提起反垄断集团诉讼。Spencer Meyer认为Kalanick设计的算法使优步与司机达成了合谋，限制了司机之间的竞争，允许了在用车高峰时期司机联合涨价，损害了Meyer和其他优步乘客的利益，违反了联邦《谢尔曼法案》以及纽约州《唐纳利法》。最终，法庭认为被告确实参与并组织了横向合谋，违反了《谢尔曼法案》。

因算法导致的市场默许合谋已经成为平台经济非常热门的话题，类似上述的案件未来可能更多（陈永伟，2019）。中国在数字经济方面已经走在世界前列，根据中国信通院发布的2019年版《中国互联网行业发展态势暨景气指数报告》，全球前30家互联网上市公司中，中国企业的数量已经达到了10家（中国信息通信研究院，2019），并且还在持续增加。因此，是否需要加强对互联网企业的必要的默许合谋监管，监管部门必须做出有效的判断。本章基于Salcedo（2015）、Miklós-Thal和Tucker（2019）构建了无限重复博弈模型，讨论了在市场信息充分的条件下默许合谋的可能性。本章的研究结果一定程度上证实了在信息技术的支持下，互联网企业能够及时应对市场的变化并制定相应决策进行默许合谋，因此，监管部门需要特别关注，及早防范。

## 第二节　理论分析

2011年起，OECD、英国、美国等发达国家和组织的竞争执法部门相继出台了关于算法导致默许合谋的研究报告（OECD，2017；Competition U. K. ，Authority M. ，2018；Federal Trade Commission，2016），表达了对电商平台利用算法定价进行默许合谋的担心。但即便如此，关于互联网企业利用算法进行默许合谋研究的公开论文并不多。现有的研究对算法定价是否真的可以实现默许合谋，表示了关心，但结论莫衷一是。

一些研究认为无须对算法定价导致默许合谋表示担心（Miklós-Thal 和 Tucker，2019；Sugaya 和 Wolitzky，2018），这些研究认为竞争者之间可能会选择合谋，但合谋之后选择背叛可能带来更多的收益，最终导致合谋不能够维持。另外一些研究表明，算法定价导致的默许合谋是一种可信的威胁（Calvano 等，2019；Zhou 等，2018；Calvano 等，2018；Ariel 和 Maurice，2016；Salcedo，2015；Mehra，2015），所以必须严加监管，如果监管不完善，那么寡头之间可以通过人工智能算法实现合谋（Calvano 等，2021）。还有一部分研究认为，现在并不能断定算法是否真的会导致默许合谋的发生，需视情况而定（O'Connor 和 Wilson，2019；Li 和 Xie，2018；Ittoo 和 Petit，2017；Athe 等，2004），如刘征驰和赖明勇（2014）认为异质性产品市场默许合谋较难，但同质性商品市场默许合谋相对容易；Lefouili 和 Pinho（2020）则充分考虑了双边市场跨边网络外部性和用户多栖性对合谋带来的福利变化的影响。

能够实现默许合谋，合谋的双方必须获取对方一定程度上的信任（Harrington，2017）和相关市场信息，否则双方肯定无法判断对方的市场行为。信息技术的发展使得互联网平台企业相对于传统企业在默许合谋方面更具优势。陈永伟（2018）认为电商平台具有"市场—企业"的二重性特征：作为市场，平台集聚了市场上所有的交易信息，利用信息技术平台可以时刻了解竞争者的市场价格和企业生产动态（Kuhn 和 Vives，1995；Schultz，2005），这为默许合谋的发展提供了可能；作为企业，平台最本质的追求是利润最大化，平台有利用自身优势实行合谋的动力。OECD 2017 年的一份研究报告对互联网企业实行默许合谋表示了担心：定价算法的使用可能会导致"高价格透明度和高频交易，允许公司快速和积极地市场做出反应，从而使合谋的策略更加稳定"，而且"算法可能会使公司达到与传统核心卡特尔通过隐性勾结的相同结果"（OECD，2017）。

传统的寡头理论认为，当价格作为战略变量时，单家企业通过降低价格来实现利润最大化时获得的收益更大。在其他企业能够改变价格之前，稍微降低价格的企业可以占领更大的市场。另外，如果在未来实施惩罚，背叛的惩罚受需求状态的影响较小，需求往往会恢复到正常水平。而这种情况发生的前提是消费者相对市场的反应时间慢，或者存在一定的转移成本导致并非所有的消费者都能够转移到其他商家（余岸英，2011；李雪，2006）。因此，当需求高时，背叛使共同利润最大化的产出所带来的好处可能超过背叛企业所能预期的惩罚（James Friedman，1971；Rotemberg 和 Saloner，1986）。Zhou 等（2018）利用线性勒索合谋算法，基于古诺模型建立迭代囚徒困境模型并做了相应实验，认为默许合谋的存在是可能的，并且会造成社会福利损失。Salcedo（2015）采用伯特兰德式的价格动态博弈模型模拟了竞争双方的博弈问题，他认为博弈双方破解对方的定价算法需要一定时间。当企业能够对市场状况做出反应，而且其所采用的定价算法在短期内是固定的，能够被竞争对手解码，同时也能随着时间的推移得到修正的算法来设定价格时，从长期来看，博弈的每一个均衡都会导致垄断利润。所有这些特征的结合使得共谋不可避免，任何一种成分单独都不会产生合谋结果。同样是基于伯特兰德式的价格动态博弈，Miklós-Thal 和 Tucker（2019）则是以企业对市场信息的判断来模拟寡头市场的博弈行为，认为企业对市场信息的判断并不是完全准确的，而且现有市场信息可能并不能完全反映市场的真实情况，这种情况导致寡头市场的决策往往出现偏差。即便是在预测能力比较准确的时候，如果市场需求比较大，就会增加企业合谋的可能，同时更有可能导致企业降价获得更大市场的诱惑（Rotemberg 和 Saloner，1986）。在这种条件下，Miklós-Thal 和 Tucker（2019）认为当前没有必要担心寡头之间的默许合谋，而且在市场信息不能完全判断时，厂商往往会选择最低价进行交易，这就增加了市场交易量，提高了消费者剩余和社会福利。

## 第三节　默许合谋的选择模型

信息时代，市场对于电商平台方来说是透明的。凭借 ICT，电商平台有能力获得包括竞争对手市场行为在内的所有市场数据，并据此及时地制定相关市场决策。假设市场上有 $A$、$B$ 两家企业以相同的技术向市场提供完全可替代的两种商品/服务，在这种技术下生产一件商品的边际成本为常

数 $c$，并且在某个时期 $T(T=1,2,3)$ 同时定价，记该阶段两家企业的商品售价为 $(p_{AT}, p_{BT})$。企业未来财富的折现率①为 $\delta < 1$。在每一个时期 $t$ 中，市场均匀分布了大量的支付意愿为 $v_t$ 的潜在消费者，消费者的支付意愿是随机的。每一时期的消费者都有两种可能的自然状态，有一半概率的可能支付意愿较高：$v_t = \bar{v}$，有一半概率的可能支付意愿较低：$v_t = \underline{v}$，其中 $c < \underline{v} < \bar{v}$。每个时期消费者的支付意愿符合独立且同分布（$i.i.d.$）。当所有支付意愿都实现时，市场总交易量为 $N$。起初，两家企业各自的市场份额为 $k(p_{AT}, p_{BT}), 1 - k(p_{AT}, p_{BT})$，受两家的价格影响，因此两家企业在每一期的收益函数为：

$$S_{AT} = (p_{AT} - c) \times N \times k(p_{AT}, p_{BT}) \times \rho_1,$$

$$\rho_1 = \begin{cases} 1, p_{AT} < \underline{v} \\ \dfrac{1}{2}, \underline{v} < p_{AT} < \bar{v} \\ 0, p_{AT} > \bar{v} \end{cases} \quad (8—1)$$

$$S_{BT} = (p_{BT} - c) \times N \times (1 - k(p_{AT}, p_{BT})) \times \rho_2,$$

$$\rho_2 = \begin{cases} 1, p_{BT} < \underline{v} \\ \dfrac{1}{2}, \underline{v} < p_{BT} < \bar{v} \\ 0, p_{BT} > \bar{v} \end{cases} \quad (8—2)$$

在长期，两家企业收益的贴现为：

$$LS_{AT} = \sum_{T=1}^{+\infty} \delta^{t-1} S_{AT}, \quad (8—3)$$

$$LS_{BT} = \sum_{T=1}^{+\infty} \delta^{t-1} S_{BT} \quad (8—4)$$

对于一个企业来讲，企业的市场行为受其收益引导，当长期的收益贴现比本期收益的最大值更大时，企业会选择市场行为以保持长期状态，反之亦然。考虑到消费习惯、企业对消费者的价格补贴和用户的多栖性对用户黏性的影响（赵青等，2012；周密和李晨昕，2019；Armstrong，2006），在建立模型时分别从消费者存在转移成本（蒋传海，2010；Farrell 和 Kl-

---

① 折现率表示下个时期的资本在本期的现值，$\delta = \dfrac{v_{t+1}}{v_t}$。

emperer，2002）和消费者不存在转移成本两个方向进行分析。

## 一 消费者不存在转移成本

在没有转移成本的条件下，消费者在市场上购买同质性商品或服务的行为受价格引导，出价低的企业获得消费者青睐，获得市场份额，因此市场上企业之间的竞争总是表示为价格竞争。在信息时代，企业可以轻松获取消费者在市场上的行为数据，并借此得到消费者对商品或服务的真实需求状态，进而得到消费者对商品或服务的保留价格并进行精准定价（Townley 等，2017）。在这种情况下，既定市场上的竞争企业之间进行定价博弈，以实现最大收益。据此可以假设，市场在每个时期内的交易速度是恒定的，即单位时间内市场完成的交易量不变，用 $n$ 表示；在时期 $T$，$A$ 降价，$B$ 如果也降价，那么从 $B$ 接收到 $A$ 降价的信号到调整完自己的价格所需时间为 $t$。

根据以上假设，在合谋时，两家企业定高价，市场完成一半的交易量，每家企业可以得到收益 $\frac{N}{4}(\bar{v}-c)$；如果一家企业暗自调低价格则可以获得整个市场的交易量，此时其收益为 $N(\underline{v}-c)$；而如果在一方调价，另一方选择跟进时，两家企业以低价完成整个市场交易量，每家企业各获得收益 $\frac{N}{2}(\underline{v}-c)$。因此，在每个时期单次博弈的收益组合见表8—1。

表8—1　　　　　　　　　博弈双方收益—1[1]

| 简单博弈 | | B | |
| --- | --- | --- | --- |
| | | 高价 | 低价 |
| A | 高价 | $(\frac{1}{4}(\bar{v}-c),\frac{1}{4}(\bar{v}-c))$ | $(0,\underline{v}-c)$ |
| | 低价 | $(\underline{v}-c,0)$ | $(\frac{1}{2}(\underline{v}-c),\frac{1}{2}(\underline{v}-c))$ |

[1] 在不影响结果的前提下，假设 $N=1$，下同.

如果 $\frac{1}{4}(\bar{v}-c) \leqslant \frac{1}{2}(\underline{v}-c)$，显然两家企业永远不会选择定高价，提价导致的市场份额损失要超过价格带来的收益。因此，低价是每一家企业的占优策略，（低价，低价）是博弈的纳什均衡。当 $\frac{1}{4}(\bar{v}-c) > \frac{1}{2}(\underline{v}-c)$ 时，两家企业有提价的可能。在此条件下，当 $\frac{1}{4}(\bar{v}-c) \geqslant \underline{v}-c$ 时，高价成为每个企业的占优策略，（高价，高价）成为两家企业博弈的纳什均衡，两家企业表现出协同行为——同时涨价。所以，要保证存在价格博弈的可能，必有：

$$\frac{1}{2}(\underline{v}-c) < \frac{1}{4}(\bar{v}-c) < \underline{v}-c \quad (8\text{—}5)$$

在式（8—5）的条件下，假设市场最初处于（低价，低价）的状态（互联网平台在竞争之初往往会对市场进行补贴，使市场处于低价状态），两个寡头均存在提价的动力。在一次博弈过程中，（低价，低价）是唯一的纳什均衡。但在电商平台市场，市场交易持续进行，调价时间非常短暂，甚至有些企业就是动态定价（Korolko 等，2018），因此可以认为电商平台之间是无限重复次博弈。

在博弈的过程中，博弈双方都将面临一个选择：携手合作共谋高价或者中途退出占领对方市场，不同选择的收益情况如下。

情况 A：中途退出占领对方市场

在 $T$ 时期之前两家企业选择合谋定高价 $\bar{v}$，在 $T$ 时期开始时企业 A 选择低价 $\underline{v}$，企业 B 为保证自己的收入，在得到企业 A 修改价格的信号之后选择跟进，市场再度达到均衡，此时企业 A 的总收入可表示为：

$$S_A = \frac{nt}{N}(\underline{v}-c) + \frac{1}{2}\left(1 - \frac{nt}{N}\right)(\underline{v}-c) + \frac{1}{2}(\underline{v}-c)$$
$$(\delta + \delta^2 + \delta^3 +) = \frac{1}{2}(\underline{v}-c)\left(\frac{1}{1-\delta} + \frac{nt}{N}\right) \quad (8\text{—}6)$$

情况 B：携手合作共谋高价

在 $T$ 时期初，两家企业继续维持合谋收取高价，此条件下企业 A 的总收入可表示为：

$$S'_A = \frac{1}{4}(\bar{v}-c)(1 + \delta + \delta^2 +) = \frac{1}{4}(\bar{v}-c)\frac{1}{1-\delta} \quad (8\text{—}7)$$

企业的市场行为受两种情况下的收益引导，如果 $S_A > S_A'$，该企业就会选择中途退出占领对方市场以获得更大收益；如果 $S_A < S_A'$，企业则会选择继续合作，在市场上制定高价。令 $M = S_A - S_A'$，$\nabla = \bar{v} - \underline{v} > 0$，所以，

$$M = \frac{1}{2}(\underline{v} - c)\left(\frac{1}{1-\delta} + \frac{nt}{N}\right) - \frac{1}{4}(\bar{v} - c)\frac{1}{1-\delta} \quad (8-8)$$

记

$$M(\delta, t, \nabla) = 4M = \frac{\underline{v} - \nabla - c}{1 - \delta} + \frac{2(\underline{v} - c)nt}{N} \quad (8-9)$$

根据式（8—5），$2\underline{v} - \bar{v} - c < 0$，即 $\underline{v} - \nabla - c < 0$，可得

$$\begin{cases} \dfrac{\partial M(\delta, t, \nabla)}{\partial \delta} < 0 \\[2mm] \dfrac{\partial M(\delta, t, \nabla)}{\partial t} > 0 \\[2mm] \dfrac{\partial M(\delta, t, \nabla)}{\partial \nabla} < 0 \end{cases} \quad (8-10)$$

固定反应时间 $t$，根据式（8—5），因为 $\underline{v} - \nabla - c < 0$，所以当 $\delta \to 1$ 时，$M \to -\infty$。因为 $\frac{1}{2}(\underline{v} - c) < \frac{1}{4}(\bar{v} - c)$，所以存在 $\delta > 0$，使得

$$2|\underline{v} - c| > \left|\frac{\underline{v} - \nabla - c}{1 - \delta}\right| \quad (8-11)$$

进而存在 $t > 0$，满足 $\frac{nt}{N} > 1$，从而

$$\frac{2nt|\underline{v} - c|}{N} > \left|\frac{\underline{v} - \nabla - c}{1 - \delta}\right| \quad (8-12)$$

从而，$M(\delta, t, \nabla)$ 在 $0 < \delta < 1$ 和 $t > 0$ 上均存在零点。

**命题 1a** $M$ 的取值同时受折现率 $\delta$、竞争对手的反应时间 $t$ 和消费者对商品的出价分布 $\nabla$ 影响，这三个因素共同影响了企业选择合谋还是背叛的决策：

（1）在控制其他两个因素不变的条件下，折现率 $\delta$ 越大，企业选择合谋越有利；

（2）竞争对手的反应时间 $t$ 越长，选择背叛越有利；

（3）消费者对商品的出价分布越广，即∇越大，企业选择合谋时的价格相对背叛时的价格更高，因此对企业越有利。

结合式（8—5）和式（8—9），得：

$$\frac{1}{2}(\underline{v}-c)\left(\frac{1}{1-\delta}+\frac{nt}{N}\right)-(\underline{v}-c)\frac{1}{1-\delta} < M < \frac{1}{2}(\underline{v}-c)$$

$$\left(\frac{1}{1-\delta}+\frac{nt}{N}\right)-\frac{1}{2}(\underline{v}-c)\frac{1}{1-\delta}$$

整理后得到：

$$\frac{1}{2}(\underline{v}-c)\left(\frac{nt}{N}-\frac{1}{1-\delta}\right) < M < \frac{1}{2}(\underline{v}-c)\frac{nt}{N} \tag{8—13}$$

**命题 1b** 竞争对手的反应时间 $t$ 直接影响了企业的市场行为，$t$ 值越小，$M$ 取值上界越小，合谋时选择背叛的收益可能就越小；当 $t$ 接近于零时，在合谋时选择背叛带来的收益将小于合谋时的收益。

## 二 消费者存在转移成本

消费者的转移成本是平台上用户黏性的重要体现（丁宏和梁洪基，2014）。当消费者存在转移成本时，两家企业提供的商品对消费者来说并不是完全可替代的。因此，消费者对企业提供的商品存在一定的忠诚度，企业提价并不会导致消费者完全流失；同样，企业降价也不能完全得到整个市场。

为便于分析，该部分假设交易成本为零。假设最初市场上商品的价格为 $v_0$，市场被两家企业平分。此时企业 A 突然提价 $\Delta p$，企业 B 保持原价格，市场份额重新分配，企业 A 因此损失（增加）的市场份额为 $\Delta m(\Delta p)$，企业 B 的市场份额因此扩大（缩小）到 $\frac{1}{2}+\Delta m(\Delta p)$。因为存在转移成本，并不会出现所有消费者从一家平台完全转到另一家的情况，因此 $|\Delta m(\Delta p)| < \frac{1}{2}$。

因此，存在消费者转移成本的条件下，博弈双方的收益组合见表8—2。

表 8—2　　博弈双方收益—2

| 博弈 | | B | |
|---|---|---|---|
| | | 提价 | 不变 |
| A | 提价 | $(v_0(1+\Delta p)(\frac{1}{2}-\Delta m),$ $v_0(1+\Delta p)(\frac{1}{2}-\Delta m))$ | $(v_0(1+\Delta p)(\frac{1}{2}-\Delta m),$ $v_0(\frac{1}{2}+\Delta m))$ |
| | 不变 | $(v_0(\frac{1}{2}+\Delta m),$ $v_0(1+\Delta p)(\frac{1}{2}-\Delta m))$ | $(\frac{v_0}{2},\frac{v_0}{2})$ |

与消费者不存在转移成本的情况相似，如果 $v_0(1+\Delta p)\left(\frac{1}{2}-\Delta m\right) < \frac{v_0}{2}$ 成立，企业不会选择，保持低价是最优选择；当 $v_0(1+k)\left(\frac{1}{2}-\Delta m\right) > \frac{v_0}{2}$ 成立时，如果 $v_0(1+\Delta p)\left(\frac{1}{2}-\Delta m\right) < v_0(\frac{1}{2}+\Delta m)$，该博弈为智猪博弈，领导型企业会选择提价，而小企业什么都不做就可保证自己的收益不减；如果 $v_0(1+\Delta p)\left(\frac{1}{2}-\Delta m\right) > v_0(\frac{1}{2}+\Delta m)$，在一次博弈中，两家企业一定会选择提价，因为提价是两个企业的占优策略。

结合以上分析，在智猪博弈的情况下：

$$\frac{v_0}{2} < v_0(1+\Delta p)\left(\frac{1}{2}-\Delta m\right) < v_0\left(\frac{1}{2}+\Delta m\right) \qquad (8—14)$$

整理后得到：

$$\frac{1}{4}-\frac{\Delta m}{2}-\frac{1}{4\Delta p} < \frac{\Delta m}{\Delta p} < \frac{1}{4} \qquad (8—15)$$

其中，$\Delta m$ 是市场份额（需求）的变化量，$\Delta p$ 是价格的变化量。因此，$\frac{\Delta m}{\Delta p}$ 表示该商品/服务的价格需求弹性。从而，结合式（8—15）有：

**命题 2a**　如果消费者离开平台存在转移成本，那么平台默许合谋的条件必须满足商品是低弹性（$e < 0.25$）的；如果 $v_0(1+\Delta p)\left(\frac{1}{2}-\Delta m\right) >$

$v_0\left(\dfrac{1}{2} + \Delta m\right)$，两家企业毫无疑问会选择提升价格，此时表明市场供需尚未达到平衡，市场需求增加，行业集体涨价的原因可能来自成本增长，或供给不足等其他市场条件。

结合上文假设，对于任一家企业，合谋时的长期收入：

$$S = v_0(1 + \Delta p)\left(\dfrac{1}{2} - \Delta m\right)\dfrac{1}{1 - \delta} \tag{8—16}$$

企业中途背离合谋时的收入：

$$S' = v_0\left(\dfrac{1}{2} + \Delta m\right)\dfrac{nt}{N} + \dfrac{1}{2}\left\{\left[(1 - \Delta m) - \left(\dfrac{1}{2} + \Delta m\right)\right]\dfrac{nt}{N}\right\}v_0 +$$

$$\dfrac{v_0}{2}\dfrac{\delta}{1 - \delta} \tag{8—17}$$

如果企业选择合谋，那么条件

$$\Delta S = S - S' > 0 \tag{8—18}$$

必须得到满足，整理得：

$$\dfrac{\Delta S}{v_0} = \dfrac{1}{2} + \left(\dfrac{\Delta p}{2} - \Delta p \Delta m\right)\dfrac{1}{1 - \delta} - \left(\dfrac{3}{4} + \dfrac{1}{2}\Delta m\right)\dfrac{nt}{N} \tag{8—19}$$

显然，如果企业的反应时间为 $t = 0$，那么 $\dfrac{\Delta S}{v_0} = \dfrac{1}{2} + \left(\dfrac{\Delta p}{2} - \Delta p \Delta m\right)\dfrac{1}{1 - \delta} > 0$ 恒成立。也就是说：

**命题 2b** 只要企业可以随时获得竞争对手的价格信息，并能够在极短时间内调整自己的价格，那么两家竞争企业最终会走向合谋。

所以，当行业中存在消费者转移成本时，而且商品对消费者来说是低弹性的，在这种条件下，只要企业对市场反应速度足够快，一家企业提高商品或服务的价格一定会引起竞争企业的效仿，导致默许合谋的出现。这在人工智能的辅助下完全可以实现。

## 第四节 合谋对福利的影响

根据本章的假设，每一笔交易带来的消费者剩余为 $\bar{v} - v_t (v_t \in \{\bar{v},$

$\underline{v}\}$），市场价格处于低价时，消费者总剩余为：

$$w_1 = \frac{N}{2}(\bar{v} - \underline{v}) \times \frac{1}{1-\delta} + \frac{N}{2}(\underline{v} - \underline{v}) \times \frac{1}{1-\delta} = \frac{N}{2}(\bar{v} - \underline{v}) \times \frac{1}{1-\delta} \quad (8\text{—}20)$$

两家企业合谋取高价时，消费者总剩余为：

$$w_2 = \frac{N}{2}(\bar{v} - \bar{v}) \times \frac{1}{1-\delta} = 0 \quad (8\text{—}21)$$

消费者的支付意愿和企业对消费者支付意愿的判断是消费者剩余的最主要影响因素。在完全信息条件下，企业可以准确知道消费者的支付意愿，并据此进行默许合谋定价，导致消费者剩余减少。

此处的结论与 Miklós-Thal 和 Tucker（2019）是不同的。这是因为 Miklós-Thal 和 Tucker（2019）假设企业对市场信息的获取能力并不完全，这导致企业对市场的判断会出现误差；同时，Miklós-Thal 和 Tucker（2019）假定市场对商品的需求也是不确定的。这些因素交织在一起降低了市场透明度，使得企业很难对市场做出有效判断。但随着 AI 和大数据技术的发展，电商平台已经逐渐掌握了分析一些商品需求的能力，并且将这些数据产品贩卖给平台商家，例如阿里数据。电商平台上的商家，甚至平台本身可以据此实时了解市场真实的需求状态，比如优步选择在需求高峰时期涨价。因此，在寡头竞争中，寡头企业可以通过实时获得市场信息而进行默许合谋，获得垄断利润。

## 第五节　案例分析

美团和饿了么是极具竞争关系的两家互联网外卖平台，两家平台有着直接的利益冲突。例如，2019 年年初以来多家媒体相继报道多起关于美团外卖和饿了么强迫商家"二选一"，否则便会被平台下架（北京晚报产经新闻深度报道组，2019；青岛广播电视台，2019；华商网，2019）。但这两家极具竞争关系的电商平台在 2019 年却出现了极不寻常的协同涨价行为。《中国经济周刊》2019 年第 22 期报道，2019 年 11 月初，江西省余干县美团、饿了么两家外卖平台的代理人相继出现在余干县的一些门店，提出平台将对商家的每单抽成提升至22%，引发了商家的联合抵制（陈惟杉和刘欣悦，2019）。从报道来看，两家平台并没有签署任何协议来实现同步涨价。因此，可以认为美团和饿了么在江西省余干县的这次涨价行为是一种默许合谋。接下来，本节将此次事件纳入本章第三节的模型进行分析，以验证模型的准确性①。

通过电商平台叫外卖已经司空见惯。2019年DCCI互联网数据中心发布的《网络外卖服务市场发展研究报告》显示，超八成用户通过网络外卖平台使用网络外卖服务。在外卖市场中，美团外卖市场份额达到64.1%，饿了么和饿了么星选市场份额分别占25.0%和8.7%。在余干县的外卖市场上，美团和饿了么是两家具有直接利益竞争关系的企业，每家平台的抽成是每单12%，2019年4月以后涨至18%，11月又涨至22%，当然代理商承诺市场增大意味着另一家平台的市场减小。根据DCCI（2019），美团和饿了么在余干县提供了"满20减12"的优惠活动，所减免的12元中，平台支付3元，商家承担9元，也就是平台承担25%，商家承担75%。2019年4月以前平台"涨点"之后会"在商家原有补贴的基础上增加8—10个百分点"。

因此在2019年11月涨价之前，平台每一单的总抽成为：3%（ = 18% − $\frac{12}{20} \times \frac{3}{3+9}$）；而11月初涨价之后，假设平台一单给商家的补贴在原有补贴上增加10个百分点，平台每一单的抽成为：5.5%（ = 22% − $\frac{12}{20} \times 3 \times \frac{1+10\%}{3+9}$）。

根据DCCI（2019）的数据，我们假设在余干县美团和饿了么的市场份额为6∶4。因为用户使用习惯给电商平台带来的用户黏性，平台涨点后市场份额的损失为 $0 \leq k \leq 1$，因此，涨价与不涨价两种情况下的收益见

---

① 美团和饿了么的涨价行为并非基于算法的自动上调，而是企业管理层通过工作人员向下传达的公司决定，与本章第三节的模型中企业进行算法定价的假设不符。但从该事件的过程来看，企业通过人工完成的调价行为与算法实现并无本质上的区别，因此此处采用该案例并不影响模型的有效性。

表8—3 和表8—4。

表8—3　　　　　　　　　美团涨点，饿了么不涨点

| 美团收益 | $5.5\% \times 60\%(1-k)$ |
|---|---|
| 饿了么收益 | $3\% \times (40\% + 60\% \times k)$ |

表8—4　　　　　　　　　美团不涨点，饿了么涨点

| 美团收益 | $3\% \times (60\% + 40\% \times k)$ |
|---|---|
| 饿了么收益 | $5.5\% \times 40\%(1-k)$ |

因此一次博弈时，两个平台的收益组合见表8—5。

表8—5　　　　　　　　　外卖平台的收益矩阵

| 外卖平台的博弈 | | 饿了么 | |
|---|---|---|---|
| | | 涨点 | 不涨点 |
| 美团 | 涨点 | (3.3%, 2.5%) | ($5.5\% \times 60\%(1-k)$, $3\% \times (40\% + 60\% \times k)$) |
| | 不涨点 | ($3\% \times (60\% + 40\% \times k)$, $5.5\% \times 40\%(1-k)$) | (1.8%, 1.2%) |

显然，在一次博弈中两个平台的占优策略是涨点的条件为：

$$\begin{cases} 5.5\% \times 40\%(1-k) > 1.2\% \\ 5.5\% \times 60\%(1-k) > 1.8\% \end{cases} \quad (8—22)$$

得到：$k < \frac{5}{11}$，也就是说，在一次博弈中，如果电商平台因涨点导致的市场份额损失小于$\frac{5}{11}$时，涨点是必然发生的。虽然并没有余干县智能手机用户安装美团App和饿了么App的实际数据，但可以相信由于智能手机和4G网络的全面覆盖，外卖用户在两个平台上的转移成本非常低，因此，单家平台的涨点行为一定会导致市场份额大比例（超过$\frac{5}{11}$）地快速流失。

所以，如果只存在一次博弈，（不涨点，不涨点）是博弈的一个纳什均衡。

在江西省余干县的外卖市场里，美团和饿了么两家外卖平台并不是与当地用户只进行一次交易，而是会长期交易，即两家外卖平台所需面对的是一个无限重复次博弈。在不影响结果的条件下，假设单家涨点行为会导致该平台自身市场份额的一半流失（$50\% > \frac{5}{11}$），一次博弈的收益组合见表8—6。

表8—6　　　　　　　　余干县外卖平台收益矩阵

| 外卖平台的博弈 | | 饿了么 | |
|---|---|---|---|
| | | 涨点 | 不涨点 |
| 美团 | 涨点 | (3.3%, 2.5%) | (1.65%, 2.1%) |
| | 不涨点 | (2.4%, 1.1%) | (1.8%, 1.2%) |

显然，在一次博弈时，（不涨点，不涨点）是一个纳什均衡。根据无名氏定理（张维迎，2012），在无限次重复博弈中，如果参与人有足够的耐心（折现率足够大），那么任何满足个人理性的可行的支付向量都可以通过一个特定的子博弈精炼纳什均衡得到。对于外卖平台这种时刻都存在交易的市场来讲，每一次博弈所用的时间近乎为零，因而可以理解为折现率为1。所以（涨点，涨点）会成为美团和饿了么博弈的最终结果，也就是两家联手将每单的提成率涨到22%。

## 第六节　本章小结

从目前全球的一些反垄断案件、相关报告和研究论文来看，在人工智能算法和大数据技术的支持下，默许合谋已经成为各国反垄断问题的重点和难点。本章从是否存在消费者转移成本两个角度对两个寡头是否达成默许合谋做了理论分析，研究发现，影响电商平台之间默许合谋的因素是多重的：在能够及时获取准确的市场需求信息和竞争对手定价信息的前提下，寡头之间默许合谋的现象是非常可能出现的；在商品/服务的价格需求弹性比较小时，寡头之间默许合谋也是非常容易存在的；而且只要企业对竞争对手的行为反应时间足够短，合谋一定是寡头企业的最佳选择。

近年来随着平台经济的快速发展，初创平台企业为了能够扩大市场不断进行"烧钱"补贴，培养消费者的消费习惯以提高其转移成本，降低其需求弹性。当平台达到一定规模时，平台带来的网络效应一定程度上提高了消费者剩余，同时增加了消费者的转移成本（蒋传海，2010），此时电商平台便停止所有补贴，后期甚至不断加价。在中国，网约车、共享单车、快递行业、外卖行业等都是沿着这条路径逐渐扩大市场规模的。快递行业每年都会迎接一次集体涨价潮，虽然没有明确的证据表明它们之间确实经过串通之后集体涨价，但根据本章分析，这些企业的行为完全可能属于默许合谋。伴随着技术的发展，本章提出的关于默许合谋产生的条件（获取市场信息的能力、对市场的反应速度）逐渐成熟，这给互联网平台之间实现默许合谋提供了更多的机会与更大的可能性，对市场监管部门是一个极大的挑战。因此，市场监管部门在对市场进行监管时需持谨慎态度，特别是对于市场中寡头企业的"集体行为"。

# 第九章

# 研究结论和研究局限

## 第一节 研究结论

平台具有公共物品与公共性和私人物品与私人性的双重属性。一方面，是因为它在资源配置方面具有数字外部性，具有共享使用生产资料的生产力基础；同时在利益分配上，符合公共部门经济中的受益原则和公平原则。另一方面，是因为它可以用市场化、商业化方式解决公共品的搭便车问题，以致在补偿投入后甚至具有租金盈余的能力。因而，平台适合公私合作制方式发展。另外，平台生态具有公私双重性这一"第三部门"（合作企业、社会企业）典型特征，本质上属于生态合作制。平台生态具有对数字外部性进行市场化补偿的动力学机制，对公私是利益中性的。

因此，为保证平台在私人利益与公共利益之间达到平衡，应把平台方作为一类特殊企业，从私人企业中剥离出来。一方面明确平台特殊的社会责任，将平台的租金盈余作为市场失灵部分再分配用于公共目标。另一方面，保证平台充分按市场化方式运作，有效提高国际竞争力及服务客户的能力。而应用方则保持其私人企业定位不变。

电商平台是最为常见的一种平台，电商平台的定价问题和规制一直是学术界非常关注的焦点问题之一。特别是近几年在国内电商平台市场出现了一系列备受争议的定价现象，学术界对电商平台定价问题的讨论越来越多。本书针对当前电商平台市场上出现的这些现象从信息经济学的视角对电商平台市场的价格形成机制做了相关研究。

本书认为电商平台上的定价过程实质上是平台系统中各利益方之间基于各自信息博弈的结果。由于所处位置不同，平台系统中买方、卖方和平台三者信息严重不对称，平台拥有的信息优势最大。在利润最大化的引导下，平台上形成了三种利益冲突：同边冲突、平台冲突和跨边冲突。这三种冲突分别导致了三种不同的定价现象。

## 一 同边冲突与"反戴蒙德悖论"式定价

在双边市场中，平台利用客户规模较大的一方对平台的另一方制定相对优势的定价策略。然而，规模较大的一方必须实现与规模较小一方的有效匹配，导致平台必须去争取那些规模较小的匹配对象。在电商平台上，尽管消费者众多，但购买同一商品的消费者仍相对较少。此外，消费者能轻松获取商品信息，而商家难以获取消费者信息。每次消费者在电商平台上购买商品时，只有很少商家的信息能被展示给消费者，使电商平台成为典型的买方市场。在此背景下，同边冲突即第三方卖家之间产生直接利益冲突，导致降价竞争，呈现"反戴蒙德悖论"式定价趋势。

然而，由于电商平台对信息的干预和搜索成本的存在，市场上并不会出现严格的"反戴蒙德悖论"现象，而是呈现普遍的价格离散。因此，在分析电商平台市场的交易时，不能仅关注消费者在交易时支付的价格，这忽略了搜索成本在交易中的作用。消费者实际支付的总价格包括从产生需求到完成交易的整个过程中的所有成本，遵循着式（6-4）所表示的价格结构：

实际价格 = 交易价格 + 获得商品信息的成本 + 排除所搜集商品信息噪音的成本

价格结构框架下，本书指出线上市场虽然没有出现严格的"反戴蒙德悖论"现象，即在线市场普遍以边际成本定价，但线上商品价格存在向下的压力。严格的"反戴蒙德悖论"现象只有在所有搜索成本降为零时才可能发生，但完全消除搜索成本几乎不可能实现。这是因为平台掌握着两个关键成本：消费者获取商品信息的成本和消费者排除信息噪音的成本。在追求利润最大化的驱动下，平台通过调整这两个成本来影响消费者的交易价格。研究商家在在线平台中所采用的同质商品市场、同类但非同质商品市场和完全个性化市场的定价结构，能够对平台进行大数据"杀熟"的逻辑进行解释。

## 二 平台冲突与歧视性定价

自营电商平台或只有极少第三方卖家的电商平台存在与消费者之间的利益冲突。电商平台通过积累的数据精准地识别消费者偏好和最大支付意愿，实现个性化推荐，导致消费者群体被分割。消费者被动接受个性化商品推荐，难以与其他购买相同商品的消费者做比较，因此平台利用信息不对称实行个性化定价。

个性化定价导致同一平台市场的同一商品以不同价格完成交易。本书基于价格结构模型和情景定价理论构建了电商平台市场三维均衡模型，认为市场均衡是类似垄断竞争市场均衡，不再由单一点决定，而是由价格、数量和种类三维曲线决定。然而，现行法规无法阻止电商平台上的价格歧视现象，因不存在有效机制对"同一商品或服务"进行确定，给个性化定价留下漏洞。因此，规制电商平台的最直接手段是创造可比较的环境，使购买相同商品的消费者能进行有效比较。

个性化定价对社会福利影响因市场不同而异，需要具体分析。个性化定价会产生四种效应，包括福利挪用、产出扩大、竞争强度和价格承诺能力。在垄断市场，个性化定价对社会福利的影响取决于价格弹性。对于需求不弹性的市场，个性化定价降低消费者剩余，增加生产者剩余；而对于需求弹性大的市场，个性化定价不会降低消费者剩余。对于寡头竞争市场，个性化定价对社会福利的影响需考虑市场势力、算法异同和平台成熟程度等因素，结合四种效应进行具体分析。

## 三 跨边冲突与默许合谋

在电商平台市场，默许合谋可能发生在平台与第三方卖家之间，或者处于竞争关系的两个寡头平台之间。在第一种情况中，平台利用积累的市场信息制定定价算法，可能与第三方商家实现默许合谋，制定高价。在第二种情况下，两个竞争电商平台通过算法或人工智能技术实现市场决策，基于相同市场数据和目的（利润最大化），实现默许合谋。

本书从消费者转移成本和需求弹性两个角度分析了寡头之间是否可能达成默许合谋。发现在能够及时获取市场需求和竞争对手定价信息的情况下，默许合谋可能出现。当商品/服务需求弹性较小时，默许合谋更容易发生，尤其是在企业对竞争对手的反应时间较短时。随着平台经济的发展，初创平台通过"烧钱"补贴培养消费者习惯，降低需求弹性。本书认为随着技术发展，电商平台间默许合谋的条件逐渐成熟，给电商平台实现默许合谋提供更多机会和可能性，对市场监管构成挑战。因此，市场监管部门在对市场进行监管时需持谨慎态度，尤其对于寡头企业的"集体行为"。

### 四 加强互联网平台监管

目前，中国正在逐步建立全新的适应于平台经济的监管体系，从而完善对平台经济的监管。但也应看到互联网平台监管的核心问题，不能只是简单地把互联网平台当作一家企业，而应该从"企业—市场"二重性的角度慎重看待平台，特别是，平台的这种二重性特征使平台成为一种公共基础设施。这使得传统的监管方式无法对互联网平台进行有效监管，从而对其进行规范和约束。因此，本书提出首先要从明确互联网平台的属性开始，有针对性地制定监管规则；其次，所制定的监管规则最好能够服从激励相容机制，引导企业规范、健康发展；最后，推动政府、社会、平台和用户多方对平台进行协同监管，找到政府和社会之间的有效互动机制，从而一旦发现互联网平台存在违法违规行为，各方利益群体可以随时将其公之于众，起到监管的作用。

## 第二节 研究局限

本书仍避免不了存在局限性。本书最大的局限在于没有真实数据，以至于结论并未得到实证的支持，所以无法直接对结论进行严格、有效的验证。因此，严格上来讲，在本书的假设条件下，本书得到的结论只能解释为逻辑上成立。除此之外，还有一些太过于严格的假设条件。本书的局限性主要表现如下。

第六章在证明电商平台市场上存在价格离散时只选取了手机充值卡一种商品作为代表，并未做出系统的论证，而且在证明价格离散过程中直接采用董利红（1998）的研究结论导致得出的结论有些"草率"。针对该问题，后续研究拟专门以"价格离散"为题做一个系统的分析，研究电商平台上不同种类商品价格离散的表现。另外，书中关于搜索成本的界定可能存在争议，主要是其和交易成本之间是否存在区别。本书定义的搜索成本是消费者在产生需求到完成交易之前发生的所有成本总和，因此包含交易成本。

第七章在论述"价格—数量—种类"三维市场均衡时并未建立具体的模型，只是从逻辑上表述市场均衡时的表现，而且无法对这种情况下社会福利的变化做出梳理分析，这在一定程度上降低了结论的说服力。因此，在后续的研究中可以建立完整的数理模型对三维市场均衡求解，并对社会福利做出分析。此外，该部分还存在一个遗留问题，就是现实中电商平台在进行补贴时，到底补贴的价格是市场的正常价格还是非补贴的价格是市场的正常价格。因为当前电商补贴消费者已经成为一种日常现象，如果不能对此进行区分，那么在对企业个性化定价行为进行规制时就很难做出界定。

第八章从逻辑上证明了默许合谋存在的可能性，但平台可以实时对市场行为做出正确反映的假设过于严格。该假设可以用来表示存在的一种可能，因为随着技术的发展，这种假设是可以实现的，但并不符合当前电商平台的技术水平。所以，受此影响，第八章结论的说服力会打折扣。同时，由于未能从现实中找到具体的案例（默许合谋本身的特征就是不易被人察觉），本书采用外卖平台对江西余干外卖商家涨价的事件作为说明。尽管从逻辑上来讲，该事件完全可以作为模型的案例来论证，两家平台的协同涨价行为是平台追求利润最大化的结果。但在说服力上存在不足，因为美团和饿了么的此举并不是基于算法"自动"完成，而是企业管理层直接向下传递企业决策，也导致模型与案例之间存在严重的"脱节"。

尽管存在以上诸多不足，本书的结论在理论上是没有问题的。研究的后续工作就是在这些不足的基础上进一步将问题细化，放松相关假设，以得到极具说服力的结论。

# 参考文献

［美］爱德华·张伯伦：《垄断竞争理论》，周文译，华夏出版社2009年版。

［美］巴里·林恩：《新垄断资本主义》，东方出版社2013年版。

［美］戴维·S. 埃文斯：《平台经济学：多边平台产业论文集》，周勤译，经济科学出版社2016年版。

［美］丹尼斯·W. 卡尔顿、［美］杰弗里·M. 佩洛夫：《现代产业组织》，胡汉辉等译，中国人民大学出版社2009年版。

［美］卡尔·夏皮罗、［美］哈尔·R. 范里安：《信息规则——网络经济的策略指导》，孟昭莉，牛露晴译，中国人民大学出版社2017年版。

［美］理查德·W. 特里西：《公共部门经济学》，薛涧坡译，中国人民大学出版社2014年版。

［美］罗布·多克特斯、［美］约翰·G. 汉森、［美］塞西莉亚·阮、［美］迈克尔·巴尔齐莱著：《情景定价——新市场形势下的制胜定价方式》，马跃译，商务印刷馆2015年版。

［美］莫里斯·E. 斯图克：《算法的陷阱》，余潇译，中信出版社2018年版。

［美］萨缪·鲍尔斯：《微观经济学：行为、制度和演化》，中国人民大学出版社2006年版。

［美］亚历克斯·莫塞德（Alex Moazed）、尼古拉斯·L. 约翰逊（Nicholas L. Johnson）：《平台垄断》，杨菲译，机械工业出版社2017年版。

［美］约瑟夫·斯蒂格里茨：《公共部门经济学（第四版）》，中国人民大学出版社2020年版。

［美］约瑟夫·斯蒂格利茨:《信息经济学:基本原理》,纪沫等译,中国金融出版社2008年版。

［英］阿里尔·扎拉奇、［美］莫里斯·E. 斯图克:《算法的陷阱》,余潇译,中信出版社2018年版。

姜奇平:《信息化与网络经济》,财富出版社2015年版。

吕本富、刘颖:《飞轮效应:数据驱动的企业》,电子工业出版社2015年版。

时建中、张艳华:《互联网产业的反垄断法与经济学》,法律出版社2018年版。

张维迎:《博弈论与信息经济学》,格致出版社、上海三联书店、上海人民出版社2004年版。

《阿里发布"无疆"平台,科技驱动打假变革》,《中国信息安全》2020年第2期。

艾文卫:《Internet市场遵循"一价定律"吗?——来自天猫商城的证据》,《商业经济与管理》2018年第7期。

鲍丽倩、陈思璇:《基于效用理论的电子商务个性化推荐》,《技情报开发与经济》2011年第24期。

蔡祖国、李世杰:《产品质量信号能提升竞价排名机制的信息匹配效率吗——基于中国搜索服务市场的分析》,《中国工业经济》2020年第10期。

陈弘斐、胡东兰、李勇坚:《平台经济领域的反垄断与平台企业的杀手并购》,《东北财经大学学报》2021年第1期。

陈靖、张晨曦、吴一帆:《考虑消费行为的共享经济平台定价模式研究》,《管理评论》2022年第9期。

陈林、张家才:《数字时代中的相关市场理论:从单边市场到双边市场》,《财经研究》2020年第3期。

陈龙:《"数字控制"下的劳动秩序——外卖骑手的劳动控制研究》,《社会学研究》2020年第6期。

陈庭强、沈嘉贤、杨青浩、胡毅:《平台经济反垄断的双边市场治理路径——基于阿里垄断事件的案例研究》,《管理评论》2022年第34期。

陈惟杉、刘欣悦:《江西余干美团、饿了么"涨点"风波》,《中国经济周刊》2019年第22期。

陈永伟：《平台反垄断问题再思考："企业—市场二重性"视角的分析》，《竞争政策研究》2018年第5期。

陈永伟：《人工智能的算法合谋挑战》，《互联网经济》2019年第4期。

程贵孙、陈宏民、孙武军：《双边市场视角下的平台企业行为研究》，《经济理论与经济管理》2006年第9期。

邓乐平、窦登奎：《戴蒙德—莫滕森—皮萨里季斯模型研究进展》，《经济学动态》2010年第12期。

丁宏、梁洪基：《互联网企业的竞争发展战略——基于双边市场理论》，《世界经济与政治论坛》2014年第4期。

董利红：《再议市场价格离散率的测试》，《价格理论与实践》1998年第5期。

董维刚、林鑫：《中国B2C市场独家交易的竞争效应》，《产业经济评论（山东大学）》2018年第2期。

杜创：《平台经济反垄断：理论框架与若干问题分析》，《金融评论》2021年第4期。

端利涛、蔡跃洲：《平台经济影响共同富裕的作用机制及实现路径——基于价值流转的机制分析》，《新疆师范大学学报》（哲学社会科学版）2023年第4期。

端利涛、吕本富：《在线购物是否存在"反戴蒙德悖论"现象?》，《管理评论》2022年第9期。

付红桥、蔡淑琴：《信息技术对价格信息不对称的影响研究》，《南开管理评论》2004年第2期。

傅瑜、隋广军、赵子乐：《寡头竞争性垄断：新型市场结构理论构建——基于互联网平台企业的考察》，《中国工业经济》2014年第1期。

郭倩采：《多方勾画数字经济发展新图景》，《经济参考报》2021年02月10日第1版。

韩松：《为什么市场价格是离散的？——基于消费者搜寻理论的综述》，《制度经济学研究》2010年第1期。

何鼎鼎：《人民日报评论员观察：数据权力如何尊重用户权利》，《人民日报》2018年3月23日第8版。

何为、李明志:《电子商务平台上的信息不对称、交易成本与企业机制的运用》,《技术经济》2014年第6期。

洪亮、任秋圜、梁树贤:《国内电子商务网站推荐系统信息服务质量比较研究——以淘宝、京东、亚马逊为例》,《图书情报工作》2016年第23期。

胡海清、严建援、许垒:《信息丰富度、采购成本、线上渠道模式对购买行为的影响研究》,《管理评论》2012年第5期。

纪汉霖、管锡展:《双边市场及其定价策略研究》,《外国经济与管理》2006年第3期。

纪汉霖:《双边市场定价方式的模型研究》,《产业经济研究》2006年第4期。

姜奇平:《基于意义的注意力经济——注意力经济的2.0版》,《互联网周刊》2005年第20期。

姜奇平:《论互联网领域反垄断的特殊性——从"新垄断竞争"市场结构与二元产权结构看相关市场二重性》,《中国工商管理研究》2013年第4期。

姜琪、王璐:《平台经济市场结构决定因素、最优形式与规制启示》,《上海经济研究》2019年第11期。

蒋传海:《网络效应、转移成本和竞争性价格歧视》,《经济研究》2010年第9期。

李广乾、陶涛:《电子商务平台生态化与平台治理政策》,《管理世界》2018年第6期。

李剑:《双边市场下的反垄断法相关市场界定——"百度案"中的法与经济学》,《中国检察官》2010年第23期。

李琳:《平台经济中大数据"杀熟"的理论阐释与治理对策》,《商业经济研究》2022年第18期。

李三希、张明圣、陈煜:《中国平台经济反垄断:进展与展望》,《改革》2022年第340期。

李双双、陈毅文、李江予:《消费者网上购物决策模型分析》,《心理科学进展》2006年第2期。

李允尧、刘海运、黄少坚:《平台经济理论研究动态》,《经济学动态》2013

年第 7 期。

刘丰波、吴绪亮：《纵向差异产品下价格领导制对默契合谋的影响》，《财经问题研究》2016 年第 7 期。

刘建国、周涛、汪秉宏：《个性化推荐系统的研究进展》，《自然科学进展》2009 年第 1 期。

刘蕾、鄢章华、孙凯：《"硬件产品＋软件服务"视角下的产品定价策略研究——以 iOS 和 Android 为例》，《中国管理科学》2021 年第 9 期。

刘小霞：《社会企业研究述评．华东理工大学学报》（社会科学版）2012 年第 3 期。

刘征驰、赖明勇：《比价工具、产品差异与 B2C 市场默契合谋》，《产业经济评论（山东大学）》2014 年第 13 期。

娄宇：《平台经济从业者社会保险法律制度的构建》，《法学研究》2020 年第 2 期。

娄宇：《平台经济灵活就业人员劳动权益保障的法理探析与制度建构》，《福建师范大学学报》（哲学社会科学版）2021 年第 2 期。

马慧：《数字经济背景下平台企业横向并购反垄断的困境与路径》，《中国流通经济》2021 年第 12 期。

潘旦：《互联网"零工经济"就业群体的劳动权益保障研究》，《浙江社会科学》2022 年第 4 期。

戚聿东、丁述磊、刘翠花：《数字经济时代新职业发展与新型劳动关系的构建》，《改革》2021 年第 9 期。

齐昊、马梦挺、包倩文：《网约车平台与不稳定劳工——基于南京市网约车司机的调查》，《政治经济学评论》2019 年第 3 期。

乔岳、杨锡：《平台独家交易妨碍公平竞争吗？——以互联网外卖平台"二选一"为例》，《山东大学学报》（哲学社会科学版）2021 年第 2 期。

曲创、刘洪波：《交叉网络外部性、平台异质性与对角兼并的圈定效应》，《产业经济研究》2018 年第 2 期。

曲创、刘洪波：《平台非中立性策略的圈定效应——基于搜索引擎市场的试验研究》，《经济学动态》2017 年第 1 期。

曲创、刘重阳：《平台竞争一定能提高信息匹配效率吗？——基于中国搜索引擎市场的分析》，《经济研究》2019年第8期。

曲创：《平台排他性交易监管需要注重个案分析》，https：//m.21jingji.com/article/20211128/herald/c7990ff8976840b2931b5aa2ad2b2280.html。

曲创、王夕琛：《互联网平台垄断行为的特征、成因与监管策略》，《改革》2021年第5期。

曲振涛、周正、周方召：《网络外部性下的电子商务平台竞争与规制——基于双边市场理论的研究》，《中国工业经济》2010年第4期。

冉晓宁：《购买App会员 苹果为何比安卓贵?》，《北京青年报》2020年9月7日第A09版。

苏治、荆文君、孙宝文：《分层式垄断竞争：互联网行业市场结构特征研究——基于互联网平台类企业的分析》，《管理世界》2018年第4期。

孙瑾、郑雨、陈静：《感知在线评论可信度对消费者信任的影响研究——不确定性规避的调节作用》，《管理评论》2020年第4期。

孙浦阳、张靖佳、姜小雨：《电子商务、搜索成本与消费价格变化》，《经济研究》2017年第7期。

唐要家、唐春晖：《数字平台反垄断相关市场界定》，《财经问题研究》2021年第2期。

唐要家、杨越：《双边市场平台独占交易协议的反竞争效应》，《首都经济贸易大学学报》2020年第4期。

汪旭晖、张其林：《平台型网络市场"平台—政府"双元管理范式研究——基于阿里巴巴集团的案例分析》，《中国工业经济》2015年第3期。

王强、陈宏民、杨剑侠：《搜索成本、声誉与网上交易市场价格离散》，《管理科学学报》2010年第5期。

王全兴、刘琦：《我国新经济下灵活用工的特点、挑战和法律规制》，《法学评论》2019年第4期。

王胜伟：《互联网行业限制交易行为的认定及管制——以3Q案腾讯"二选一"为例》，《山东社会科学》2017年第12期。

王世强：《平台化、平台反垄断与我国数字经济》，《经济学家》2022年第3期。

王志宏、傅长涛：《用户不同归属行为下货运共享平台的定价策略研究》，《管理学报》2019年第7期。

吴德胜、李维安：《声誉、搜索成本与网上交易市场均衡》，《经济学》（季刊）2008 年第 4 期。

吴汉洪、孟剑：《双边市场理论与应用述评》，《中国人民大学学报》2014 年第 2 期。

辛杰、屠云峰、张晓峰：《平台企业社会责任的共生系统构建研究》，《管理评论》2022 年第 11 期。

徐士伟、门成昊：《研发投入与并购市场收益——一个有调节的中介模型》，《金融发展研究》2018 年第 2 期。

许灿英：《算法合谋反竞争问题初探》，《合肥工业大学学报》（社会科学版）2019 年第 2 期。

许丽：《电商平台"二选一"排他性交易的反垄断规制》，《中国流通经济》2022 年第 4 期。

严梓丹：《淘宝网刷单现象调查报告——网络购物中消费者知情权的保护》，《法制与经济》2015 年第 20 期。

阳镇：《平台型企业社会责任：边界、治理与评价》，《经济学家》2018 年第 5 期。

杨东：《论反垄断法的重构：应对数字经济的挑战》，《中国法学》2020 年第 3 期。

杨丽：《平台分化、交叉平台效应与平台竞争——以淘宝网的分化与竞争为例》，《研究与发展管理》2018 年第 1 期。

杨文明：《基于算法定价的法和经济学——英国〈定价算法〉报告介评》，《人工智能法学研究》2018 年第 2 期。

叶秀敏、姜奇平：《生产要素供给新方式：数据资产有偿共享机理研究》2021 年第 12 期。

易芳、包嘉豪：《数字经济背景下平台企业相关市场界定的量化研究——以阿里巴巴"二选一"案为例》，《财经问题研究》2022 年第 2 期。

尹洁、蔡爽：《百度竞价排名的"罪与罚"》，《环球人物》2016 年第 13 期。

尹振涛、陈媛先、徐建军：《平台经济的典型特征、垄断分析与反垄断监管》，《南开管理评论》2022 年第 3 期。

余敏：《大数据"杀熟"可以避免吗？——电子商务逆向选择风险规避》，

《价格理论与实践》2019年第4期。

张川、田雨鑫、肖敏：《考虑交叉网络外部效应的多边配送平台增值服务投资与定价策略》，《系统工程理论与实践》2019年第12期。

张凯：《双边市场中用户前瞻性与平台定价策略选择》，《系统工程学报》2018年第5期。

张伟、杨婷、张武康：《移动购物情境因素对冲动性购买意愿的影响机制研究》，《管理评论》2020年第2期。

张新伟、赵阳林：《关于合作制的理论》，《中国供销合作经济》2002年第8期。

张一璇：《劳动空间在延伸——女性网络主播的身份、情感与劳动过程》，《社会学评论》2021年第5期。

赵青、张利、薛君：《网络用户粘性行为形成机理及实证分析》，《情报理论与实践》2012年第10期。

甄艺凯：《转移成本视角下的大数据"杀熟"》，《管理世界》2022年第5期。

智欣：《治理"二选一"问题思路越来越清晰了》，《北京青年报》2020年10月21日第A02版。

周密、李晨昕：《平台型企业合理补贴策略——基于流量转化价值与市场粘性的盈利模式选择》，《开放导报》2019年第5期。

周涛、鲁耀斌、张金隆：《网上市场与传统市场价格对比的实证分析》，《管理评论》2006年第11期。

周天一、常维、陈青祝：《平台竞争、排他性协议与竞争瓶颈》，《中国管理科学》2019年第10期。

朱文忠、傅琼芳、纪晓夏：《双边市场中卖家社会责任缺失对平台企业顾客忠诚的影响》，《管理评论》2022年第7期。

朱岩、林泽楠：《电子商务中的个性化推荐方法评述》，《中国软科学》2009年第2期。

朱振中、吕廷杰：《双边市场经济学研究的进展》，《经济问题探索》2005年第7期。

陈园园：《戴维·米勒的"合作制市场社会主义"探析》，硕士学位论文，天津大学，2018年。

付荣荣：《B2C市场线上线下价格均值及价格离散的实证研究》，硕士学位论文，华南理工大学，2019年。
何为：《有关网络平台竞争以及电子商务平台信誉机制的研究》，博士学位论文，清华大学，2018年。
侯会军：《无理由退货与质量要求对卖家销售决策影响机制研究》，博士学位论文，中国科学技术大学，2016年。
纪汉霖：《双边市场定价策略研究》，博士学位论文，复旦大学，2006年。
赖丹馨：《基于合约理论的公私合作制（PPP）研究》，博士学位论文，上海交通大学，2011年。
李慧颖：《在线评论对消费者感知及企业商品销量的影响研究》，博士学位论文，哈尔滨工业大学，2013年。
李雪：《产品差别化、市场透明度与合谋》，博士学位论文，上海财经大学，2006年。
刘洪波：《互联网平台的非价格竞争策略研究》，博士学位论文，山东大学，2019年。
刘佳昊：《互联网平台企业定价问题研究》，博士学位论文，中国社会科学院研究生院，2020年。
吕孝双：《购物网站个性化推荐系统对消费者购买意愿的影响研究》，硕士学位论文，浙江财经大学，2015年。
夏绍群：《互联网企业并购的动因及绩效分析》，硕士学位论文，天津财经大学，2017年。
余岸英：《考虑转移成本的寡头电信企业定价模型及分析》，硕士学位论文，长沙理工大学，2011年。
郑胜分：《欧美社会企业发展及其在台湾应用之研究》，博士学位论文，国立政治大学，2005年。
王谢宁：《双边市场理论下虚拟平台企业的竞争策略与适用性研究》，《2011年产业组织前沿问题国际研讨会会议文集》，东北财经大学产业组织与企业组织研究中心2011年。
上海发布：《2019年上半年全市快递外卖行业交通事故情况公布》，公众号"上海发布"2019年7月6日。
中国信息通信研究院：《中国互联网行业发展态势暨景气指数报告》，2019

年 7 月。

艾瑞咨询：《2021 中国直播电商行业报告》，https：//runwise. oss-accelerate. aliyuncs. com/sites/15/2021/12/% E8% 89% BE% E7% 91% 9E% E5% 92% A8% E8% AF% A2% EF% BC% 9A2021% E5% B9% B4% E4% B8% AD% E5% 9B% BD% E7% 9B% B4% E6% 92% AD% E7% 94% B5% E5% 95% 86% E8% A1% 8C% E4% B8% 9A% E7% A0% 94% E7% A9% B6% E6% 8A% A5% E5% 91% 8A. pdf。

北京晚报产经新闻深度报道组：《春节外卖市场火爆 外卖平台强迫商户"签独"、"二选一"饿了么施压商户关闭美团店》，http：//it. people. com. cn/n1/2019/0201/c1009 – 30604608. html。

DCCI：《网络外卖服务市场发展研究报告》，http：//www. ccidnet. com/2019/0301/10458730. shtml。

顾聪、刘颖、吕本富、彭赓：《市场结构、经济福利与平台经济反垄断》，https：//kns. cnki. net/kcms2/article/abstract? v = wgPKIBh6aVmXKEGhk1 KbmzMtgiRz3gqPP _ E _ kNQZgeA0A847M _ q6QKbr30 dlM8ZF7pY4xFTZCVg3GyfuAN8hytAUYNrvN1VPE8uMm4GSMxO5x3RPMQ5iuIxhjMx5lJgM0HFB YRuYBew = &uniplatform = NZKPT&language = CHS。

国家发展改革委等 13 个部委：《关于支持新业态新模式健康发展 激活消费市场带动扩大就业的意见》（发改高技〔2020〕1157 号），https：//www. ndrc. gov. cn/xxgk/zcfb/tz/202007/t20200715_1233793. html。

国家发展改革委、中央网信办：《〈关于推进"上云用数赋智"行动 培育新经济发展实施方案〉的通知》（发改高技〔2020〕552 号），https：//www. ndrc. gov. cn/xxgk/zcfb/tz/202004/t20200410_1225542. html? code = & state = 123。

国家市场监督管理总局反垄断局：《中国反垄断年度执法报告（2020）》，https：//www. gov. cn/xinwen/2021 – 09/24/5639102/files/77006c5bccc04555 aa05f30c9a296267. pdf。

红刊财经：《拼多多公布 iPhone SE 百亿补贴价：2899，交个朋友》，https：//k. sina. com. cn/article _ 5937487609 _ 161e6def900100lm4n. html? from = finance。

互联网数据中心：《网络外卖服务市场发展研究报告（2019 年 Q4）》，http：//www. logclub. com/articleInfo/MTk3MTY=。

华商网：《外卖平台"掐架"？西安有商户被饿了么要求退出美团》，https：//tech. sina. com. cn/i/2019-11-21/doc-iihnzahi2338070. shtml。

金融虎：《没有人比算法更懂价格歧视》，https：//baijiahao. baidu. com/s? id=1700286593083191619&wfr=spider&for=pc。

零售微观察：《利润提升25%：揭秘亚马逊"动态定价体系"》，https：//www. huxiu. com/article/270923. html。

吕本富：《抗疫催生的24中新业态》，https：//mp. weixin. qq. com/s/PObtd-OtY633qgRqOMjs7ww。

青岛电视台今日：《大数据"杀熟"刷屏，记者测试不同手机打车价格存差异》，http：//news. qingdaonews. com/wap/2018-04/04/content_20117169. htm。

青岛市广播电视台：《美团、饿了么必须"二选一"？外卖商户双平台运营难 店铺生意受影响》，https：//finance. sina. com. cn/chanjing/gsnews/2019-10-12/doc-iicezuev1636441. shtml。

搜狐科技：《美团涉"大数据杀熟"被质疑：你以为你在薅羊毛，但你才是被薅的羊》，https：//www. sohu. com/a/439048665_115565。

王梁：《京东国美苏宁价格战升级，网民呼吁房企加入》，http：//www. chinadaily. com. cn/dfpd/jingji/2012-08/15/content_15676557. htm。

文汇报：《"千人千价"，你的喜好他最懂》，http：//www. xinhuanet. com/fashion/2020-06/16/c_1126109426. htm。

新浪财经：《2004CCTV中国经济年度人物：马云》，https：//finance. sina. cn/sa/2004-12-15/detail-ikftpnny0394728. d. html。

邺城体育：《用iPhone打车比安卓贵？苹果正式回应质疑》，https：//www. sohu. com/a/230768999_670975。

尹文卓：《刷单？好评返现？虚假交易行为被重罚！》，https：//www. workercn. cn/c/2021-02-25/6710394. shtml。

运行监测协调局：《2021年互联网和相关服务业运行情况》，https：//wap. miit. gov. cn/gxsj/tjfx/hlw/art/2022/art_b0299e5b207946f9b7206e752e727e66. html。

张珩：《天猫超市回应大数据"杀熟"：误解，该问题已修复》，https：//

www. guancha. cn/ChanJing/2020_03_09_540701. shtml。

掌上永嘉:《大数据"杀熟",网友亲测后纷纷气炸》,https://cloud. tencent. com/developer/news/159179。

赵大威、尤越:《2019 年及 2020 年疫情期美团骑手就业报告》,https://mri. meituan. com/research/report? typeCodeOne = 5。

中共中央、国务院:《中共中央 国务院关于构建更加完善的要素市场化配置体制机制的意见》,http://www. gov. cn/zhengce/2020 – 04/09/content_5500622. htm。

中国管理科学研究院行业发展研究所:《2020 全球市值 100 强上市公司名单》,http://www. zgyhys. org/bencandy. php? fid = 75&id = 4287#_bdtz_。

中国国际贸易促进委员会东莞市委员会:《电商数据局:2021 年上半年网络购物市场现状与发展趋势分析》,http://www. dg. gov. cn/dgsmch/gkmlpt/content/3/3611/post_3611299. html#1540。

中国信息通信研究院:《中国互联网行业发展态势暨景气指数报告》,http://www. caict. ac. cn/kxyj/qwfb/bps/202109/P020210923338177677850. pdf。

Adams W. J., Yellen J. L., "Commodity Bundling and the Burden of Monopoly", *The Quarterly Journal of Economics*, Vol. 90, No. 3, 1976.

Akerlof G. A., "The Market for 'Lemons': Quality Uncertainty and the Market Mechanism", *Uncertainty in Economics*, Academic Press, 1978.

Anderson S. P., "Renault R. Advertisingcontent", *American Economic Review*, Vol. 96, No1, 2006.

Anderson S. P., Renault R., "Comparative Advertising: Disclosing Horizontal Match Information", *The RAND Journal of Economics*, Vol. 40, No. 3, 2009.

Argentesi E., Filistrucchi L., "Estimating Market Power in a Two-Sided Market: The Case of Newspapers", *Journal of Applied Econometrics*, Vol. 22, No. 7, 2007.

Ariel E., Maurice E. S., *Virtual Competition: The Promise and Perils of the Algorithm-Driven Economy*, Harvard University Press, 2016.

Armstrong M., "Competition in Two-Sided Markets", *The RAND Journal of Economics*, Vol. 37, No. 3, 2006.

Armstrong M., Wright J., "Two-Sided Markets, Competitive Bottlenecks and

Exclusive Contracts", *Economic Theory*, Vol. 32, No. 2, 2007.

Athey S., Bagwell K., Sanchirico C., "Collusion and Price Rigidity", *The Review of Economic Studies*, Vol. 71, No. 2, 2004.

Ausubel L. M., Deneckere R. J., "A Direct Mechanism Characterization of Sequential Bargaining with One-Sided Incomplete Information", *Journal of Economic Theory*, Vol. 48, No. 1, 1989.

Axell B., "Search Market Equilibrium", *The Scandinavian Journal of Economics*, Vol. 79, No. 1, 1977.

Bakó B., Fátay D., "Platform Competition with Intra-Group Externalities", *Journal of Industry, Competition and Trade*, Vol. 19, No. 1, 2019.

Bakos Y., Brynjolfsson E., "Bundling and Competition on the Internet", *Marketing Science*, Vol. 19, No. 1, 2000.

Baxter W. F., "Bank Interchange of Transactional Paper: Legal and Economic Perspectives", *The Journal of Law and Economics*, Vol. 26, No. 3, 1983.

Benlian A., Titah R., Hess T., "Differential Effects of Provider Recommendations and Consumer Reviews in E-Commerce Transactions: An Experimental Study", *Journal of Management Information Systems*, Vol. 29, No. 1, 2012.

Bergemann D., Bonatti A., Smolin A., "The Design and Price of Information", *American Economic Review*, Vol. 108, No. 1, 2018.

Bergemann D., Heumann T., Morris S., "Information and Market Power", *Available at SSRN 2639692*, 2015.

Bergemann D., Heumann T., Morris S., "Information, Market Power and Price volatility", *The RAND Journal of Economics*, Vol. 52, No. 1, 2020.

Bert R., "Automate This: How Algorithms Came To Rule Our World By Christopher Steiner. New York City: Portfolio/Penguin, 2012", *Civil Engineering—ASCE*, Vol. 82, No. 11, 2012.

Biglaiser G., Li F., Murry C., et al., "Intermediaries and Product Quality in Used Car Markets", *The RAND Journal of Economics*, Vol. 51, No. 3, 2020.

Braverman A., "Consumer Search and Alternative Market Equilibria", *The Re-

*view of Economic Studies*, Vol. 47, No. 3, 1980.

Burdett K., Judd K. L., "Equilibrium Price Dispersion", *Econometrica: Journal of the Econometric Socity*, Vol. 51, No. 4, 1983.

Caillaud B., Jullien B., "Chicken and Egg: Competing Matchmakers", *Available at SSRN* 278562, 2001.

Caillaud B., Jullien B., "Chicken & Egg: Competition Among Intermediation Service Providers", *The RAND Journal of Economics*, Vol. 34, No. 2, 2003.

Caillaud B., Jullien B., "Competing Cybermediaries", *European Economic Review*, Vol. 45, No. 4–6, 2001.

Calvano E., Calzolari G., Denicolò V., et al., "Algorithmic Collusion with Imperfect Monitoring", *International Journal of Industrial Organization*, 2021: 102712.

Calvano E., Calzolari G., Denicolò V., et al., "Algorithmic Pricing What Implications for Competition Policy?", *Review of Industrial Organization*, Vol. 55, No. 1, 2019.

Calvano E., Calzolari G., Denicolò V., et al., *Artificial intelligence, Algorithmic pricing and Collusion*, CEPR Discussion Papers, 2018.

Campbell J., Goldfarb A., Tucker C., "Privacy Regulation and Market Structure", *Journal of Economics & Management Strategy*, Vol. 24, No. 1, 2015.

Cavallo A., "Are Online and Offline Prices Similar? Evidence from Large Multichannel Retailers", *American Economic Review*, Vol. 107, No. 1, 2017.

Chakravorti S., Roson R., Chakravorti S., Roson R., "Platform Competition in Two-Sided Markets: The Case of Payment Networks", *Federal Reserve Bank of Chicago*, 2004.

Chen C. S., "Price Discrimination in Input Markets and Quality Differentiation", *Review of Industrial Organization*, Vol. 50, No. 3, 2017.

Chen L., Mislove A., Wilson C., "An Empirical Analysis of Algorithmic Pricing on Amazon Marketplace", *Proceedings of the 25th International Conference on World Wide Web*, 2016.

Chen Y., Iyer G., "Research Note Consumer Addressability and Customized

Pricing", *Marketing Science*, Vol. 21, No. 2, 2002.

Chen Y., Li J., Schwartz M., "Competitive Differential Pricing", *The RAND Journal of Economics* Vol. 52, No. 1, 2019.

Chen Z., Choe C., Matsushima N., "Competitive Personalized Pricing", *Management Science*, Vol. 66, No. 9, 2020.

Choe C., King S., Matsushima N., "Pricing with Cookies: Behavior-Based Price Discrimination and Spatial Competition", *Management Science*, Vol. 64, No. 12, 2018.

Competition U. K., Authority M., "Pricing Algorithms: Economic Working Paper on the Use of Algorithms to Facilitate Collusion and Personalised Pricing", *Crown*, Retrieved July, 25, 2018.

Cope E., "Bayesian Strategies for Dynamic Pricing in E-Commerce", *Naval Research Logistics*, Vol. 54, No. 3, 2007.

Corts K. S., "Third-Degree Price Discrimination in Oligopoly: All-Out Competition and Strategic Commitment", *The Rand Journal of Economics*, Vol. 29, No. 2, 1998.

Cowan S., "Welfare-Increasing Third-Degree Price Discrimination", *The Rand Journal of Economics*, Vol. 47, No. 2, 2016.

Cunningham C., Ederer F., Ma S., "Killer Acquisitions", *Journal of Political Economy*, Vol. 129, No. 3, 2021.

Dasgupta P., Das R., "Dynamic Pricing with Limited Competitor Information in A Multi-Agent Economy", in *International Conference on Cooperative Information Systems*, Springer, Berlin, Heidelberg, 2000.

Defourny J., "Introduction: From Third Sector to Social Enterprise", *The Emergence of Social Enterprise*, Routledge, 2001.

Delos Santos B., "Consumer Search on the Internet", *International Journal of Industrial Organization*, Vol. 58, 2018.

DeNijs R., "Behavior-Based Price Discrimination and Customer Information Sharing", *International Journal of Industrial Organization*, Vol. 50, 2017.

Department of Justice, *United States v. David Topkins*, https://www.justice.gov/atr/case-document/file/628891/download.

Department of Justice, *United States v. David Topkins*, No. CR 15-00201 WHO, April 30, 2015.

Diamond P. A., "A Model of Price Adjustment", *Journal of Economic Theory*, Vol. 3, No. 2, 1971.

Dinerstein M., Einav L., Levin J., et al., "Consumer Price Search and Platform Design in Internet Commerce", *American Economic Review*, Vol. 108, No. 7, 2018.

Dixit A. K., Stiglitz J. E., "Monopolistic Competition and Optimum Product Diversity", *The American Economic Review*, Vol. 67, No. 3, 1977.

Dubé J. P., Fang Z., Fong N., et al., "Competitive Price Targeting with Smartphone Coupons", *Marketing Science*, Vol. 36, No. 6, 2017.

Dubé J. P., Misra S., *Scalable Price Targeting*, National Bureau of Economic Research, 2017.

Economides N., Katsamakas E., "Two-Sided Competition of Proprietary vs. Open Source Technology Platforms and the Implications for the Software Industry", *Management Science*, Vol. 52, No. 7, 2006.

Eisenmann T., Parker G., Van Alstyne M., "Platform Envelopment", *Strategic Management Journal*, Vol. 32, No. 12, 2011.

Ellison G., Ellison S. F., "Search, Obfuscation, and Price Elasticities on the Internet", *Econometrica*, Vol. 77, No. 2, 2009.

Esteves R. B., Cerqueira S., "Behavior-Based Pricing Under Imperfectly Informed Consumers", *Information Economics and Policy*, Vol. 40, 2017.

Esteves R. B., Resende J., "Personalized Pricing and Advertising: Who are the Winners?", *International Journal of Industrial Organization*, Vol. 63, 2019.

Evans D. S., Schmalensee R., "Failure to launch: Critical Mass in Platform Businesses", *Review of Network Economics*, Vol. 9, No. 4, 2010.

Evans D. S., "Some Empirical Aspects of Multi-Sided Platform Industries", *Review of Network Economics*, Vol. 2, No. 3, 2003.

Evans D. S., "The Antitrust Economics of Multi-Sided Platform Markets", *Yale J. on Reg.*, Vol. 20, 2003.

Ezrachi A., Stucke M., "Artificial Intelligence & Collusion: When Computers Inhibit Competition", *University of Illinois Law Review*, Vol. 2017, No. 5, 2017.

Fainmesser I. P., Galeotti A., "The Market for Online Influence", *Johns Hopkins Carey Business School Research Paper*, Vol. 18, No. 13, 2019.

Farrell J., Klemperer P., "Coordination and Lock-In: Competition with Switching Costs and Network Effects", *Handbook of Industrial Organization*, No. 3, 2007.

Farrell J., Saloner G., "Installed Base and Compatibility: Innovation, Product Preannouncements, and Predation", *The American Economic Review*, 1986.

Farrell J., Saloner G., "Standardization, Compatibility, and Innovation", *The Rand Journal of Economics*, Vol. 16, No. 1, 1985.

Federal Trade Commission, "Big Data: A Tool for Inclusion or Exclusion? Understanding the Issues", *Federal Trade Commission Report*, 2016.

Ferreira K. J., Lee B. H. A., Simchi-Levi D., "Analytics for an Online Retailer: Demand Forecasting and Price Optimization", *Manufacturing & Service Operations Management*, Vol. 18, No. 1, 2016.

Filistrucchi L., Geradin D., Van Damme E., et al., "Market Definition in Two-Sided Markets: Theory and Practice", *Journal of Competition Law & Economics*, Vol. 10, No. 2, 2014.

Frenzen J., Nakamoto K., "Structure, Cooperation, and the Flow of Market Information", *Journal of Consumer Research*, Vol. 20, No. 3, 1993.

Friedman J. W., "A Non-Cooperative Equilibrium for Supergames", *The Review of Economic Studies*, Vol. 38, No. 1, 1971.

Fudenberg D., Tirole J., "Customer Poaching and Brand Switching", *The Rand Journal of Economics*, Vil. 31, No. 4, 2000.

Fudenberg D., Villas-Boas J. M., "Behavior-Based Price Discrimination and Customer Recognition", *Handbook on Economics and Information Systems*, No. 1, 2006.

Garcia D., Honda J., Janssen M., "The Double Diamond Paradox", *American *Economic Journal*: *Microeconomics*, Vol. 9, No. 3, 2017.

Garella P. G., Laussel D., Resende J., "Behavior Based Price Personalization under Vertical Product Differentiation", *International Journal of Industrial Organization*, No. 76, 2021.

Garrett D., Gomes R., Maestri L., "Oligopoly Under Incomplete Information: On the Welfare Effects of Price Discrimination", *International Journal of Industrial Organization*, Vol. 79, 2021.

Gaudeul A., Jullien B., *E-Commerce, Two-Sided Markets and Info-Mediation*, University Library of Munich, Germany, 2005.

Goldfarb A., Tucker C., "Digital Economics", *Journal of Economic Literature*, Vol. 57, No. 1, 2019.

Greenberger M., *Computers, Communications, and the Public Interest*, Johns Hopkins University Press, 1971.

Hagiu A., Hałaburda H., "Information and Two-Sided Platform Profits", *International Journal of Industrial Organization*, No. 34, 2014.

Hagiu A., Jullien B., "Why do Intermediaries Divert Search?", *The Rand Journal of Economics*, Vol. 42, No. 2, 2011.

Hagiu A., "Pricing and Commitment by Two-Sided Platforms", *The Rand Journal of Economics*, Vol. 37, No. 3, 2006.

Hagiu A. X., "Pricing and Commitment by Two-Sided Platforms", *Journal of Economics & Management Strategy*, Vol. 18, No. 4, 2009.

Halaburda H., Yehezkel Y., "Platform Competition under a Symmetric Information", *American Economic Journal*: *Microeconomics*, Vol. 5, No. 3, 2013.

Hannak A., Soeller G., Lazer D., et al., "Measuring Price Discrimination and Steering on E-Commerce Web Sites", in Proceedings of the 2014 Conference on Internet Measurement Conference, 2014.

Heresi J. I., "Multi-Sided Platforms and Consumer Obfuscation", https://www.cresse.info/wp-content/uploads/2020/02/2018_ps3_pa1_Multi-sided-platforms.pdf.

Hotelling H., "Stability in Competition", *The Economic Journal*, No. 39, 1929.

Ittoo A., Petit N., "Algorithmic Pricing Agents and Tacit Collusion: A Technological Perspective", *Available at SSRN 3046405*, 2017.

Ivaldi M., Jullien B., Rey P., et al., *The Economics of Tacit Collusion*, Institut d'Économie Industrielle, Toulouse, 2003.

Janssen M. C. W., Non M. C., "Advertising and Consumer Search in a Duopoly model", *International Journal of Industrial Organization*, Vol. 26, No. 1, 2008.

Janssen M. C. W., Non M. C., "Going where the ad Leads You: On High Advertised Prices and Searching Where to Buy", *Marketing Science*, Vol. 28, No. 1, 2009.

Jiang B., Sudhir K., Zou T., "Effects of Cost-Information Transparency on Intertemporal Price Discrimination", *Production and Operations Management*, 2020.

Jiang B., Yang B., "Quality and Pricing Decisions in A Market with Consumer Information Sharing", *Management Science*, Vol. 65, No. 1, 2019.

Johnson J. P., Myatt D. P., "On the Simple Economics of Advertising, Marketing, and Product Design", *American Economic Review*, Vol. 96, No. 3, 2006.

Jolivet G., Turon H., "Consumer Search Costs and Preferences on the Internet", *The Review of Economic Studies*, Vol. 86, No. 3, 2019.

Jullien B., Pavan A., "Information Management and Pricing in Platform Markets", *The Review of Economic Studies*, Vol. 86, No. 4, 2019.

Jullien B., Pavan A., *Platform Pricing under Dispersed Information*, Kellogg School of Management, Northwestern University, Discussion Paper No. 1568R, 2014.

Jullien B., Pavan A., Rysman M., "Two-Sided Markets, Pricing, and Network Effects", *Handbook of Industrial Organization*, Elsevier, Vol. 4, 2021.

Kaiser U., Wright J., "Price Structure in Two-Sided Markets: Evidence from the Magazine Industry", *International Journal of Industrial Organization*, Vol. 24, No. 1, 2006.

Kannan P. K., Kopalle P. K., "Dynamic Pricing on the Internet: Importance and Implications for Consumer Behavior", *International Journal of Electronic Commerce*, Vol. 5, No. 3, 2001.

Katz M. L., "Multisided Platforms, Big Data, and a Little Antitrust Policy", *Review of Industrial Organization*, Vol. 54, No. 4, 2019.

Katz M. L., Shapiro C., "Network Externalities, Competition, and Compatibility", *The American Economic Review*, Vol. 75, No. 3, 1985.

Katz M. L., Shapiro C., "Product Compatibility Choice in a Market with Technological Progress", *Oxford Economic Papers*, No. 38, 1986.

Katz M. L., Shapiro C., "Systems Competition and Network Effects", *Journal of Economic Perspectives*, Vol. 8, No. 2, 1994.

Katz M. L., Shapiro C., "Technology Adoption in the Presence of Network Externalities", *Journal of Political Economy*, Vol. 94, No. 4, 1986.

Khemani R. S., *Glossary of Industrial Organisation Economics and Competition law*, Organisation for Economic Co-operation and Development, Washington, DC: OECD Publications and Information Centre, 1993.

Korolko N., Woodard D., Yan C., et al. "Dynamic Pricing and Matching in Ride-Hailing Platforms", *Available at SSRN*, 2018.

Kuhn K. U., Vives X., *Information Exchanges among Firms and their Impact on Competition*, Manuscript, Institut d'Analisi Economica, Barcelona, 1994.

Lee R. S., "Vertical Integration and Exclusivity in Platform and Two-Sided Markets", *American Economic Review*, Vol. 103, No. 7, 2013.

Lefouili Y., Pinho J., "Collusion between Two-Sided Platforms", *International Journal of Industrial Organization*, 2020, 72: 102656.

Li H., Yu L., He W., "The Impact of GDPR on Global Technology Development", *Journal of Global Information Technology Management*, Vol. 22, No. 1, 2019.

Li H., Zhu F., "Information Transparency, Multihoming, and Platform Competition: a Natural Experiment in the Daily Deals Market", *Management Science*, Vol. 67, No. 7, 2021.

Li K. J., Jain S., "Behavior-Based Pricing: An Analysis of the Impact of Peer-

Induced Fairness", *Management Science*, Vol. 62, No. 9, 2016.

Linden G., Smith B., York J., "Amazon. com Recommendations: Item-To-Item Collaborative Filtering", *IEEE Internet computing*, Vol. 7, No. 1, 2003.

Li S., Xie C. C., "Automated Pricing Algorithms and Collusion: A Brave New World or Old Wine in New Bottles?", *The Antitrust Source*, Vol. 18, No. 3, 2018.

Liu M., Brynjolfsson E., Dowlatabadi J., "Do Digital Platforms Reduce Moral Hazard? The Case of Uber and Taxis", *National Bureau of Economic Research*, 2018.

Liu Q., Serfes K., "Price Discrimination in Two-Sided Markets", *Journal of Economics & Management Strategy*, Vol. 22, No. 4, 2013.

Loertscher S., Marx L. M., "Digital Monopolies: Privacy Protection or Price Regulation?", *International Journal of Industrial Organization*, 2020, 71: 102623.

Marn M. V., Rosiello R. L., "Managing Price, Gaining Profit", *Harvard Business Review*, Sep. -Oct. 1992.

Marshall G., "Search and Wholesale Price Discrimination", *The Rand Journal of Economics*, Vol. 51, No. 2, 2020.

Mehra S. K., "Antitrust and Therobo-Seller: Competition in the Time of Algorithms", *Minn. L. rev.*, No. 100, 2015.

Menard S., "Six Approaches to Calculating Standardized Logistic Regression Coefficients", *The American Statistician*, Vol. 58, No. 3, 2004.

Michael H. Gddhaber, "Attention Shoppers: The Currency of the New Economy Will Not Be Money, but Attention—A Radical Theory of Value", http://www. wired. com/wired/archive/5. 12/es_attention. html.

Michael H., Goldhaber, "The Attention Economy: The Natural Economy of the Net". https://people. well. com/user/mgoldh/natecnet. html.

Miklós-Thal J., Tucker C., "Collusion by Algorithm: Does Better Demand Prediction Facilitate Coordination Between Sellers?", *Management Science*, Vol. 65, No. 4, 2019.

Milton Friedman, *Essays in Positive Economics*, Chicago: University of Chicago

Press, 1953.

Moraga-González J. L., Sándor Z., Wildenbeest M. R., "Nonsequential Search Equilibrium with Search Cost Heterogeneity", *International Journal of Industrial Organization*, No. 50, 2017.

Nelson P., "Information and Consumer Behavior", *Journal of Political Economy*, Vol. 78, No. 2, 1970.

O'Connor J., Wilson N., "Reduced Demand Uncertainty and the Sustainability of Collusion: How AI Could Affect Competition", *FTC Bureau of Economics*, Working Paper, No. 341, 2019.

OECD, "Algorithms and Collusion: Competition Policy in the Digital Age", http://www.oecd.org/daf/competition/Algorithms-and-colllusion-competition-policy-in-the-digital-age.pdf.

OECD, *Personalised Pricing in the Digital Era*, https://www.oecd.org/competition/personalised-pricing-in-the-digital-era.htm.

OECD, The Non-Profit Sector in a Changing Economy, OECD Library, 2003.

Ottaviani M., Prat A., "The Value of Public Information in Monopoly", *Econometrica*, Vol. 69, No. 6, 2001.

Parker G. G., Van Alstyne M. W., "Two-Sided Network Effects: A Theory of Information Product Design", *Management Science*, Vol. 51, No. 10, 2005.

Peirson G., McBride P., "The International Harmonisation Policy of the AASB and PSASB", *CPA Communique*, No. 71, 1996.

Phelps E. S., Alchian A. A., Holt C. C., *Microeconomic Foundations of Employment and Inflation Theory*, New York: WW Norton, 1970.

Phelps E. S., "Introduction: The New Microeconomics in Employment and Inflation Theory", *Microeconomic Foundations of Employment and Inflation Theory*, No. 1, 1970.

Phlips L., *The Economics of Price Discrimination*, Cambridge University Press, 1983.

Pigou A. C., "The Effect of Reparations on the Ratio of International Interchange", *The Economic Journal*, Vol. 42, No. 168, 1932.

Rochet J. C. , Tirole J. , "Platform Competition in Two-Sided Markets", *Journal of the European Economic Association*, Vol. 1, No. 4, 2003.

Rochet J. C. , Tirole J. , "Platform Competition in Two-Sided Markets", *Journal of the European Economic Association*, Vol. 1, No. 4, 2003.

Rong K. , Xiao F. , Zhang X. , et al. , "Platform Strategies and User Stickiness in the Online Video Industry", *Technological Forecasting and Social Change*, No. 143, 2019.

Rose F. , "The Attention Economy 3.0", *Milken Institute Review*, Vol. 17, No. 3, 2015.

Rysman M. , "The Economics of Two-Sided Markets", *Journal of Economic Perspectives*, Vol. 23, No. 3, 2009.

Rochet J. C. , Tirole J. , "Two-Sided Markets: A Progress Report", *The Rand Journal of Economics*, Vol. 37, No. 3, 2006.

Rochet J C, Tirole J. , "Two-Sided Markets: A progress Report", *The RAND Journal of Economics*, Vol. 37, No. 3, 2006.

Rietveld J. , Schilling M. A. , "Platform Competition: A Systematic and Interdisciplinary Review of the Literature", *Journal of Management*, Vol. 47, No. 6, 2021.

Rosenthal R. W. , "A Model in Which an Increase in the Number of Sellers Leads to a Higher Price", *Econometrica: Journal of the Econometric Society*, Vol. 48. No. 6, 1980.

Rohlfs J. , "A Theory of Interdependent Demand for a Communications Service", *The Bell Journal of Economics and Management Science*, Vol. 5, No. 1, 1974.

Rob R. , "Equilibrium Price Distributions", *The Review of Economic Studies*, Vol. 52, No. 3, 1985.

Richardson W. H. , "Bayesian-Based Iterative Method of Image Restoration", *Journal of the Optical Society of America*, Vol. 62, No. 1, 1972.

Rotemberg J. J. , Saloner G. , "A Supergame-Theoretic Model of Price Wars During Booms", *The American Economic Review*, Vol. 76, No. 3, 1986.

Saak A. E. , "A Note on the Value of Public Information in Monopoly", *Eco-

*nomic Theory*, Vol. 33, No. 2, 2007.

Salcedo B., *Pricing Algorithms and Tacit Collusion*, Manuscript, Pennsylvania State University, 2015.

Salop S., "Information and Monopolistic Competition", *The American Economic Review*, Vol. 66, No. 2, 1976.

Salop S., Stiglitz J., "Bargains Andripoffs: A Model of Monopolistically Competitive Price Dispersion", *The Review of Economic Studies*, Vol. 44, No. 3, 1977.

Salop S., Stiglitz J. E., "The Theory of Sales: A Simple Model of Equilibrium Price Dispersion with Identical Agents", *The American Economic Review*, Vol. 72, No. 5, 1982.

Salop S., "The Noisy Monopolist: Imperfect Information, Price Dispersion and Price Discrimination", *The Review of Economic Studies*, Vol. 44, No. 3, 1977.

Schmitz P. W., "Contracting under Adverse Selection: Certifiable vs. Uncertifiable Information", *Journal of Economic Behavior & Organization*, No. 182, 2021.

Schultz C., "Transparency on the Consumer Side and Tacit Collusion", *European Economic Review*, Vol. 49, No. 2, 2005.

Shaffer G., Zhang Z. J., "Competitive One-To-One Promotions", *Management Science*, Vol. 48, No. 9, 2002.

Shiller B. R., "Approximating Purchase Propensities and Reservation Prices from Broad Consumer Tracking", *International Economic Review*, Vol. 61, No. 2, 2020.

Shin D., Vaccari S., Zeevi A., "Dynamic Pricing with Online Reviews", *Columbia Business School Research Paper Forthcoming*, 2020.

Shin J., Sudhir K., "A Customer Management Dilemma: When is it Profitable to Reward One's Own Customers?", *Marketing Science*, Vol. 29, No. 4, 2010.

Shin J., Sudhir K., Yoon D. H., "When to 'Fire' Customers: Customer Cost-Based Pricing", *Management Science*, Vol. 58, No. 5, 2012.

Shy O. , "Technology Revolutions in the Presence of Network Externalities", *International Journal of Industrial Organization*, Vol. 14, No. 6, 1996.

Simon H. A. , "Strategy and Organizational Evolution", *Strategic Management Journal*, Vol. 14, No. S2, 1993.

Simon, Herbert A. , "Designing Organizations for an Information-rich World. Baltimore", *Johns Hopkins University Press*. 1971: 37 - 52.

Stahl D. O. , "Oligopolistic Pricing with Heterogeneous Consumer Search", *International Journal of Industrial Organization*, Vol. 14, No. 2, 1996.

Stahl D. O. , "Oligopolistic Pricing with Sequential Consumer Search", *The American Economic Review*, Vol. 79, No. 4, 1989.

Stigler G. J. , "The Economics of Information", *Journal of Political Economy*, Vol. 69, No. 3, 1961.

Stiglitz J. E. , "Competition and the Number of Firms in a Market: Are Duopolies More Competitive than Atomistic Markets?", *Journal of Political Economy*, Vol. 95, No. 5, 1987.

Stiglitz J. E. , "Equilibrium in Product Markets with Imperfect Information", *The American Economic Review*, Vol. 69, No. 2, 1979.

Stiglitz J. E. , "Information and Capital Markets", *NBER Working Paper*, No. w0678, 1981.

Sugaya T. , Wolitzky A. , "Maintaining Privacy in Cartels", *Journal of Political Economy*, Vol. 126, No. 6, 2018.

Tanford S. , Baloglu S. , Erdem M. , "Travel Packaging on the Internet: The Impact of Pricing Information and Perceived Value on Consumer Choice", *Journal of Travel Research*, Vol. 51, No. 1, 2012.

Tan K. H. , Ji G. , Lim C. P. , Tseng M. , "Using Big Data to Make Better Decisions in the Digital Economy", *International Journal of Production Research*, Vol. 55, No. 17, 2017.

Thisse J. F. , Vives X. , "On the Strategic Choice of Spatial Price Policy", *The American Economic Review*, Vol. 78, No. 1, 1988.

Tirole J. , "Collusion and the Theory of Organizations", *Advances in Economic Theory*, No. 2, 1992.

Townley C., Morrison E., Yeung K., "Big Data and Personalized Price Discrimination in EU Competition Law", *Yearbook of European Law*, No. 36, 2017.

Tucker C., "Digital Data, Platforms and the Usual [Antitrust] Suspects: Network Effects, Switching Costs, Essential Facility", *Review of Industrial Organization*, Vol. 54, No. 4, 2019.

UK Office of Fair Trading., *The Economics of Online Personalised Pricing*, OFT 1488. 2013.

Varian H. R., "A Model of Sales", *The American Economic Review*, Vol. 70, No. 4, 1980.

Varian H. R., "The Arbitrage Principle in Financial Economics", *Journal of Economic Perspectives*, Vol. 1, No. 2, 1987.

Veiga A., Weyl E. G., White A., "Multidimensional Platform Design", *American Economic Review*, Vol. 107, No. 5, 2017.

Wang R., Sahin O., "The Impact of Consumer Search Cost on Assortment Planning and Pricing", *Management Science*, Vol. 64, No. 8, 2018.

Weyl E. G., "A Price Theory of Multi-Sided Platforms", *American Economic Review*, Vol. 100, No. 4, 2010.

Yan C., Zhu H., Korolko N., et al., "Dynamic Pricing and Matching in Ride-Hailing Platforms", *Naval Research Logistics (NRL)*, Vol. 67, No. 8, 2020.

Zhou N., Zhang L., Li S., Wang Z., "Algorithmic Collusion in Cournot Duopoly Market: Evidence from Experimental Economics", https://arxiv.org/abs/1802.08061.